Auf einen Blick

1	Was ist Zoom?	11
2	Die verschiedenen Versionen und Angebote	15
3	Die Funktionen im Überblick	21
4	Hardware-Voraussetzungen und Hardware-Probleme	33
5	Sich bei einer Videokonferenz richtig verhalten	45
6	So nehmen Sie aktiv an einer Konferenz teil	51
7	Teamwork für Dokumente	103
8	So präsentieren Sie Ihr Projekt	125
9	Als Moderator eine Konferenz starten und leiten	161
10	Werden Sie ein Pro	207
11	Kontakte pflegen und chatten mit Zoom	253
12	Die Zoom-Einstellungen	275
13	Zoom als App	283

Wir hoffen, dass Sie Freude an diesem Buch haben und sich Ihre Erwartungen erfüllen. Ihre Anregungen und Kommentare sind uns jederzeit willkommen. Bitte bewerten Sie doch das Buch auf unserer Website unter **www.rheinwerk-verlag.de/feedback**.

An diesem Buch haben viele mitgewirkt, insbesondere:

Lektorat Erik Lipperts
Korrektorat Isolde Kommer, Großerlach
Herstellung Norbert Englert
Typografie und Layout Vera Brauner
Einbandgestaltung Julia Schuster
Coverbilder iStock: 853926638©jacoblund, 492253556©LDProd, 1198252585©fizkes; shutterstock: 1525064108©One_Pixel_Studio, 1694685349©fizkes, 741417301©Suradech Prapairat
Satz III-Satz, Husby
Druck und Bindung mediaprint solutions, Paderborn

Dieses Buch wurde gesetzt aus der TheSans (10 pt/14,5 pt) in FrameMaker. Gedruckt wurde es auf chlorfrei gebleichtem Offsetpapier (90 g/m²). Hergestellt in Deutschland.

Das vorliegende Werk ist in all seinen Teilen urheberrechtlich geschützt. Alle Rechte vorbehalten, insbesondere das Recht der Übersetzung, des Vortrags, der Reproduktion, der Vervielfältigung auf fotomechanischen oder anderen Wegen und der Speicherung in elektronischen Medien.

Ungeachtet der Sorgfalt, die auf die Erstellung von Text, Abbildungen und Programmen verwendet wurde, können weder Verlag noch Autor, Herausgeber oder Übersetzer für mögliche Fehler und deren Folgen eine juristische Verantwortung oder irgendeine Haftung übernehmen.

Die in diesem Werk wiedergegebenen Gebrauchsnamen, Handelsnamen, Warenbezeichnungen usw. können auch ohne besondere Kennzeichnung Marken sein und als solche den gesetzlichen Bestimmungen unterliegen.

Bibliografische Information der Deutschen Nationalbibliothek:
Die Deutsche Nationalbibliothek verzeichnet diese Publikation in der Deutschen Nationalbibliografie; detaillierte bibliografische Daten sind im Internet über *http://dnb.d-nb.de* abrufbar.

ISBN 978-3-8421-0780-9

1. Auflage 2020
© Rheinwerk Verlag, Bonn 2020

Vierfarben ist eine Marke des Rheinwerk Verlags. Der Name Vierfarben spielt an auf den Vierfarbdruck, eine Technik zur Erstellung farbiger Bücher. Der Name steht für die Kunst, die Dinge einfach zu machen, um aus dem Einfachen das Ganze lebendig zur Anschauung zu bringen.

Informationen zu unserem Verlag und Kontaktmöglichkeiten finden Sie auf unserer Verlagswebsite **www.rheinwerk-verlag.de**. Dort können Sie sich auch umfassend über unser aktuelles Programm informieren und unsere Bücher und E-Books bestellen.

Inhalt

Über dieses Buch 9

Kapitel 1: Was ist Zoom? 11

Wann wird Zoom eingesetzt? 13

Kapitel 2: Die verschiedenen Versionen und Angebote 15

Die Basic-Variante 16
Die Pro-Variante 17
Die Business-Variante 18
Die Enterprise-Variante 19
Zoom-Webinare 19
Die Leistungen im Überblick 19

Kapitel 3: Die Funktionen im Überblick 21

Die Funktionen für den Teilnehmer 21
Zusammenarbeit über das Whiteboard 23
Die Funktionen zur Freigabe 24
Die Funktionen und Optionen des Hosts 25
Mehr Funktionen mit einem Pro-Abo 28
Zoom als Chat und Kontaktbörse 30
Webinare 30
Zoom erweitern 31

Kapitel 4: Hardware-Voraussetzungen und Hardware-Probleme 33

Computer/Laptop 33
Smartphones und Tablets 34
Zusätzliche Lautsprecher/Mikrofon – ja, bitte! 34

Kamera 35
Kontrollieren und testen 35

Kapitel 5: Sich bei einer Videokonferenz richtig verhalten 45

Kapitel 6: So nehmen Sie aktiv an einer Konferenz teil 51

Sie erhalten eine Einladung zu einer Konferenz 51
Die Einladung als Terminanfrage 59
Per Link oder über die Meeting-ID in die Konferenz gehen 62
Die verschiedenen Ansichten ausprobieren 66
In der Konferenz: sprechen, sehen und gesehen werden 74
Geben Sie Feedback 82
Noch kein Alteisen: der gute alte Chat 84
Arbeit in Kleingruppen: Breakout-Rooms 90
Ein flottes Hintergrundbild für Ihre Videoaufnahme 93
Laden Sie zum Meeting ein 100

Kapitel 7: Teamwork für Dokumente 103

Die Tools zum Annotieren auf dem Whiteboard 104
So nutzen Sie die Tools 106
Die komplexe Fenstersteuerung bei der Bildschirmfreigabe 111
Excel und Co. in der Bildschirmfreigabe 116
Sie sind am Zug: die Bearbeitung eines Dokuments übernehmen 119

Kapitel 8: So präsentieren Sie Ihr Projekt 125

Den eigenen Bildschirm freigeben 126
Bildschirmelemente und Funktionen bei der Bildschirmfreigabe 129
Annotierungen während Ihrer Freigabe 133
Die Bildschirmsteuerung pausieren, abgeben und zurückholen 138
Mehrere Bildschirmfreigaben gleichzeitig 140

So wird's professionell: eine PowerPoint-Bildschirmpräsentation 142
Zur Erinnerung: das Meeting als Video aufzeichnen 152
Weitere Freigabemöglichkeiten 158

Kapitel 9: Als Moderator eine Konferenz starten und leiten ... 161

Bei Zoom registrieren und die Software downloaden 161
Einladung zu einem Ad-hoc-Meeting 168
Wer darf was: die Rechte der Teilnehmer kontrollieren 174
Breakout-Room erstellen 183
So planen Sie eine zukünftige Konferenz 188
Meetings im Webportal planen und starten 195
Zusammenspiel zwischen Outlook und Zoom 201
Ihr Zoom-Profil mit einem individuellen Bild 204

Kapitel 10: Werden Sie ein Pro ... 207

Ein Upgrade durchführen 207
Pro kündigen – wieder Amateur werden 212
Die Benutzerverwaltung: Wer gehört zu Ihnen? 214
So akzeptieren Sie die Einladung zu einem Zoom-Konto 223
Cloud-Aufzeichnungen 227
Die persönliche Meeting-ID und persönliche Meetingräume 234
Veranstaltungen mit registrierten Benutzern 242

Kapitel 11: Kontakte pflegen und chatten mit Zoom ... 253

Kontaktanfragen beantworten 258
Chatten mit Pfiff 259
Ihr persönlicher Chat-Bereich 265
Verfügbarkeiten 266
Keine Ingenieurskunst – Kanäle anlegen 269
Meetings mit Kontakten oder Gruppen starten 272

Kapitel 12: Die Zoom-Einstellungen ... 275

Die Einladung zum Meeting ... 275
Wie beginnt das Meeting? ... 276
Welche Rechte haben die Teilnehmer im Meeting? ... 277
Wer darf aufzeichnen? ... 279
Sonstige wichtige Einstellungen ... 279
Sicherheit ... 280
Einstellungen in der Software ... 281

Kapitel 13: Zoom als App ... 283

Sie sind eingeladen ... 287
Ein Chat in der App ... 294

Stichwortverzeichnis ... 299

Über dieses Buch

Das vorliegende Buch beschreibt Zoom aus verschiedenen Blickwinkeln. Es nimmt die Perspektive der Teilnehmer ein, die zu einem Meeting eingeladen werden und erklärt in einem gesonderten Kapitel die Rechte und Möglichkeiten des Hosts, den Ablauf des Meetings zu steuern. Des Weiteren geht es auf die Funktionen ein, die die Pro-Version im Vergleich zum kostenlosen Basic-Abo bietet. Sie erfahren, wie Sie Zoom als Chat-Tool unabhängig von Meetings nutzen können, und was sich hinter den vielen Einstellungsoptionen verbirgt. Last but not least lernen Sie die Zoom-App für Smartphones kennen.

Mit Hilfe dieses Buches können sich auch Menschen, die noch nie mit einem Online-Meeting konfrontiert waren, schnell in der Software zurechtfinden. Sie erfahren, welche Hardware für eine reibungslose Teilnahme erforderlich ist, und wie sie in die Rolle des Hosts schlüpfen. Dies alles wird ausführlich dargestellt und mit vielen Screenshots bebildert.

In dieser Einführung soll kurz ein Problem der Darstellung erwähnt werden. Zugunsten der Lesbarkeit haben wir auf eine geschlechtergerechte Benennung der Akteure verzichtet, schreiben also beispielsweise immer nur von »der Teilnehmer«, »der Moderator« oder Ähnliches, wohl wissend, dass es eigentlich anders heißen muss. Aber da ein Wort, wie »Teilnehmer« so oft vorkommt, wäre es einfach zu umständlich gewesen, immer die weibliche und männliche Variante auszuschreiben – vor allem bei Sätzen wie: Der Teilnehmer oder die Teilnehmerin und sein Bildschirm bzw. ihr Bildschirm ... Selbstverständlich gehen wir davon aus, dass das Maskulinum immer beide Geschlechter umfasst.

Und noch ein Wort zu Zoom selbst: Es ist eine sehr gute Software, die ihren Zweck hundertprozentig erfüllt und viel mehr bietet, als auf den ersten Blick zu erkennen ist. Dennoch sei eine kritische Anmerkung direkt zu Beginn erlaubt: Wir sind sehr oft über die mangelhafte Lokalisierung gestolpert. Teils waren – zurzeit der Drucklegung – manche Funktionen und Funktionsbeschreibungen noch gar nicht ins Deutsche übersetzt, teils abenteuerlich schlecht und/oder nicht konsistent. Die Bezeichnungen der Software haben wir im Buch übernommen, damit Ihnen die Zuordnung leichter fällt.

Wir wünschen Ihnen viel Spaß bei Ihren Meetings mit Zoom. Sie werden ihn garantiert haben!

Kapitel 1
Was ist Zoom?

Besitzer von Aktien des US-amerikanischen Softwareunternehmens Zoom Video Communications reiben sich in diesen Wochen und Monaten, in der Zeit der weltweiten Corona-Krise, erfreut die Hände: Der Wert der Aktie steigt und steigt, weil Plattformen und Software für Videokonferenzen in allen Ländern nachgefragt sind wie nie zuvor. Die COVID-19-Pandemie zwang Millionen von Menschen weltweit, das Haus nicht zu verlassen; Büros wurden geschlossen, Schulen und Universitäten machten ihre Pforten dicht, ganze Städte wurden in Quarantäne geschickt.

Als Folge der Pandemie sind Videokonferenzen nun nicht nur in aller Munde, sondern werden im großen Umfang von Geschäftsleuten, Schulen, Institutionen oder auch im privaten Bereich als Alternative zu klassischen Meetings von Angesicht zu Angesicht eingesetzt. Zwar finden aufgrund unserer globalisierten Wirtschaft schon lange Videokonferenzen quer über den Globus statt, aber dass sie nun fast zum Alltag vieler im Homeoffice tätiger Menschen gehören, ist eine Entwicklung, die nicht absehbar war und die keine Kristallkugel angekündigt hatte.

Zoom als Software für Videokonferenzen und weitere Tools für die Zusammenarbeit haben sich weit nach oben katapultiert; schon im März 2020 hieß es bei Forbes wortspielerisch: »Der Boom bei Zoom.« Heute gehört die Software zu den am häufigsten genutzten Angeboten auf diesem Markt. Wie ein Haushaltsmittel, das damit wirbt, alle Probleme gleichzeitig zu attackieren, also ein Universalmittel für alle Arten von Schmutz zu sein, ist auch Zoom mit seiner parallelen Bild-, Ton- und Datenübertragung eine All-in-one-Lösung für Video- und Audiokonferenzen, für Chats, zur Bildschirmübertragung, für Teamwork und Dateientransfer.

Sicherheit bei Zoom
Eine Weile stand die Software wegen erheblicher Sicherheitsmängel in der Kritik. Die Sicherheitslücken gelten als weitestgehend geschlossen. Der Code, der für die überaus ärgerliche Praxis verantwortlich war, dass Zoom

bei jedem Start Daten an Facebook schickte, wurde entfernt. Auch das sogenannte Zoom-Bombing, also das unerwartete Einschleichen in eine Konferenz, gehört der Vergangenheit an. Mit Meeting-ID, Kennwort und Warteraum bleiben unerwünschte Besucher draußen, solange diese Informationen nur mit den ausgewählten Partnern geteilt werden. Sind alle anwesend, lässt sich das Meeting für weitere Zugänge schließen. Auch das »Aufmerksamkeitstracking«, das Auslöser dafür war, dass Zoom auf Twitter als Datenschleuder bezeichnet wurde, ist nicht mehr vorhanden.

In Kürze: Zoom ist zu Recht eine der beliebtesten Softwareentwicklungen für Online-Meetings aller Art. Ohne langwierige Anmelde- und- Log-in-Prozeduren sind Sie als Konferenzteilnehmer schnell mittendrin im Geschehen und können sich mit Ihren Kolleginnen und Kollegen über alle anstehenden Themen austauschen. Auch für die Firma ist Zoom schnell eingerichtet; es reicht, einen entsprechenden Account zu buchen, ohne dass die ausgelastete IT-Abteilung aktiv werden muss, und schon können alle Mitarbeiter zu Hause Zoom nutzen.

Abbildung 1.1 *Die verschiedenen Zoom-Produkte*

Wann wird Zoom eingesetzt?

Zoom kann für Online-Meetings aller Art eingesetzt werden, egal ob es um eine Teamsitzung geht, ein Gespräch mit Kunden, einen Workshop oder Unterricht in einer Klasse. In Zeiten der Pandemie war und ist Zoom hauptsächlich das Mittel – oft das Mittel der Wahl –, um im Rahmen von erzwungenem Homeoffice den Betrieb von Unternehmen aufrechtzuerhalten sowie den Fortgang von Unterricht und Bildung für Schüler wie Studenten zu ermöglichen.

> **Zoom in Schulen**
> Tatsächlich wird berichtet, dass der CEO von Zoom Video Communications, Eric Yuan, gerade in Schulen im Silicon Valley und in Texas unterwegs war, um sein Produkt zu installieren – eigenhändig und kostenlos –, als sich die Corona-Krise ausbreitete und der Boom von Zoom seinen Lauf nahm. Aber das nur nebenbei.

Zoom ist also in erster Linie ein Tool, mit dem Sie sich über Videokonferenzen mit Kunden, Klienten, dem eigenen Team oder mit Lernenden austauschen können, wenn direkter Kontakt nicht möglich ist, sei es wegen einer Pandemie oder geografischer Entfernung, sei es erzwungen oder als Teil moderner Unternehmenskommunikation. Für eine große Veranstaltung mit sehr vielen Teilnehmern kommen dann die Webinare ins Spiel.

Abbildung 1.2 *Zoom für Bildung und Unterricht*

Wenn die visuelle Kommunikation nicht im Vordergrund steht, muss es nicht immer eine Videokonferenz sein; man kann sich mit einer einfachen Telefonkonferenz begnügen. Auch eine Mischung von Telefon- und Videokonferenz ist denkbar und machbar. Die Teilnehmer erhalten Einwahlnummern und können sich dann einfach mit dem Telefon in die Konferenz einwählen. Dies ist auch eine Alternative, wenn die Hardware keine Webcam und kein Mikrofon hat. Das Videosignal, z. B. eine Präsentation, sieht der Teilnehmer über seinen Bildschirm, und der Ton kommt aus dem Handy.

Im Privatbereich wäre es meistens ausreichend zu telefonieren, obgleich der Trend zum Telefonieren mit Videofunktion z. B. über WhatsApp unübersehbar ist und immer mehr Menschen ihr Smartphone vor das Gesicht halten – und dabei so laut sprechen, dass die Umgebung die intimsten Geheimnisse mithören kann bzw. muss!

Last but not least: Auch zum normalen Chatten unabhängig von einer Konferenz wird Zoom eingesetzt, also zum bequemen Echtzeit-Austausch von Nachrichten. An diese Nachrichten können Dateien aller Art angehängt werden, was aus der Chat-Funktion auch ein praktisches Instrument für den Datentransfer macht.

Was Zoom sonst noch alles kann, erklären wir im Einzelnen in Kapitel 3 und natürlich im Laufe der weiteren Kapitel.

Kapitel 2
Die verschiedenen Versionen und Angebote

Zur Zeit der Drucklegung dieses Buches war als neueste Version Zoom 5.1 auf dem Markt. Selbstverständlich sollten Sie jeweils die neueste Version nutzen; dies ist allein schon aus Sicherheitsgründen ein Muss. Zur Verfügung steht Zoom für Windows, macOS und mobil für iOS- und Android-Nutzer.

Abgesehen von der Programmversion werden vier unterschiedliche Aboversionen angeboten: *Basic*, *Pro*, *Business* und *Enterprise*. Wie Sie sich denken können, steigt der Leistungs- und Funktionsumfang von Basic zu Enterprise.

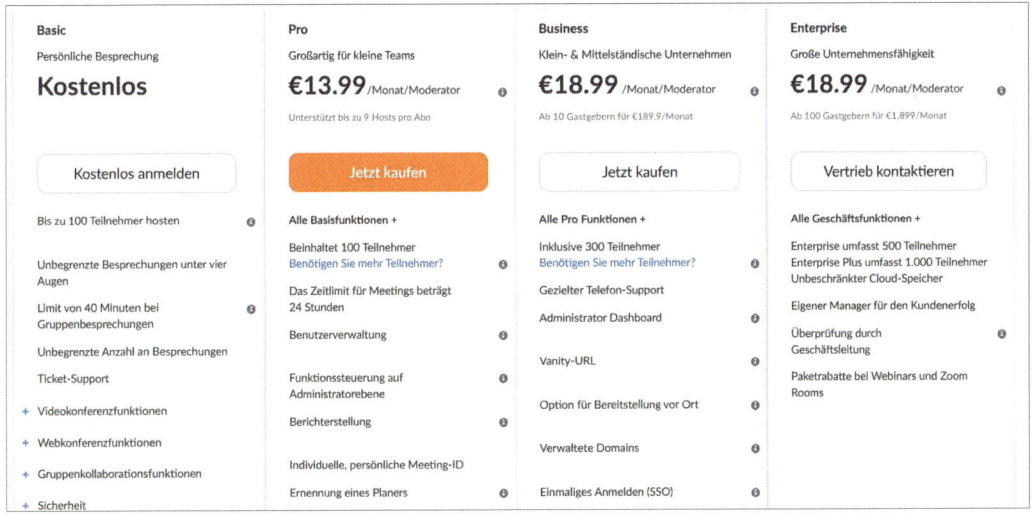

Abbildung 2.1 *Die verschiedenen Aboangebote*

Da in dieser Übersicht nicht zu erkennen ist, ob, wie und wann man ein Abo auch wieder loswird, hier die gute Nachricht: Das Abonnement wird automatisch monatlich verlängert, lässt sich aber kündigen. In den Tiefen der Website (*zoom.us*) finden Sie im Admin-Bereich **Kontoverwaltung** den Link **Abrechnung**. Wenn Sie darauf klicken, gelangen Sie zur Schaltfläche **Abo kündigen**.

Abbildung 2.2 *Über »Abrechnung« gelangen Sie zur Kündigung.*

Die Basic-Variante

Nur in der Basic-Variante ist Zoom kostenlos. Da auch diese Version im Zuge der Corona-Krise im Umfang beträchtlich erweitert wurde, sind für ein schnelles, gelegentliches und vor allem kurzes Meeting ausreichend Tools an Bord.

So lassen sich damit schon Videokonferenzen mit bis zu 100 Teilnehmern realisieren, die selbst über keine Zoom-Lizenz verfügen müssen. Allerdings heißt »100 Teilnehmer« nicht 100 Videos; hierzu wird gesagt, dass maximal 49 Videos auf dem Bildschirm angezeigt werden können (was wir zugegebenermaßen nicht getestet haben, da wir weder so viele Kollegen noch Freunde hätten auftreiben können!). Vier-Augen-Besprechungen, also ein Moderator und ein Teilnehmer, sind zeitlich unbegrenzt (bzw. bis zu 24 Stunden) möglich, während Gruppenbesprechungen mit drei oder mehr Teilnehmern einem Zeitlimit von 40 Minuten unterliegen. Kurz vor der automatischen Beendigung der Konferenz wird das Ende in einem kleinen Fenster angekündigt. Die Anzahl der

Meetings selbst ist unbegrenzt – wenn es also unbedingt beim Basic-Abo bleiben soll, 40 Minuten aber nicht ausreichen, ist die einzige Lösung, immer wieder ein neues Meeting zu starten. Ansonsten wird eine Vielzahl von Funktionen (Videokonferenz, Bildschirmfreigabe, Chat, Teamwork, lokale Aufzeichnungen etc.) angeboten, die wir im Einzelnen im nächsten Kapitel vorstellen.

Ohne Zeitlimit
Der Fairness halber sei erwähnt, dass Zoom das Zeitlimit von 40 Minuten in der Basic-Version für Schulen und Universitäten in einigen Ländern, z. B. in den USA, aufgehoben hat, um Lernen und Studieren während der anhaltenden Corona-Pandemie zu fördern. Zur Zeit der Drucklegung können wir nicht sagen, inwieweit Zoom von dieser Regelung wieder abweichen wird, wenn die Bedingungen sich geändert haben.

Die Pro-Variante

Wie Sie der Abbildung entnehmen können, müssen Sie für ein Pro-Abo ein wenig in die Tasche greifen. Mit 13,99 € im Monat sind Sie dabei. Diese Gebühr fällt – wie bei jeder normalen Party – nur für den Host (auf gut Deutsch also für den Gastgeber) an, nicht für die Teilnehmer, die eingeladen werden. Das Paket beinhaltet zunächst alle Basisfunktionen. Des Weiteren – und dies ist wohl der entscheidende Unterschied – dürfen Meetings erheblich länger sein; für einen Moderator und eine beliebige Anzahl Teilnehmer gilt ein Zeitlimit von 24 Stunden. Allerdings endet eine Konferenz nach geraumer Zeit automatisch, wenn alle Teilnehmer das Meeting frühzeitig verlassen haben und nur der Moderator sich nicht trennen kann und im Meeting bleibt.

Es ist davon auszugehen, dass dieses Abo mit Blick auf das Zeitlimit für viele kleinere Unternehmen, Institute etc. das Mittel der Wahl ist. Konferenzen, die nur 40 Minuten dauern dürfen, wären in mancher Hinsicht vielleicht wünschenswert, aber für die meisten Zusammenkünfte wohl unrealistisch. Daher ist die Investition von 13,99 € vermutlich die richtige Entscheidung.

Auch ein paar Extras, die nicht im Basic-Paket enthalten sind, sind nicht zu verachten. So steht Ihnen eine differenzierte Benutzerverwaltung zur Verfügung, Sie können mit einer persönlichen Meeting-ID arbeiten, Meetings mit vorab registrierten Benutzern durchführen und optionale Add-on-Abos integrieren. Ein nützliches zusätzliches Feature kann – je nach Einsatz von Zoom – auch die Möglichkeit von Cloud-Aufzeichnungen sein. Damit werden Mitschnitte eines Meetings in der Zoom-Cloud aufgezeichnet. Die Aufzeichnungsdateien können dann auf einen Computer heruntergeladen oder von einem Browser über HTML5 gestreamt werden.

Außerdem wird die *Large-Meeting*-Option angeboten, bei der Sie die maximale Anzahl Teilnehmer aufstocken können, ohne dass Sie einen anderen Tarif brauchen, aber natürlich lässt Zoom sich diese Extraleistung bezahlen.

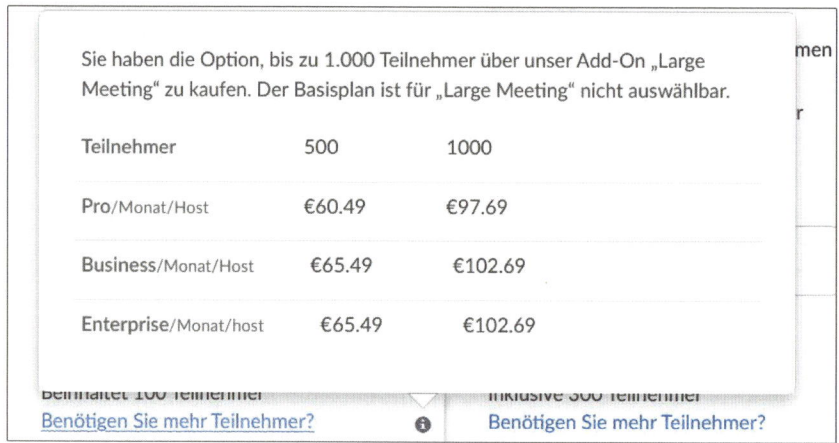

Abbildung 2.3 *Large-Meeting-Optionen*

Die Business-Variante

Für mittelständische Unternehmen wird die Business-Version empfohlen, die für 18,99 € pro Monat zu haben ist. Selbstverständlich bietet sie die gesamte Funktionalität der Pro-Version; aber statt 100 können bis zu 300 Teilnehmer einem Meeting beitreten. Außerdem bietet diese Variante z. B. ein sogenanntes Dashboard, auf dem Konto-Administratoren allgemeine Nutzungsdaten und statistische Meeting-Daten hinterlegen können, die dann in Form von Diagrammen zur Verfügung stehen. Mit diesen Daten lassen sich bereits durchgeführte Meetings analysieren und optimieren.

Auch das Feature »Transkripte der Cloudaufzeichnung« dürfte für Dokumentationszwecke und insbesondere mit Blick auf die Barrierefreiheit von Interesse sein, hat man damit doch die Diskussionen schwarz auf weiß. Allerdings galt bis zur Drucklegung dieses Buches, dass die automatische Generierung eines Transkripts nur für Aufzeichnungen von Meetings in englischer Sprache unterstützt wird. Wenn Sie also besonderen Wert auf ein Transkript legen, müssten Sie im Meeting einfach auf Englisch parlieren. Das schütteln Sie vermutlich mit links aus dem Ärmel!

Die Enterprise-Variante

Last but not least die Enterprise-Version, die neben allen Business-Funktionen die Möglichkeit enthält, Meetings mit bis zu 500 Teilnehmern zu veranstalten. Außerdem gibt es obendrauf einen unbeschränkten Cloud-Speicher.

Auch dieses Abo wird für 18,99 € im Monat angeboten, aber es sind mindestens 50 Hosts für das Abonnement erforderlich. So fallen also insgesamt fast 1.000,00 € im Monat an.

Zoom-Webinare

Für Webinare hat Zoom ein spezielles Angebot: Für 37,00 € pro Monat und Host können Events oder Online-Workshops für 100 bis 10.000 Teilnehmer veranstaltet werden. Via Streaming auf Facebook Live oder YouTube lässt sich die Zuschauerzahl sogar noch erhöhen. Betrachter können entweder stummgeschaltet werden oder aktiv teilnehmen. Weitere integrierte Funktionen sind beispielsweise Live-Fragen, die Einbindung von PayPal für kostenpflichtige Zusatzinhalte und Umfragen. Zoom-Webinare eignet sich somit für Schulungen, Workshops oder Großveranstaltungen.

Die Leistungen im Überblick

Hier noch einmal die Leistungen der verschiedenen Aboangebote im tabellarischen Überblick.

	Basic	Pro	Business	Enterprise
Kosten	kostenlos	13,99 € pro Monat/pro Moderator	18,99 € pro Monat/pro Moderator	18,99 € pro Monat/pro Moderator
Teilnehmer	bis zu 100 Teilnehmer	100 Teilnehmer, Erweiterung »Large Meeting« möglich	300 Teilnehmer, Erweiterung »Large Meeting« möglich	500 Teilnehmer, Enterprise Plus für 1.000 Teilnehmer verfügbar
Zeitlimit	unbegrenzt für zwei Teilnehmer, ab drei Teilnehmern 40-Minuten-Limit	24 Stunden	kein Limit	kein Limit
Weitere Funktionen	unbegrenzte Anzahl von Besprechungen	enthält alle Basisfunktionen + u. a. Cloud-Aufzeichnung, Benutzerverwaltung, registrierte Teilnehmer	enthält alle Pro-Funktionen + u. a. benutzerdefinierte Mail-Adressen, Administrator-Dashboard für Statistik	enthält alle Businessfunktionen + u. a. Paketrabatte für Webinare, eigenen Manager für Kundenerfolg

Tabelle 2.1 *Fakten, Fakten, Fakten – die unterschiedlichen Zoom-Varianten im Überblick*

Wir können hier nur wiederholen, dass sich auch mit der Basic-Version mit Blick auf die angebotenen Funktionen ein reibungsloses Meeting abhalten lässt. Der Host hat eine Menge Rechte zum Steuern der Teilnehmer und kann mit vielen Einstellungen das Meeting so einrichten, wie er es möchte. Die 40-Minuten-Einschränkung ist jedoch nicht praktikabel, sodass dies in der Praxis der ausschlaggebende Grund sein wird, ein anderes Abo zu erwerben. Das ist von Zoom sicherlich auch so beabsichtigt!

Kapitel 3
Die Funktionen im Überblick

Zoom bietet eine Fülle von Funktionen rund um Video- oder Audiokonferenzen. Manche Bezeichnungen dieser Funktionen sind alles andere als selbsterklärend, sodass man oft auch nach intensiver Internet-Recherche nicht viel schlauer ist als vorher. Sie fragen sich zu Recht, was es bedeutet, einen Breakout-Room anzulegen, was Sie mit einem virtuellen Hintergrund anfangen und wozu genau ein Whiteboard dient. Um Licht ins Dunkel zu bringen, stellen wir in diesem Kapitel die wichtigsten Funktionen vor und erläutern, welche Rolle sie für die Nutzung von Zoom spielen. Wir folgen dabei einer bestimmten Einteilung; zuerst beschreiben wir die Funktionen, die Ihnen als Teilnehmer eines Meetings zur Verfügung stehen. Anschließend skizzieren wir kurz das Whiteboard, also die Zusammenarbeit der Meeting-Teilnehmer durch Kommentare und Zeichnungen an diesem Whiteboard. Dann folgen Funktionen, die Sie brauchen, wenn Sie als eingeladener Teilnehmer in einem Meeting ein Projekt vorführen. Schließlich geht es um all die Möglichkeiten, die Zoom speziell für den Host anbietet, also für denjenigen, der zum Meeting einlädt. Zu guter Letzt skizzieren wir die Features, die ein Pro-Abo bereithält, und beschreiben dann kurz den Chat von Zoom.

Die Funktionen für den Teilnehmer

Als »schlichter« Teilnehmer, der per E-Mail eine Einladung zu einem Meeting erhalten hat, sind Sie im Nu mitten drin im Geschehen. Sobald Sie im Meeting sind, sehen Sie sich selbst und die Videos der Teilnehmer. Dabei stehen zwei Ansichten zur Verfügung, die *Sprecheransicht*, in der der Sprecher groß im Bild ist, und die *Galerieansicht*, in der alle Teilnehmer-Videos gleichberechtigt dargestellt werden. Sie nutzen im Meeting ein Mikrofon und natürlich die Kamera. Beides lässt sich nach Gusto einschalten oder ausschalten.

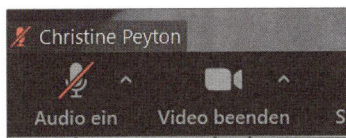

Abbildung 3.1 *Ihre Ton- und Bildregie*

Abgesehen von Wortbeiträgen können Sie als Teilnehmer auf vielfältige Weise Feedback geben. Sie können sich zu Wort melden, um zu signalisieren, dass Sie etwas sagen möchten. Dafür steht die Funktion **Hand heben** parat. Außerdem gibt es nonverbale Reaktionsmöglichkeiten. Sie können klatschen (mit einer Hand, die ein Klatschen andeutet) oder ein Daumen-hoch-Zeichen geben. Diese Symbole werden für ein paar Sekunden in Ihr Video eingeblendet, sodass alle anderen Ihre Reaktion sehen.

Abbildung 3.2 *Applaus für den Vortrag*

Neben diesen Standardfunktionen kann der Host weitere Symbole aktivieren (z. B. Ja- und Nein-Symbole), die Sie dann nutzen können, um Ihre Meinung – etwa in Abstimmungen – kundzutun.

Neben Wortbeiträgen und Feedback gibt es eine weitere Möglichkeit der Kommunikation, den *Chat*. Sobald Sie in einem Meeting den Chatbereich einblenden, können Sie chatten, also Textnachrichten an andere Konferenzteilnehmer schreiben. Den Chat-Verlauf können Sie auch als txt-Datei speichern, was zu Dokumentationszwecken sehr nützlich sein kann.

In diesem Chatbereich findet sich ein weiteres wichtiges Feature, der Dateientransfer. Sie können also direkt in einem Meeting eine Datei an einen anderen Teilnehmer – oder an alle Teilnehmer – senden. Die Teilnehmer können die Datei dann herunterladen und auf ihrem Rechner speichern.

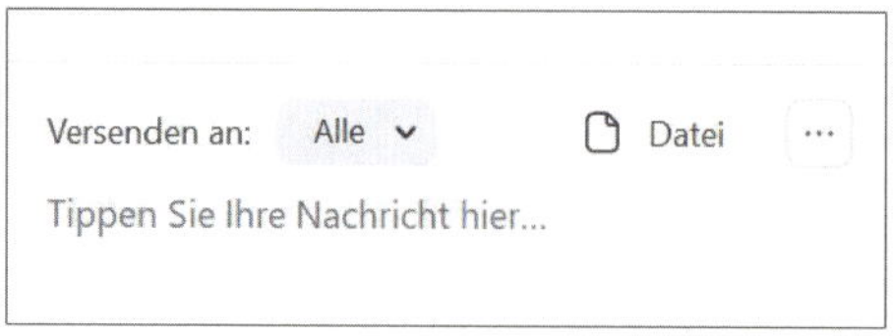

Abbildung 3.3 *Chat und Dateiversand während des Meetings*

Ein nettes Feature ist die Möglichkeit, für Ihr Video einen anderen Hintergrund auszuwählen, sodass Sie also nicht in Ihrem Büro oder in Ihrer heimischen Umgebung zu sehen sind, sondern vor einem Foto, das Sie als *virtuellen Hintergrund* festlegen. Diese Technik funktioniert nicht auf jedem Rechner reibungslos, aber einen Versuch ist es wert, vor allem, wenn Sie vermeiden möchten, Ihre reale Umgebung zur Schau zu stellen.

Abbildung 3.4 *Ihre möglichen »Standorte«*

Besonders praktisch und in vielen Situationen nützlich ist die Möglichkeit, Videokonferenzen aufzuzeichnen, um z. B. die Arbeitsergebnisse später nachvollziehen zu können oder um Kollegen, die nicht teilgenommen haben, über den Inhalt des Meetings zu informieren. Diese Aufzeichnungsfunktion ist per Tastendruck aktivierbar und steht theoretisch jedem Teilnehmer zur Verfügung. In der Praxis wird in der Regel eine Person bestimmt, die auf die Taste **Aufzeichnen** drückt. Die Aufzeichnung landet als MP3-Filmchen in einem speziellen Zoom-Ordner. Automatisch wird mit der Aufzeichnung auch eine Audiodatei erstellt.

Mit einem guten Spracherkennungsprogramm könnten Sie diese Audio-Datei gegebenenfalls nutzen, um daraus ein Transkript, also eine Text-Aufzeichnung der Wortbeiträge, zu generieren.

Zusammenarbeit über das Whiteboard

Hinter dem Whiteboard verbirgt sich eine – wie der Name sagt – leere, weiße Tafel, also einfach ein leeres Blatt, das vom Host freigegeben wird, sodass alle Meeting-Teilnehmer es auf ihren Bildschirmen sehen. Dieses Whiteboard ist eine sehr praktische Funktion, wenn beispielsweise Grafiken, Websites, Präsentationen oder andere Inhalt gemeinsam erarbeitet werden sollen.

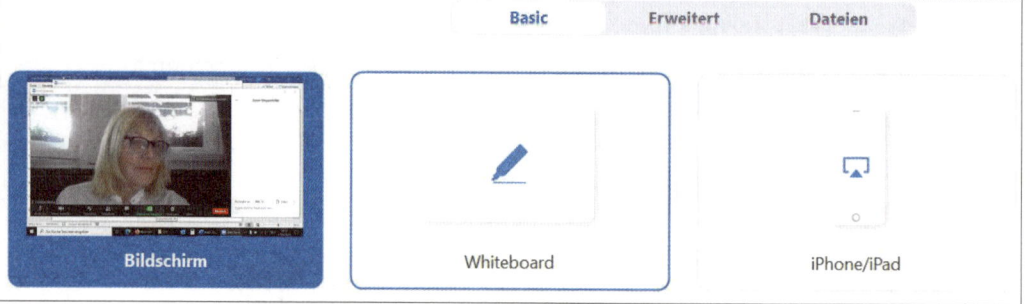

Abbildung 3.5 *Das Whiteboard freigeben*

Für die Arbeit mit dem Whiteboard steht eine spezielle Menüleiste zur Verfügung, die zahlreiche Tools anbietet, z. B. Zeichentools, ein Textwerkzeug zum Einfügen von Text oder Stempel zum Setzen von bestimmten Symbolen wie etwa einem Fragezeichen oder einem Stern. Der Clou ist, dass sich das Whiteboard jederzeit als png-Datei, also als Bild, speichern lässt, sodass auch später kontrolliert und nachvollzogen werden kann, welche Kommentare gemacht worden sind.

Abbildung 3.6 *Die Werkzeuge für das Whiteboard*

Die Funktionen zur Freigabe

Der Host kann nicht nur ein Whiteboard für die anderen freigeben, sondern auch jedes andere Dokument auf seinem Rechner, z. B. eine Excel-Mappe oder eine PowerPoint-Präsentation. Alle anderen sehen dann die Anwendung bzw. das Dokument auf ihren Rechnern und können es wie bei der Arbeit mit dem Whiteboard mit Kommentaren oder Zeichnungen versehen. Für den Host stehen alle Funktionen der Anwendung wie sonst auch zur Verfügung, er kann das Dokument also in jeder Hinsicht sozusagen live bearbeiten. In Bezug auf die Zusammenarbeit über das Whiteboard hat er mehr Rechte und Möglichkeiten als ein »gewöhnlicher« Teilnehmer. Er kann die eingefügten Zeichnungen der anderen löschen und ein Spotlight zur Hand nehmen, um damit auf bestimmte Stellen im Dokument hinzuweisen. Wenn er möchte, kann er die Verantwortung abgeben und die Steuerung des Bildschirms temporär an einen Teilnehmer delegieren.

Abbildung 3.7 *Ein Word-Dokument in der Bildschirmfreigabe*

Auch als jemand, der zu einem Meeting eingeladen wurde, können Sie in Zoom zum Referenten werden. Es braucht allerdings die Genehmigung des Hosts, der die Bildschirmfreigabe freigeschaltet haben muss. Wenn er das getan hat, kann jeder Teilnehmer ebenfalls eine Datei/Präsentation mit den anderen Konferenzteilnehmern teilen und vorführen.

Dem vorübergehenden Referenten stehen dann die Optionen zur Verfügung, die sonst nur der Host hat. Er kann das Dokument während des Meetings ganz normal bearbeiten, ein Spotlight zur Hand nehmen und die Bildschirmsteuerung temporär einem Kollegen überreichen.

Auch mehrere Teilnehmer können gleichzeitig Dokumente freigeben. Als Zuschauer hat man dann die Qual der Wahl zu entscheiden, welches Dokument man betrachten möchte.

Die Funktionen und Optionen des Hosts

Der Host ist eine wichtige Person. Er beginnt ein Meeting und lädt die anderen Teilnehmer ein. Über einen sogenannten *Warteraum* kann er steuern, wann er die eingeladene Person dem Meeting beitreten lässt, oder auch das Meeting komplett für weitere Teilnehmer dichtmachen. Der Host ist auch derjenige, der das Meeting beendet (obwohl jeder Teilnehmer technisch natürlich jederzeit die Konferenz verlassen kann).

Sehr hilfreich ist die Funktion, dass der Host alle Teilnehmer stummschalten kann. Gerade im schulischen Kontext ist dies ein gutes Mittel, um dem üblichen Durcheinander zu Beginn entgegenzuwirken (wobei sich natürlich nicht nur Schüler zunächst aufgeregt begrüßen möchten), Ruhe in das Treffen zu bringen und die Zusammenkunft strukturiert anzumoderieren.

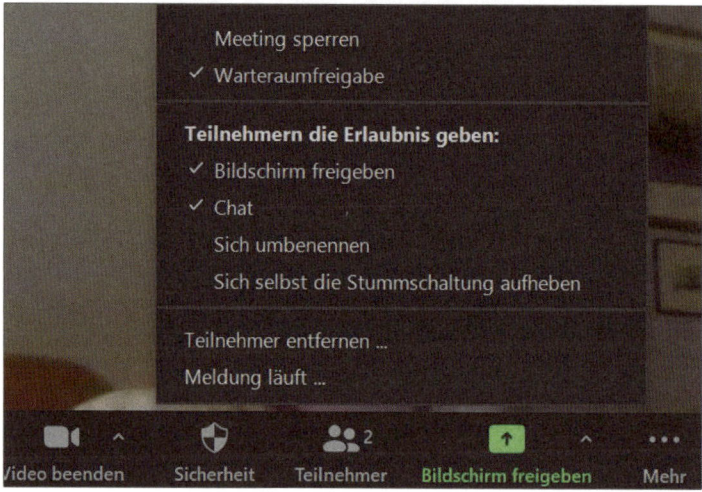

Abbildung 3.8 *Die Rechtezentrale des Hosts*

Dem Host stehen umfangreiche Optionen zum Einrichten eines Meetings zur Verfügung. Er kann alle möglichen Funktionen für die anderen Teilnehmer sperren oder freischalten, so z. B., ob die Teilnehmer ihre Stummschaltung selbst wieder aufheben oder ob sie einen Mitschnitt der Konferenz anfertigen dürfen.

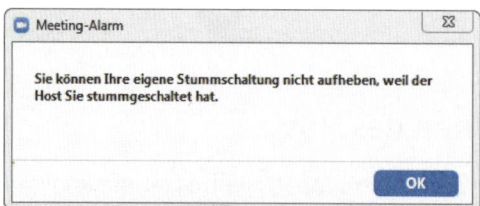

Abbildung 3.9 *Der Host hat Sie »mundtot« gemacht.*

Im realen Leben sind die meisten Meetings im Voraus geplant. Der Host kann ein Meeting mit all seinen gewünschten Präferenzen einrichten und dann auf verschiedenen Wegen dazu einladen, die Einladung z. B. kopieren und als Text in einer E-Mail verschicken. Die Planung eines Meetings können Sie als Host sowohl in der Software als auch in Ihrem Zoom-Webportal (als registrierter Nutzer) vornehmen. Hier stehen ein paar mehr Einstellungsoptionen für das Meeting zur Verfügung.

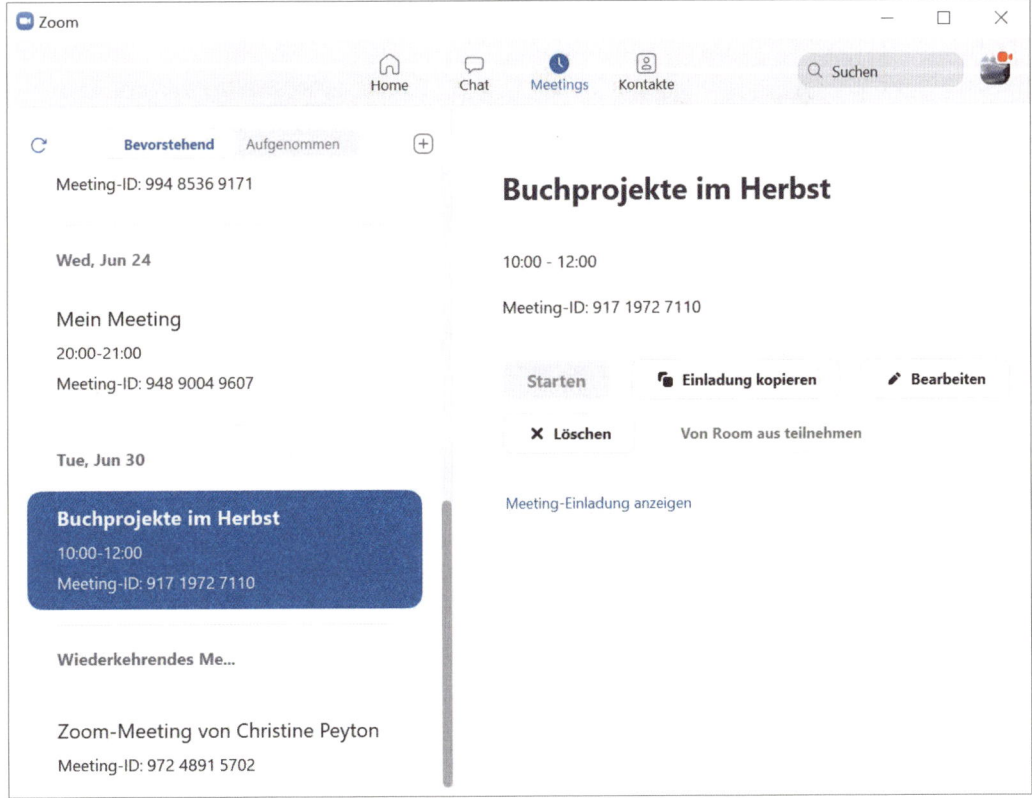

Abbildung 3.10 *Ihre geplanten Meetings*

Als Host können Sie Breakout-Räume erstellen, klassisch würde man von Arbeitsgruppen sprechen, die in eigenen Räumen tagen. Der Host kann also ein Meeting in separate Gruppen unterteilen, deren Mitglieder dann unabhängig von der Hauptsitzung miteinander diskutieren. Die Zuordnung der Teilnehmer zu den Breakout-Räumen erfolgt ebenfalls durch den Host.

Abbildung 3.11 *Kleine Arbeitsgruppen in Breakout-Räumen*

Mehr Funktionen mit einem Pro-Abo

Mit einem Pro-Abo erweitert sich die Funktionalität von Zoom. Zu erwähnen sind insbesondere die Benutzerverwaltung, Cloud-Aufzeichnungen, die persönliche Meeting-ID und die Planung von Veranstaltungen mit registrierten Benutzern.

- **Benutzerverwaltung**: Sie können über das Webportal von Zoom andere Nutzer zu Ihrem Konto hinzufügen. Diese Nutzer werden dann Teil Ihres Kontos und gehören damit zu Ihren Unternehmenskontakten, mit denen sie bequem kommunizieren können (siehe den folgenden Abschnitt).

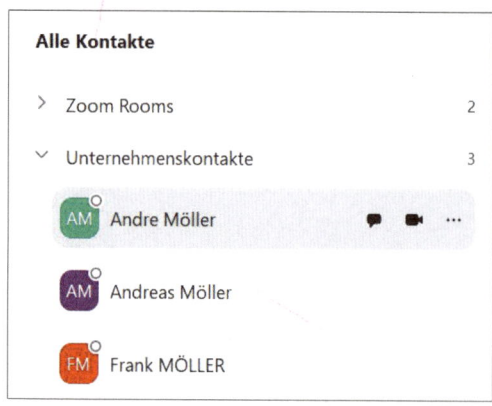

Abbildung 3.12 *Ihre Unternehmenskontakte mit dem Pro-Abo*

- **Cloud-Aufzeichnung**: Statt einer lokalen Aufzeichnung können Sie für eine Cloud-Aufzeichnung optieren. Wenn Sie eine solche Aufzeichnung starten, landet das Video nach Beendigung des Meetings in einer Zoom-Cloud und kann bearbeitet (z. B. geschnitten), heruntergeladen und freigegeben werden.
- **Persönliche Meeting-ID**: Mit einer PMI besitzen Sie eine einmalige Kennung für ein Meeting. Sie können diese PMI an Menschen weitergeben, mit denen Sie regelmäßig Meetings veranstalten. Damit ersparen Sie sich den Schritt, die Teilnehmer des Meetings explizit per Mail einzuladen, da sie selbstständig mit Ihrer PMI einem Meeting beitreten können. Im Extremfall können sie mit entsprechenden Einstellungen für die PMI bzw. den persönlichen Meetingraum sogar ein Meeting veranstalten, bei dem Sie als Host und Besitzer der PMI nicht anwesend sind.

Abbildung 3.13 *Anmeldungen für ein Meeting*

- **Veranstaltung mit registrierten Teilnehmern**: Dies ist ein spannendes Feature für alle Meetings, bei denen der Veranstalter vor dem Event die Kontrolle über die Teilnahme und die Teilnehmer haben möchte. Die potenziellen Teilnehmer müssen sich zuvor über ein Webformular mit erforderlichen und optionalen Daten registrieren – wobei diese Einstellung auch deaktiviert werden kann – und brauchen dann eine Genehmigung durch den Veranstalter, um den Link für den Beitritt zum Meeting zu erhalten. Damit eignet sich diese Funktion besonders gut für alle Online-Meetings, die für die Teilnahme eine Bedingung vorsehen (beispielsweise Bezahlung des Kurses oder eine bestimmte nachweisbare Qualifikation).

Zoom als Chat und Kontaktbörse

Neben der eigentlichen Meeting- und Video-Funktion bietet Zoom auch eine Chat-Alternative. Auch außerhalb von Meetings ist es (über die Software) möglich, mit zuvor eingeladenen Kontakten zu chatten (diese müssen Ihrer Einladung zustimmen und werden dann als externe Kontakte geführt). Der eigentliche Vorteil des Zoom-Chats besteht allerdings darin, mit den Unternehmenskontakten (dies sind all die, die über die Benutzerverwaltung Ihrem Konto hinzugefügt wurden) zu kommunizieren und mit diesen Menschen ein schnelles Meeting zu starten. Überdies lassen sich sogenannte Kanäle erstellen; dies sind Gruppen, mit denen Sie en bloc chatten, Screenshots und Dateien teilen und/oder Meetings starten. Ihre Kontakte und Kanäle werden in der Software auf der Registerkarte **Kontakte** aufgelistet.

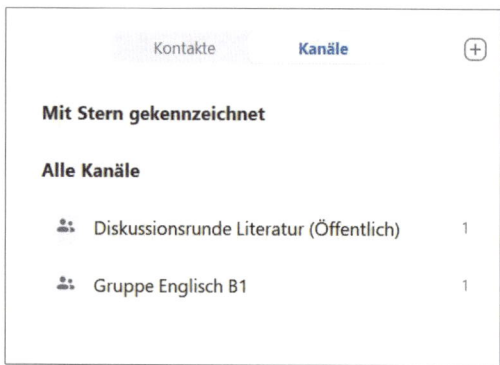

Abbildung 3.14 *Kanäle in Zoom*

Webinare

Was im Kleinen geht, geht auch im Großen. Zoom wird selbstverständlich auch im Bildungsbereich als Ersatz für ein Präsenzseminar eingesetzt. In der Online-Variante wird daraus dann ein *Webinar*.

Für Webinare hat Zoom ein spezielles Angebot: Für aktuell 37,00 € pro Monat und Host können Veranstaltungen, Workshops etc. für 100 bis zu 10.000 Teilnehmer bzw. Zuschauer angesetzt werden. Der entscheidende Punkt bei einem Webinar ist, dass die potenziellen Teilnehmer sich registrieren und dann eine Genehmigung brauchen – wie eben im Abschnitt über Veranstaltungen mit registrierten Teilnehmern kurz beschrieben.

Bei einem Webinar wird zwischen Diskussionsteilnehmern und »View-Only-Teilnehmern« unterschieden. Nur die Diskussionsteilnehmer (bis zu 100 sind möglich) sind vollwertige Teilnehmer, die sich beteiligen können.

Zoom erweitern

Als Inhaber eines Pro-Abos – bzw. aller weiteren kostenpflichtigen Abos – können Sie auf den App-Markt zugreifen und die Funktionalität von Zoom mit speziellen Apps in vielfältiger Hinsicht ergänzen und erweitern. Das Angebot ist geradezu erschlagend, und die versprochenen Funktionen sind mitunter überwältigend. Alle einzelnen Apps auf dem Markt hier vorzustellen und zu bewerten, würde den Rahmen dieses Buchs sprengen und unser Vermögen in vieler Hinsicht übersteigen. Als Beispiel für die angepriesenen Zusatzfunktionen sei hier eine Integration in Moodle erwähnt.

Herauszufinden, welche App Ihre Bedürfnisse und Wünsche erfüllt, bleibt Ihrem Forschergeist überlassen. Die Abbildung zeigt lediglich einen Ausschnitt des App-Markts (zu erreichen über das Zoom-Webportal unter **Erweitert**).

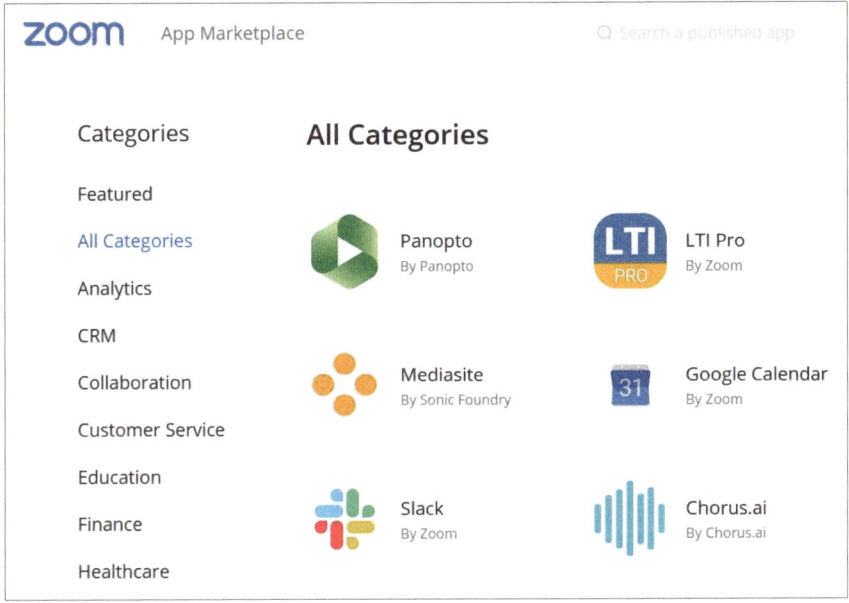

Abbildung 3.15 *Der Marktplatz für Apps*

Kapitel 4
Hardware-Voraussetzungen und Hardware-Probleme

Oberflächlich betrachtet braucht es für die Teilnahme an einer Online-Videokonferenz keine geheimnisvollen Dinge. Die meisten Endgeräte, also Computer und Laptops, Mobiltelefone und Tablets, haben die notwendige Technik in der einfachsten Ausstattung bereits an Bord: eine integrierte Webcam, einen Lautsprecher und ein Mikrofon. Aber der Teufel steckt bekanntermaßen im Detail, und außerdem reichen die eingebauten Geräte nicht unbedingt aus, um ein reibungsloses Meeting mit guter Sound- und Videoqualität abzuhalten. Daher werfen wir in diesem Kapitel einen genaueren Blick auf die erforderliche Technik, die Systemanforderungen und die Probleme, die auftreten können.

Egal, welches Gerät Sie nutzen, ob Laptop, PC oder mobile Geräte: Vermeiden Sie es, das eingebaute Mikrofon und gleichzeitig die eingebauten Lautsprecher zu verwenden. Dieses Set-up führt fast immer zu Rückkoppelungen bzw. Echo-Effekten. Für Sie sind diese Echos mitunter weniger störend als für Ihre Gesprächspartner. Seien Sie also freundlich, und nutzen Sie wenigstens einen Kopfhörer.

Nach unserer Erfahrung können Sie am ehesten bei einem Smartphone ohne zusätzliche Hardware auskommen, da dieses ja ursprünglich zum Telefonieren gedacht und für gleichzeitiges Sprechen und Hören konzipiert ist.

Computer/Laptop

Ihr Computer/Laptop sollte für ein Online-Meeting noch nicht zum alten Eisen gehören, da eine bestimmte Leistungsstärke erforderlich ist. Sowohl der Prozessor als auch der RAM-Speicher spielen eine Rolle. Empfohlen werden allgemein mindestens 4 GB RAM und als Prozessor Dual Core 2 GHz oder höher. Mit einem Computer/Laptop, der erst wenige Jahre auf dem Buckel hat, sind Sie vermutlich ausreichend gerüstet (tatsächlich ist ein Teil des Buches sogar auf einem neun Jahre alten Gerät entstanden, was auch funktionierte – dieser Computer war allerdings zum Zeitpunkt des Erwerbs State of the Art!). Denken

Sie an den Tipp: Oft reicht lediglich ein externer Kopfhörer, um die erforderliche Hardware für ein Online-Meeting beisammen zu haben.

Smartphones und Tablets

Smartphones der jüngeren Generation können alle gut mit Zoom umgehen, aber einen Bildschirm mit einer akzeptablen Größe bieten sie einfach nicht!

Einfache Tablets sind nicht immer mit einer Kamera ausgestattet. Hier hilft nur Nachrüsten mit einer externen Kamera. Ob die sonstigen Voraussetzungen für ein Online-Meeting reichen, lässt sich generell nicht beantworten, da die Bandbreite der angebotenen Geräte zu groß ist. Aber einen Versuch ist es immer wert, probieren Sie es einfach aus.

Zusätzliche Lautsprecher/Mikrofon – ja, bitte!

Eine hohe Audioqualität macht jede Sitzung angenehmer und effizienter. Je nach verwendetem Endgerät bestehen unterschiedliche Möglichkeiten zur Tonaufnahme und -ausgabe. In der Regel gilt: Selbst der einfachste Kopfhörer mit integriertem Mikrofon liefert eine bessere Tonqualität als das eingebaute Mikrofon des Laptops (siehe dazu auch Kapitel 5). Daher ist eine solche Anschaffung dringend zu empfehlen. Zur Auswahl stehen kabelgebundene oder Bluetooth-Kopfhörer/Headsets.

Bluetooth- und Wireless-Kopfhörer kommen ohne Anschlusskabel aus; damit bieten sie Ihnen generell mehr Bewegungsfreiheit, und Sie stolpern beim Aufstehen nicht über ein Kabel. Es gibt sie wie jedes normale Headset mit Kabel als Bügelkopfhörer oder als In-Ear-Variante.

Sofern Sie sich für die anstehenden Meetings ein Headset mit Mikrofon besorgen, ist erfahrungsgemäß ein Gerät mit aktiver Geräuschunterdrückung – sogenanntes Noise-Cancelling – zu empfehlen, und/oder Sie greifen zu einem Headset mit einem Bügelmikrofon, sodass Sie das Mikrofon vor dem Mund haben und es weniger Störgeräusche aufnimmt.

Achten Sie beim Kauf auf jeden Fall auf die Anschlussmöglichkeiten des neuen Headsets. Es muss kompatibel zu Ihrem Laptop, PC, Tablet oder Smartphone sein. Hierzu noch ein Hinweis zum weitverbreiteten Klinkenstecker: 3,5-mm-

Klinkenanschlüsse sind mitunter tückisch; es gibt den 3,5-mm-Klinkenanschluss mit 3 oder 4 Polen. Bei den 4-poligen Varianten wird ein Stecker für Kopfhörer und Mikrofon zusammen verwendet. Die 3-poligen Varianten benötigen je einen Stecker für den Kopfhörer und einen für das Mikrofon.

Kamera

Viele Laptops haben zwar eine integrierte Kamera; diese ist qualitativ aber oft minderwertig, bietet eine schlechte Auflösung und lässt sich naturgemäß nicht frei positionieren. Allerdings ist eine externe Kamera bei Weitem nicht so ausschlaggebend wie ein Headset. Wenn Ihre eingebaute Kamera über eine hinreichende Qualität verfügt, sollten Sie also lieber in ein gutes Headset investieren, wie im vorangehenden Abschnitt ausgeführt.

Bei der Kamera muss in erster Linie das Licht stimmen. Selbst die teuerste Webcam kann in einem dunklen Raum kein gutes Bild übertragen. Achten Sie deswegen immer auf gute Beleuchtung. Einige Kameras haben sogar eine integrierte Beleuchtung, die das Gesicht aufhellt. Ein weiterer wichtiger Faktor ist die Auflösung: Je höher, desto weniger verpixelt wirkt das Bild. Zoom wirbt damit, HD-Bildqualität zu unterstützen, aber die meisten integrierten Kameras in Laptops tun dies nicht. Dies allein kann schon ein Grund sein, mit einer externen Webcam zu arbeiten (Sie müssen dafür nicht sehr tief in die Tasche greifen, mit ca. 30 € aufwärts sind Sie dabei). Aber auch die Möglichkeit, eine externe Kamera flexibel zu platzieren, ist ein großer Vorteil gegenüber den eingebauten Geräten. Tendenziell wird empfohlen, eine solche Kamera über dem Monitor anzubringen (siehe auch Kapitel 5), da Gesichter dann optisch günstiger aufgenommen werden.

Kontrollieren und testen

Nach dem Motto »Vertrauen ist gut, Kontrolle ist besser« sollten Sie auf keinen Fall »blind« in ein Meeting stolpern. Was immer Sie nutzen, führen Sie vorab und rechtzeitig Tests mit den gegebenenfalls vorhandenen unterschiedlichen Set-ups durch, z. B. Laptop mit externem Headset. Für diese Kontrollen stehen die Windows-Mittel (wir beziehen uns auf Windows 10) sowie Zoom selbst parat. Wir gehen kurz auf beide Möglichkeiten ein.

Kontrolle in der Zoom-Software

In der Zoom-Software testen Sie Mikrofon und Lautsprecher in den **Einstellungen**, die Sie auf der Registerkarte **Home** mit dem Zahnrad aufrufen.

Abbildung 4.1 *Die Zoom-Einstellungen aufrufen*

Klicken Sie im Einstellungsdialog auf **Audio**. Mit der Schaltfläche **Tontest** prüfen Sie, ob Sie die anderen gut hören können, mit **Mikrotest**, ob die anderen Sie gut hören, also Ihre Lautstärke. Achten Sie auf den Ausschlag an den beiden Reglern, und passen Sie die Lautstärke gegebenenfalls an. Um den Regler für Ihre Lautstärke bewegen zu können, müssen Sie die Option **Lautstärke automatisch einstellen** deaktivieren. Im Auswahlfeld neben der Schaltfläche **Tontest** legen Sie z. B. Ihr Headset als Lautsprecher fest. Mit dem Auswahlfeld neben der Schaltfläche **Mikrotest** bestimmen Sie das zu verwendende Mikrofon.

In der Rubrik **Video** können Sie die verwendete Kamera auswählen (sofern es mehrere gibt) und einige Einstellungen für Ihr Video ändern. Aktivieren Sie hier z. B. **Originalgröße** statt **16:9 (Breitbild)** und die HD-Qualität (sofern Ihre Kamera HD liefert).

Die Option **Mein Erscheinungsbild retuschieren** schaltet einen Weichzeichner ein. Zoom verspricht uns diese Option als Wunderwaffe, die Autoren konnten leider nur einen minimalen Effekt entdecken!

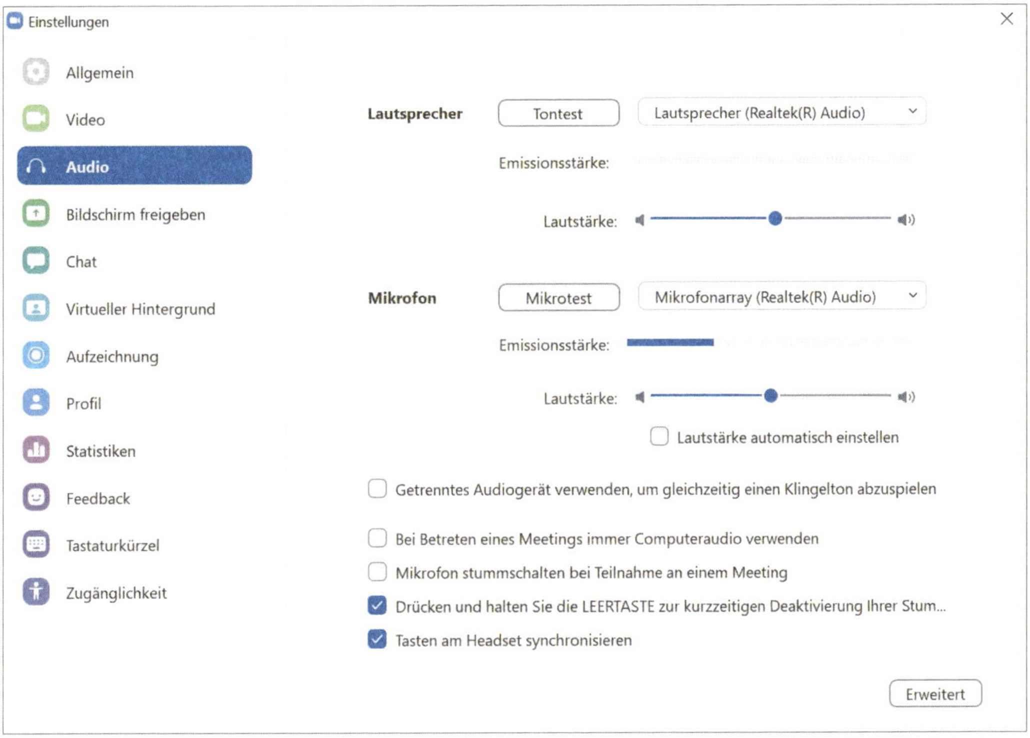

Kontrollieren und testen

Abbildung 4.2 *Die Toneinstellungen*

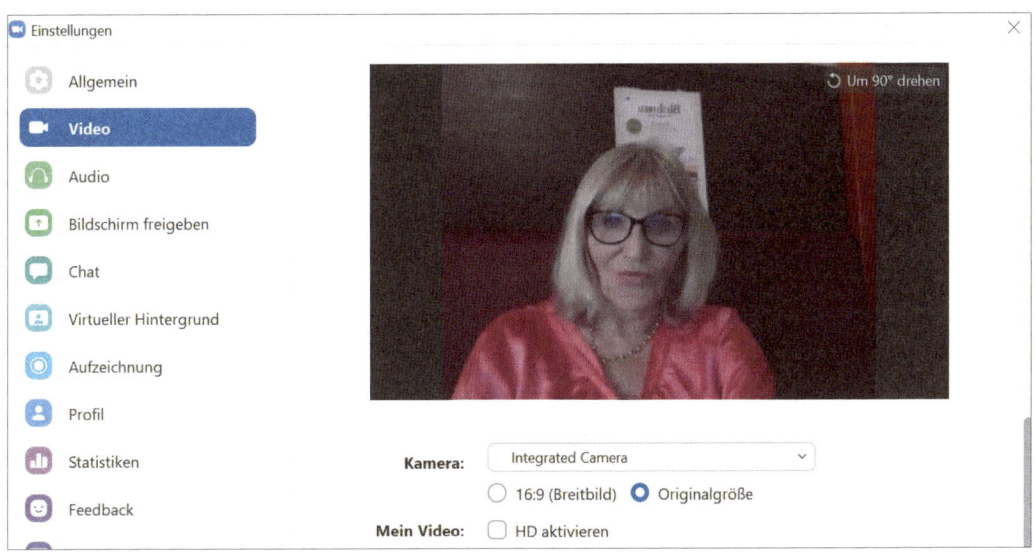

Abbildung 4.3 *Die Bildeinstellungen*

Wenn Sie in diesen beiden Bereichen der Einstellungen gute Ergebnisse erzielen, ist unsere Erfahrung, dass auch Bild und Ton im Meeting gut »rüberkommen« werden.

Falls Sie in den Zoom-Einstellungen in den Auswahllisten für Kamera, Lautsprecher oder Mikrofon ein Gerät vermissen, hat dies oft folgende Ursachen:

- Das Gerät ist schlicht und einfach in Windows deaktiviert.
- Bluetooth ist deaktiviert.
- Die Bluetooth-Verbindung hat nicht geklappt.
- Ein USB-Anschluss ist fehlerhaft.

Alle diese Probleme lösen Sie auf der Windows-Ebene. Daher im Folgenden ein paar Hinweise, die Ihnen bei der Kontrolle der Geräte auf die Sprünge helfen sollen.

Einstellungen und Tests in Windows

Über das Fenster **Einstellungen** von Windows gelangen Sie im Prinzip zu allen benötigten Dialogen bzw. Links, aufzurufen über das **Startmenü • Einstellungen • System** (oder das Zahnrad) oder indem Sie die Tasten ⊞ + X drücken und im Menü **System** wählen.

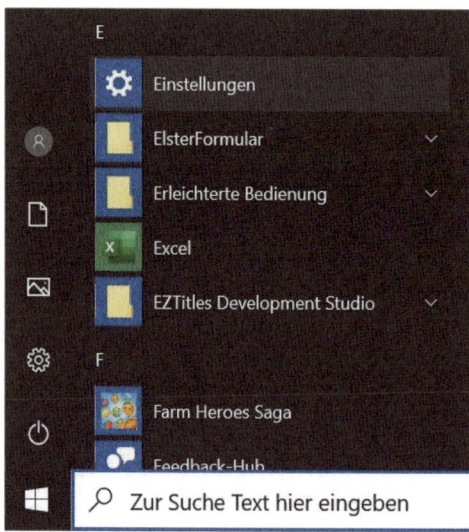

Abbildung 4.4 *Die Windows-Einstellungen aufrufen*

Kontrollieren und testen

> **Kurzstrecke**
> Ein schneller Weg zu den Sound-Einstellungen: Kicken Sie das Lautsprechersymbol in der Taskleiste mit der rechten Maustaste an. Im Kontextmenü wählen Sie **Sound-Einstellungen öffnen**.

In den **Einstellungen** aktivieren Sie den Punkt **Sound**. In diesem Fenster wählen Sie das Ausgabegerät und das Eingabegerät und stellen die generelle Lautstärke für den Sound ein (**Hauptlautstärke**).

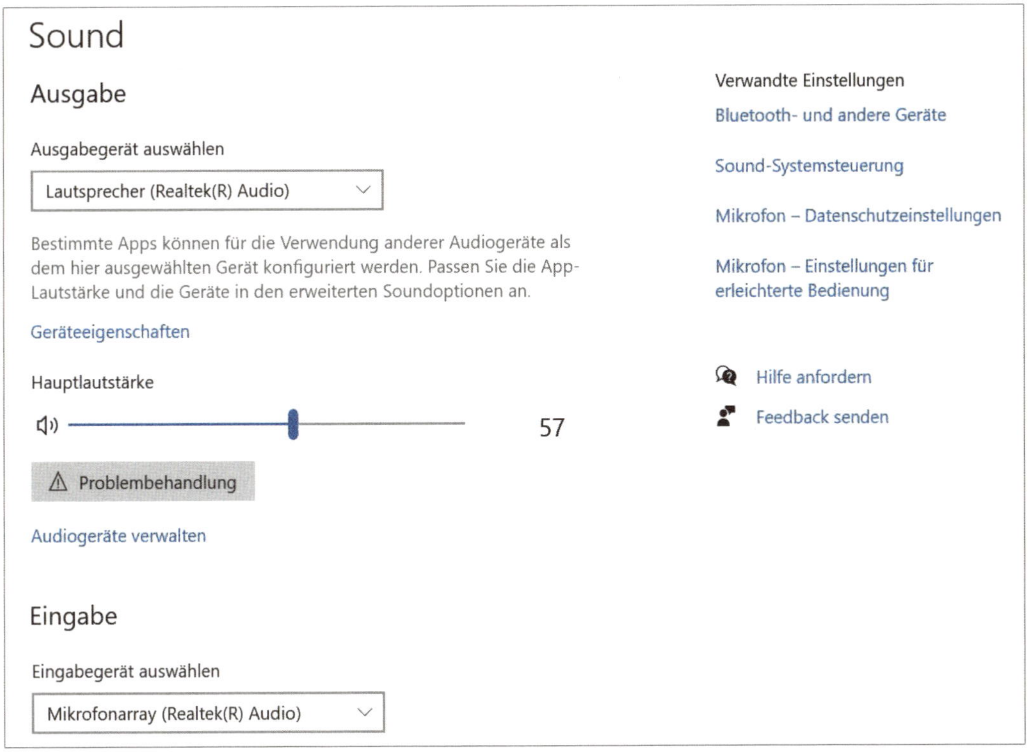

Abbildung 4.5 *Soundeinstellungen*

Falls Sie feststellen, dass das Mikrofon gar keinen Pieps empfängt (es erscheint an dem Schieberegler kein blauer Balken, auch wenn Sie laut und deutlich sprechen), ist das aktuell eingestellte Gerät möglicherweise gar nicht aktiviert. Klicken Sie dann auf den Link **Geräteeigenschaften**. Im nächsten Fenster sehen Sie den Punkt **Deaktivieren**. Hier sollte natürlich kein Häkchen gesetzt sein.

Abbildung 4.6 *Gerät aktivieren*

Um weitere Anpassungen hinsichtlich der Lautstärke vorzunehmen, klicken Sie am besten einmal auf den Link **App-Lautstärke- und Geräteeinstellungen** (unter **Erweiterte Soundoptionen**). Hier lässt sich die Lautstärke für einzelne Programme/Apps einstellen, z. B. für Zoom.

Abbildung 4.7 *Die App-Lautstärke einstellen*

Weitere Geräteeigenschaften finden Sie in der *Systemsteuerung* unter **Sound**. Auch diesen Dialog können Sie von den Sound-Einstellungen aus öffnen. Klicken Sie rechts im Fenster auf den Link **Sound-Systemsteuerung** (oder gehen Sie im Startmenü über **Windows-System • Systemsteuerung • Sound**).

Im Dialog sehen Sie auf der Registerkarte **Wiedergabe**, welche Geräte installiert und welche möglicherweise getrennt oder deaktiviert sind. Im Kontextmenü eines Gerätes gibt es die Optionen zum Aktivieren oder zum Deaktivieren. Bei aktivierten Geräten ist hier auch der Punkt **Testen** aktiv, also nicht ausgegraut. Ein Klick spielt einen Sound ab.

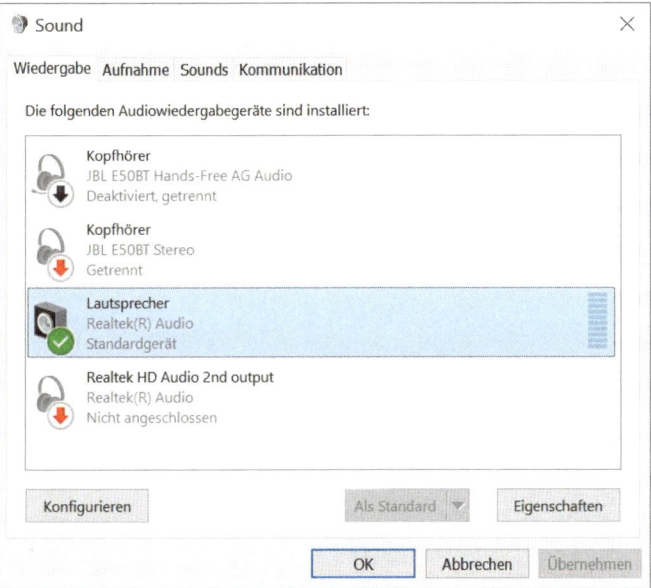

Abbildung 4.8 *Der wichtige Dialog »Sound«*

Eigenschaften-Dialog

Sie können auch die Eigenschaften des markierten Geräts aufrufen. Hier entdecken Sie unten auf der Registerkarte **Allgemein** das Feld **Geräteverwendung**, über das Sie Geräte aktivieren oder deaktivieren können. Auf der Registerkarte **Pegel** können Sie das Audio-Output einstellen (identisch mit dem Regler für die **Hauptlautstärke** im Fenster der Sound-Einstellungen).

Bei einem Bluetooth-Gerät kontrollieren Sie, ob Bluetooth aktiviert und das Gerät verbunden ist.

Rufen Sie dazu im Startmenü die **Einstellungen** auf, und wählen Sie den Punkt **Geräte**. Aktivieren Sie auf der Seite **Bluetooth- und andere Geräte** die Option **Bluetooth**.

Kapitel 4 Hardware-Voraussetzungen und Hardware-Probleme

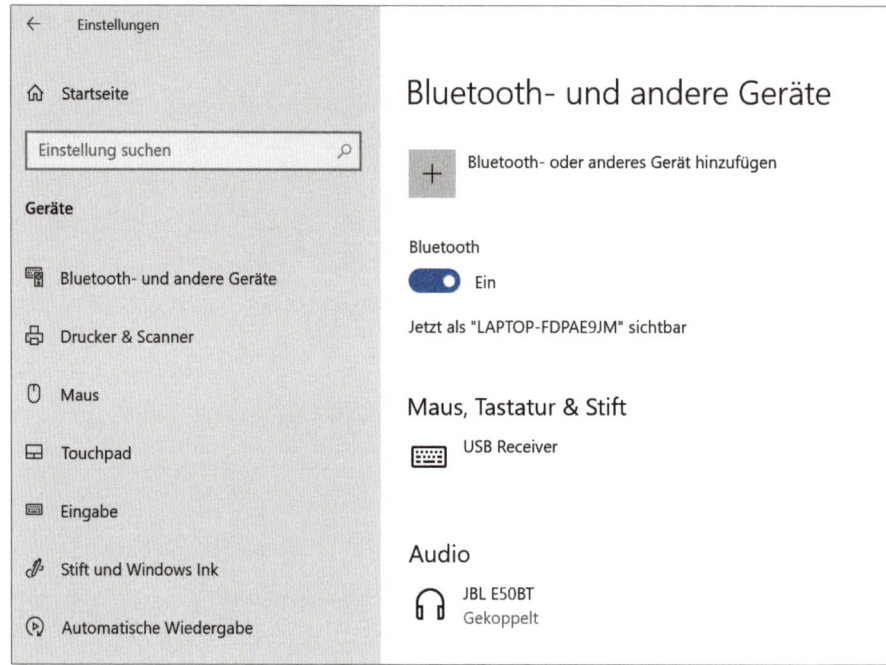

Abbildung 4.9 *Bluetooth aktivieren, die gekoppelten Geräte werden angezeigt.*

Wenn Bluetooth aktiviert ist, wird im Bereich **Audio** Ihr Headset angezeigt (sofern es bereits einmal mit dem PC verbunden/gekoppelt war). Nehmen Sie Ihr Headset zur Hand, und schalten Sie es ein.

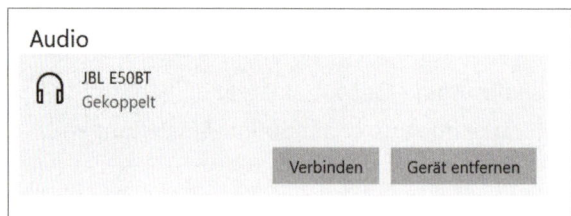

Abbildung 4.10 *Das Headset verbinden*

Nun sollte es sich mit dem PC verbinden; falls das nicht passiert, klicken Sie auf den Namen des Headsets und anschließend auf die Schaltfläche **Verbinden**.

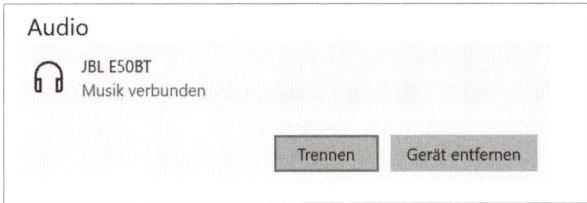

Abbildung 4.11 *Das verbundene Headset*

Die Kamera kontrollieren (in Windows)

Die interne **Kamera** rufen Sie direkt im Startmenü auf. Sobald Sie den Eintrag anklicken, startet die Kamera, und Sie können sich die Qualität anschauen.

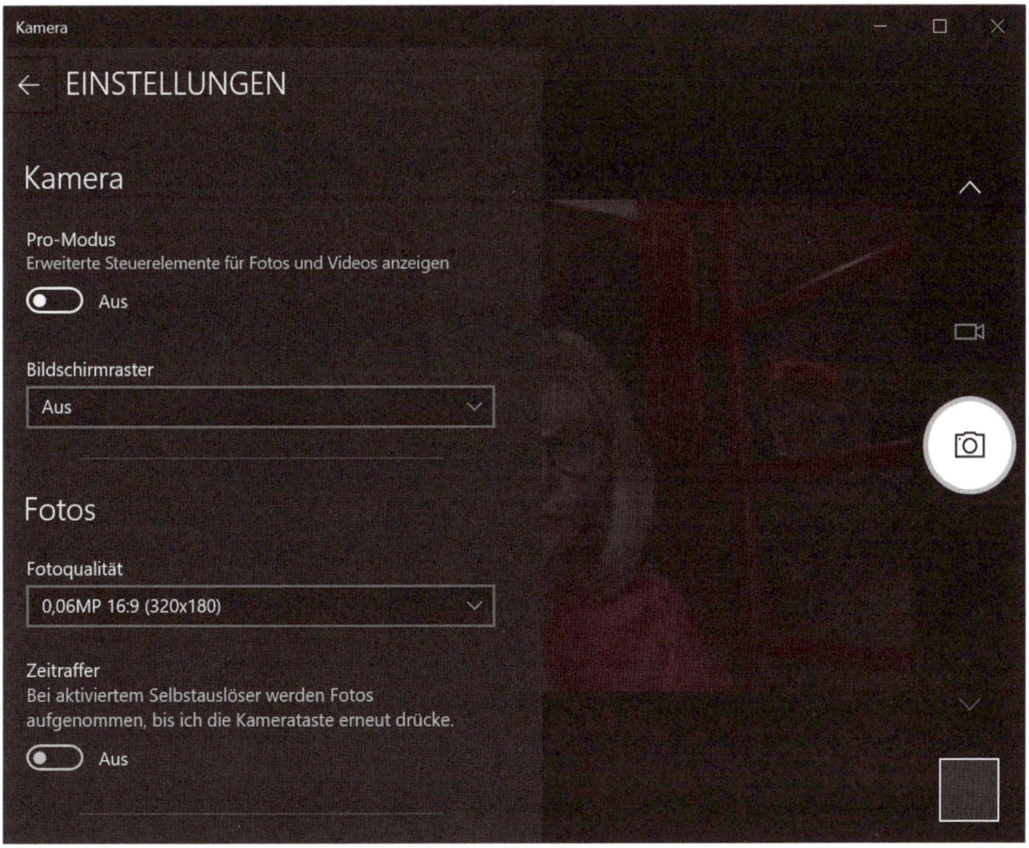

Abbildung 4.12 *Die Windows-Kamera*

Es gibt ein paar Einstellungsmöglichkeiten, die Sie mit dem Zahnrad links oben aufrufen. Wenn Sie in den Einstellungen die obere Option **Pro-Modus** einschalten, erhalten Sie in der Kamera lediglich ein zusätzliches Symbol (die Bezeichnung »Pro« ist etwas vollmundig), und zwar **Helligkeit**, zu finden links am Rand. Diese Helligkeitsänderung wird auch in Zoom angewendet.

Zwei Hinweise zum Schluss: Wenn aus geheimnisvollen Gründen nichts funktioniert (keine Kamera oder kein Sound, obwohl alle Einstellungen richtig wirken), hilft mitunter einfach ein Neustart des Rechners. Dies haben wir während der Arbeit an diesem Buch mehrfach erlebt.

Und wenn die Übertragung im Meeting nicht zufriedenstellend ist, muss das keineswegs an der Hardware liegen. Eine Videoübertragung braucht viel Bandbreite. Bei einem überlasteten WLAN kann die Übertragung schnell ruckelig werden. Da hilft nur Bandbreite sparen, eventuell auf das eigene Video verzichten und auch die Kollegen dazu auffordern.

Kapitel 5
Sich bei einer Videokonferenz richtig verhalten

Konferenzen sind Zeitfresser. So wird es vom einfachen Büroangestellten bis hin zu Vorstandsvorsitzenden empfunden, die laut einer Studie der Havard Business School sogar bis zu 72 % ihrer Zeit mit Meetings verbringen. Das ist eine beachtliche Zahl, wenn man bedenkt, dass Konferenzen aller Art gleichzeitig oft als ineffizient und schlecht vorbereitet gelten. Im schlimmsten Fall geht man ohne Ergebnis und Plan wieder auseinander – bis zum nächsten Meeting, das oft ähnlich verläuft. Daher ist es kein Wunder, dass manche Unternehmen, die kürzere Arbeitstage schaffen wollen, in ihrer Unternehmenskultur die Strategie verfolgen, alle überflüssigen Meetings zu verbannen oder sie zumindest kurz zu halten, sodass den Angestellten letztendlich mehr Zeit zur Erledigung ihrer eigentlichen Aufgaben bleibt. Der Chef einer Bielefelder Digitalagentur plädiert beispielsweise für den Fünf-Stunden-Tag, aber dafür wesentlich straffere Konferenzen ohne Kaffeepausen und Gedaddel am Smartphone (M. Röverkamp, »Kein Zurück«, in: Tagesspiegel 10.05.20).

Manches spricht dafür, dass Online-Meetings dazu beitragen können, eine andere Konferenz-Kultur zu etablieren. Sofern wir bei Zoom bleiben: Allein die Zeitbegrenzung der Basic-Version auf 40 Minuten zwingt zu einer guten Vorbereitung und zum fokussierten Arbeiten, sollen Ergebnissen erreicht werden. Aber auch Meetings, die diesem Zeitlimit nicht unterliegen, können anders verlaufen als Präsenzkonferenzen. Viele Ablenkungen fallen weg: der Schwatz mit dem Kollegen oder der Kollegin, die Suche nach dem richtigen Platz in der Runde, die Begutachtung des neuen Kostüms von Kollegin XY, der sehnsüchtige Blick zum blauen Himmel, und was machen denn die Spatzen dort auf dem Sims ...

Dieser Mangel an Ablenkung kann dazu führen, dass sich die Teilnehmer mehr als sonst auf den Inhalt der Sitzung und auf die jeweiligen Beiträge konzentrieren. Hinzu kommt ein weiterer Faktor, der von Teilnehmern an Online-Meetings berichtet wird: Die Wortmeldungen sind in der Regel deutlich sachlicher und konziser. Man meldet sich nicht extra zu Wort, um einem vagen Unmutsgefühl freien Lauf zu lassen, sondern dann, wenn man »was zu sagen hat«. Dank dieser Zurückhaltung entfallen gemurmelte Ablehnungen oder Zustimmungen, die dann wieder Nachfragen auslösen und gegebenenfalls den Fluss der Diskussion unterbrechen, stören oder in eine andere Richtung lenken. Das kann bei einem Brainstorming fruchtbar sein, aber bei der Besprechung eines spezifischen Problems ist diese Art der Kommunikation oft nicht zielführend.

Auf der anderen Seite sind für viele Unternehmen und Institute Online-Konferenzen neues Terrain, und so werden hier auch Fehler gemacht, die Zeit und Nerven kosten. Der erste Fehler liegt – so banal es klingt – an mangelnder Hardware. Wenn nicht alle Teilnehmer über einen PC/Laptop mit Webcam und Headset bzw. Mikrofon verfügen, kann das Meeting nicht funktionieren. Abgesehen davon ist eine stabile Internetverbindung natürlich eine unabdingbare Voraussetzung. Andernfalls kann die virtuelle Zusammenkunft nicht ruckelfrei durchgeführt werden. Ein eingefrorener Bildschirm lässt den Vorgesetzten vielleicht mitunter lustig aussehen, lenkt aber ab und verliert seine komische Seite, wenn es wieder und wieder passiert. Daher lässt sich kaum genug betonen, wie wichtig es ist, vor dem eigentlichen Meeting mit ein paar Kollegen zu testen, ob und wie Ton und Darstellung funktionieren, und notfalls rechtzeitig für Abhilfe zu sorgen.

Die Hardware ist die eine Seite, das individuelle Verhalten die andere. Wie oben schon erwähnt, scheint es in der Natur der Sache zu liegen, dass sich die Teilnehmer eines virtuellen Treffens per se relativ gradlinig auf das Thema des Meetings fokussieren, sich sachlicher als sonst zu Wort melden und ihre Beiträge dosieren. Dies mag daran liegen, dass man sich selbst als Redner zuschaut, daran, dass man Teil eines Videos ist, sich genauer beobachtet fühlt – wer weiß es. Aber umso besser, wenn die Nummer eins der Regeln für Online-Besprechungen – und ebenso für Präsenzkonferenzen – schon fast automatisch umgesetzt wird: Halten Sie Ihre Beiträge kurz, sachlich und auf das Thema bezogen.

Ansonsten geben wir hier noch ein paar Hinweise, die für diejenigen hilfreich sein sollen, die mit der Teilnahme an Online-Meetings im Rahmen von Homeoffice Neuland betreten. Über einige der Tipps werden Sie den Kopf schütteln, weil sie Ihnen zu banal und selbstverständlich erscheinen, aber wir kennen Berichte über Situationen, in den genau das Selbstverständliche scheinbar nicht bekannt war oder bedacht worden ist.

Sich bei einer Videokonferenz richtig verhalten

- Auch wenn es für Ihre Frisur unvorteilhaft ist, sollten Sie immer ein Headset statt des eingebauten Mikrofons und der eingebauten Laptop/PC-Lautsprecher nutzen. Das gute alte Feedback (das schrille Pfeifen, wenn der Sänger mit dem Mikrofon vor die Lautsprecher tritt) gehört zwar der Vergangenheit an, aber Ihre Kollegen in der Konferenz werden mit störenden Echos belästigt, wenn Sie in der Konferenz auf ein Headset verzichten. Selbst ein einfaches und damit günstiges Headset ist besser als gar keins und im Normalfall völlig ausreichend. Nur wenn Sie in einer Umgebung mit vielen und lauten Geräuschen an der Konferenz teilnehmen müssen, ist ein Headset mit Noise-Cancelling-Mikrofon fast unverzichtbar.

- Achten Sie vor Beginn der Konferenz darauf, dass Sie Ihren Laptop in einer Umgebung platzieren, die neutral wirkt. Es muss nicht unbedingt ein klassisches Büro-Ambiente sein (aber natürlich umso besser, wenn sich ein Arbeitszimmer mit Schreibtisch in Ihrer Wohnung befindet); der aufgeräumte Wohnzimmertisch tut es notfalls auch. Denken Sie aber daran, dass man Sie vor Ihrem Hintergrund sehen wird und was Sie damit gegebenenfalls preisgeben. Zu viele oder bestimmte Bilder oder Fotos an der Wand hinter Ihnen sind für die anderen nicht nur Ablenkung, sondern vielleicht auch zu privat. Dabei kommt es auf den Rahmen der Sitzung an. Ein zwangloses Meeting unter Kollegen kann weniger formell gestaltet werden als eine hochoffizielle Konferenz mit Leitern und Vorgesetzten.

- Setzen Sie sich möglichst nicht direkt vor ein Fenster; Reflexionen von außen machen Sie schwer erkennbar. Achten Sie auch auf eine adäquate Beleuchtung, sodass Ihre Mimik und Gestik gut zu sehen sein werden.

- Checken Sie noch einmal Ihre Hardware und die Internetverbindung. Es kann auch hilfreich sein zu wissen, wen Sie auf die Schnelle kontaktieren können, falls technische Schwierigkeiten auftauchen sollten.

- Es ist eigentlich eine Selbstverständlichkeit, aber wir erwähnen es trotzdem: Bademantel, Schlafanzug oder ausgesprochen saloppe Freizeitkleidung wie beispielsweise Trainingsanzüge sind tabu! Man wird Sie unter Umständen von Kopf bis Taille sehen können; bequeme Latschen oder Hausschuhe können Sie sich also gönnen.

- Platzieren Sie sich so vor Ihrem Bildschirm, dass Ihr Gesicht gut zu sehen ist.

Für die direkte Teilnahme an der Konferenz gibt es ein paar Regeln, die das Meeting für alle Teilnehmer angenehmer machen.

- Wenn Sie nicht sprechen, schalten Sie Ihr Mikrofon stumm, um Störgeräusche im Hintergrund zu vermeiden (die Stummschaltung kann bei Zoom auch von dem Moderator gesteuert werden). Auch in einer stillen Umgebung sollten Sie – wenn nicht genutzt – Ihr Mikrofon deaktivieren, da die verschiedenen Störgeräusche aller Teilnehmer sich schnell zu einem Sturmgetöse addieren. Insbesondere wenn Sie mit mehreren Konferenzteilnehmern in einem Raum sind, ist es wichtig, dass nur einer der Anwesenden sein Mikrofon angeschaltet hat. Sonst würden alle offenen Mikrofone das Gesprochene mehr oder minder laut übertragen, allerdings mit einer leichten Zeitverzögerung, sodass die Sprache unverständlich und das Zuhören anstrengend würde.

- Achten Sie generell auf die Kameraposition. Die häufig verwendete Laptop-Kamera können Sie natürlich nicht schnell mal ausbauen, um sie optimal zu platzieren. Sie können aber den Winkel des Bildschirms ändern, sodass Sie gut dargestellt werden. Nutzen Sie gegebenenfalls eine externe (USB-)Kamera, und stellen Sie sie in die Nähe des Monitors, auf dem die Konferenz abläuft (sodass Sie mehr oder minder automatisch den nächsten Tipp befolgen). Viele Menschen mögen es nicht, von unten aufgenommen zu werden, da sie befürchten, dass ihr nicht vorhandenes Doppelkinn betont wird; plagen Sie solche Ängste, positionieren Sie die (externe) Kamera am besten oberhalb des Monitors.

Kamera überprüfen

Um vor bösen Überraschungen gefeit zu sein, überprüfen Sie am besten vor der Videokonferenz, wie die Kamera Sie aufnimmt. Unter Windows 10 ist das ganz einfach. Rufen Sie das Startmenü auf, und wandern Sie bis zu dem Punkt **Kamera**. Schon wird die Kamera gestartet, und Sie sehen sich im Bild.

- Schauen Sie in die Kamera – nicht auf den Bildschirm –, wenn Sie sprechen. Damit vermitteln Sie den Eindruck, dass Sie direkten Blickkontakt mit den anderen Teilnehmern halten.

- Noch eine Selbstverständlichkeit, die wir hier erwähnen: Unterlassen Sie es, während der Sitzung irgendetwas zu essen, auch wenn der Kühlschrank noch so nah und die Verlockung groß ist. Gegen ein Glas Wasser oder eine Tasse Kaffee auf dem Tisch spricht im Prinzip nichts, ein Sixpack wäre irritierend.

- Wenn Sie während eines Audioanrufs stumm geschaltet sind, können Sie grundsätzlich tun und lassen, was Sie möchten, solange die Verbindung aufrecht erhalten bleibt. In einer Videokonferenz sollten Sie immer – auch bei ausgeschaltetem Mikrofon – den Eindruck erwecken, konzentriert am Geschehen teilzunehmen (und es möglichst auch tun!). Sie können Zustimmung beispielsweise mit einem Kopfnicken signalisieren – oder mit der »Daumen hoch«-Funktion von Zoom.

Versuchen Sie generell, eine klare Trennung zwischen Arbeits- und Lebensraum zu schaffen. Der Hund hat in Ihrer Nähe nichts zu suchen, und auch der kleine Louis sollte sich von Mama oder Papa fernhalten können. Hören Sie allerdings plötzlich einen explosionsartigen Knall und dann ohrenbetäubendes Geschrei, sollten Sie Ihre Priorität kurz überdenken und aufspringen – spätestens, wenn dunkle Rauchschwaden ins Zimmer dringen.

Bekanntermaßen sagen Bilder mehr als tausend Worte, deshalb im Folgenden ein paar Fotos, die die Tabus in Videokonferenzen veranschaulichen.

Abbildung 5.1 »No-Go«-Verhalten in einer Videokonferenz!

Kapitel 6
So nehmen Sie aktiv an einer Konferenz teil

In aller Regel sind Sie darüber informiert, dass und wann eine Videokonferenz stattfinden wird. Es trifft Sie also nicht aus heiterem Himmel. Im vorherigen Kapitel haben wir bereits beschrieben, wie Sie sich gut auf diese Situation vorbereiten. Sie wissen, wo Ihr Laptop stehen soll (diese Frage erübrigt sich natürlich, wenn Sie ohnehin an Ihrem Arbeitsplatz im Büro sind), haben sich bereits ein Glas Wasser auf den Tisch gestellt und sind äußerlich und innerlich fit für das Ereignis. Selbstverständlich haben Sie auch alle Dokumente auf dem Tisch, die Sie gegebenenfalls brauchen werden. Nun harren Sie der Dinge. Das Warten hat ein Ende (womit wir nicht unterstellen wollen, dass Sie bis dahin untätig Däumchen gedreht haben), wenn Sie von dem Host, also vom Gastgeber, eine E-Mail erhalten, die Sie zum Zoom-Meeting einlädt.

Die nächsten Schritte sind sehr einfach.

Sie erhalten eine Einladung zu einer Konferenz

In diesem und den nächsten beiden Kapiteln beschreiben wir die Teilnahme an einem Meeting und all die Ihnen zur Verfügung stehenden Funktionen und Optionen ohne vorherige Registrierung bei Zoom. Nicht registriert zu sein, schmälert Ihre Möglichkeiten als Teilnehmer in keiner Weise. Erst wenn Sie in die Rolle des Hosts schlüpfen möchten, brauchen Sie eine Registrierung, die wir in Kapitel 9, in dem es um die Moderation eines Meetings geht, beschreiben.

Sie öffnen die E-Mail von Ihrem Arbeitgeber/Kollegen/Lehrer und entdecken darin einen Link.

Abbildung 6.1 *Sie wurden zu einem Zoom-Meeting eingeladen.*

Ein Klick auf diesen Link führt Sie direkt zur Webseite von Zoom. In der Theorie wird der Download der Zoom-Software automatisch gestartet. Wenn dem nicht so ist, klicken Sie auf den Link **Herunterladen und AusführenZoom**. Sollten Sie Zoom – warum auch immer – schon installiert haben, bestätigen Sie den Dialog, dass Zoom gestartet werden darf, und fahren Sie fort mit der Eingabe Ihres Namens (Abbildung 6.6).

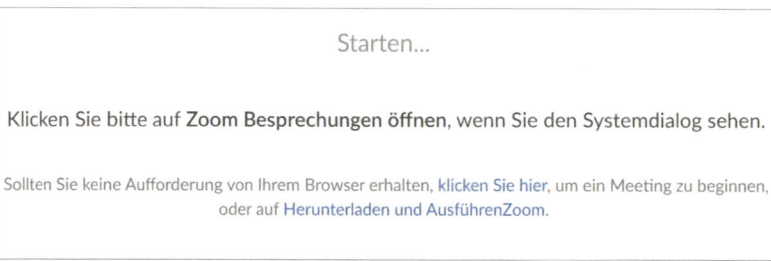

Abbildung 6.2 *Zoom herunterladen*

Die Zoom-Software wird heruntergeladen. Je nach Browser finden Sie an unterschiedlicher Stelle den Download-Fortschritt. Wenn die Datei vollständig auf Ihrem Rechner ist, lassen Sie sie ausführen bzw. öffnen sie. In der Abbildung sehen Sie das Menü im Chrome.

Je nach Sicherheitseinstellung Ihres Computers müssen Sie bestätigen, dass Sie die App installieren möchten, obwohl sie keine von Microsoft geprüfte App ist.

Sie erhalten eine Einladung zu einer Konferenz

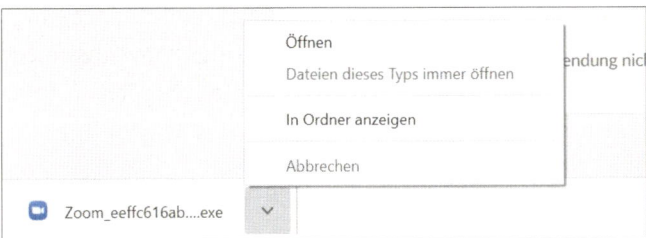

Abbildung 6.3 *Öffnen Sie die heruntergeladene Software.*

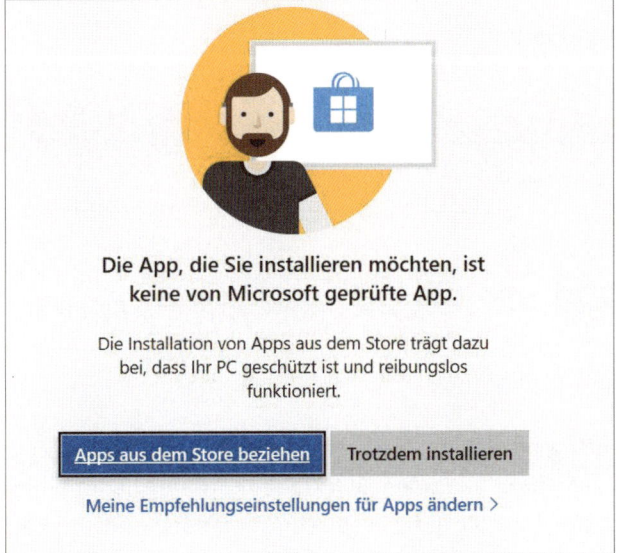

Abbildung 6.4 *Nur Mut, installieren Sie die App.*

Die Installation beginnt, und Zoom weist Sie darauf hin, dass Sie in Kürze am Meeting teilnehmen können.

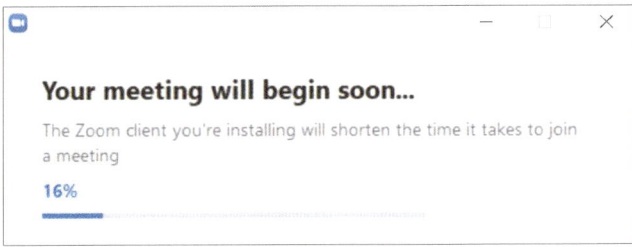

Abbildung 6.5 *Der Installationsfortschritt*

Nach der Installation geben Sie Ihren Namen ein, der während des Meetings für Sie eingeblendet wird. Greifen Sie bei Geschäftsmeetings möglichst nicht zu Fantasienamen, halten Sie sich besser an den Sprachgebrauch in Ihrer Firma. Wenn Sie sich unsicher sind, nehmen Sie einfach das Muster Ihrer Firmen-E-Mail-Adresse. Diese wird häufig aus dem/den Anfangsbuchstaben Ihres Vornamens und Ihrem Nachnamen gebildet.

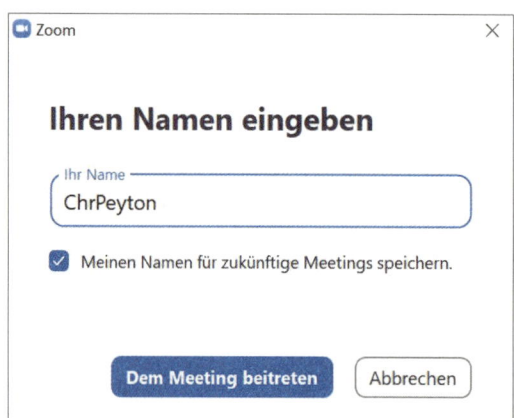

Abbildung 6.6 *Geben Sie Ihren Namen für die Konferenz ein.*

Klicken Sie auf **Dem Meeting beitreten**. Die Verbindung wird aufgebaut; Sie müssen sich einen kurzen Moment gedulden. Sofern der Konferenzleiter einen Warteraum eingerichtet hat, sind Sie jetzt in diesem gelandet und müssen warten, bis der Konferenzleiter Sie eintreten lässt.

Abbildung 6.7 *Nun warten Sie darauf, dass Sie eintreten dürfen.*

Wenn Ihnen langweilig wird, können Sie die Zeit nutzen, um mit einem Klick auf **Testen Sie das Computer-Audio** genau diesen Test zur Sicherheit nochmals durchzuführen.

Hören Sie mich?

Eigentlich empfehlen wir Ihnen sogar, diesen Test unbedingt durchzuführen, denn es gibt nichts Peinlicheres in einem Online-Meeting, als wenn alle vorm Sprechen erst einmal nachfragen: »Hallo, hallo, hören Sie mich?« Bei diesem Audio-Test können Sie die Klangqualität Ihrer Stimme und die Lautstärke kontrollieren. Ungefähr so laut, wie Sie sich hören, werden Sie auch die anderen Teilnehmer vernehmen.

Sobald der Gastgeber des Meetings Sie aus dem Warteraum befreit hat, werden Sie verbunden, und dann wählen Sie Ihre Audioquelle. Im Normalfall wählen Sie hier **Per Computer dem Audio beitreten**.

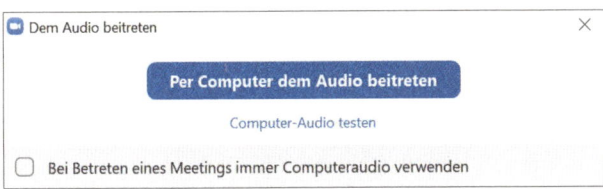

Abbildung 6.8 *Wählen Sie die Audioquelle.*

Schon sind Sie in der Konferenz. Trotz der vielen Schritte ist der Beitritt eigentlich ganz schnell gemacht.

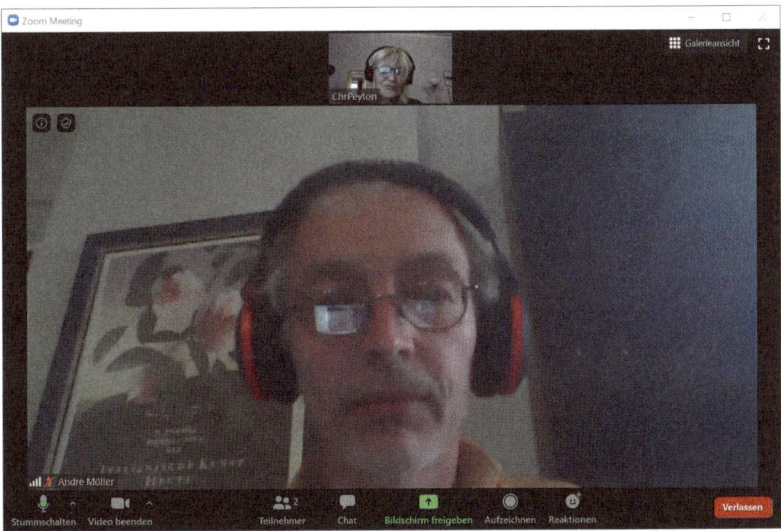

Abbildung 6.9 *Geschafft, Sie sind Teilnehmer der Konferenz.*

Je nachdem, welche Einstellungen der Konferenzleiter vorgenommen hat, sind Ihre Videokamera und Ihr Mikrofon aktiviert oder nicht. Wie Sie an der Konferenz partizipieren, lesen Sie in diesem Kapitel ab dem Abschnitt »Die verschiedenen Ansichten ausprobieren«.

Zoom im Browser

Wenn Sie die Software nicht installieren können oder wollen, beginnen Sie wie gehabt, lassen aber die Installation weg. Nach dem Download der Software bzw. nach dem Klick auf **Herunterladen und AusführenZoom** können Sie im unteren Bereich der Seite auf **treten Sie über Ihren Browser bei** klicken.

> Klicken Sie bitte auf **Zoom Besprechungen öffnen**, wenn Sie den Systemdialog sehen.
>
> Sollten Sie keine Aufforderung von Ihrem Browser erhalten, klicken Sie hier, um ein Meeting zu beginnen, oder auf Herunterladen und AusführenZoom.
>
> Wenn Sie die Anwendung nicht herunterladen oder ausführen können, treten Sie über Ihren Browser bei.

Abbildung 6.10 *Treten Sie über Ihren Browser bei.*

Auf der folgenden Webseite geben Sie Ihren Namen an und bestätigen, dass Sie kein Roboter sind. Klicken Sie dann auf **Beitreten**.

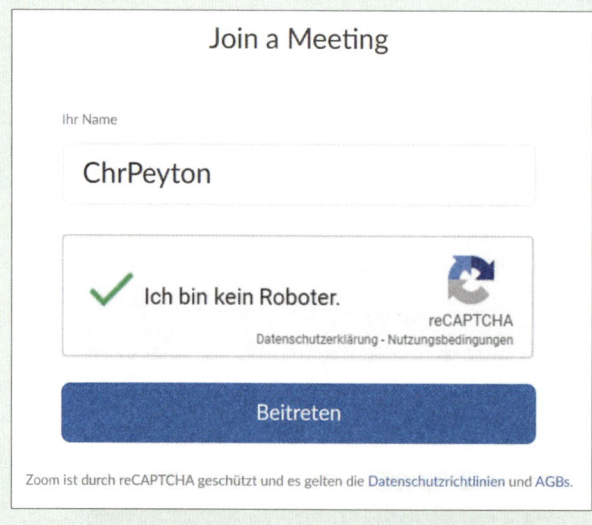

Stimmen Sie anschließend den Nutzungsbedingungen zu. Danach werden Sie nach dem Passwort gefragt, sofern der Konferenzleiter eins festgelegt hat. Das Passwort haben Sie mit dem Einladungslink in der E-Mail erhalten.

Sofern der Konferenzleiter einen Warteraum eingerichtet hat, sind Sie jetzt in diesem gelandet und müssen warten, bis der Konferenzleiter Sie eintreten lässt.

> Bitte warten, der Meeting-Host lässt Sie in Kürze eintreten.
>
> Persönlicher Meetingraum von Andre Möller

Wenn Ihnen Zutritt gewährt wird, erscheint eine kurze Meldung, dass die Verbindung hergestellt wird.

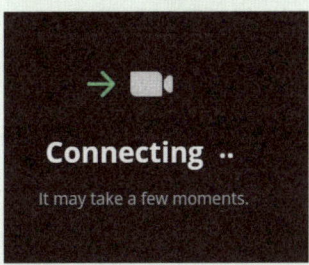

Wählen Sie, dass Sie den Ton über Ihren Computer zur Konferenz beisteuern möchten.

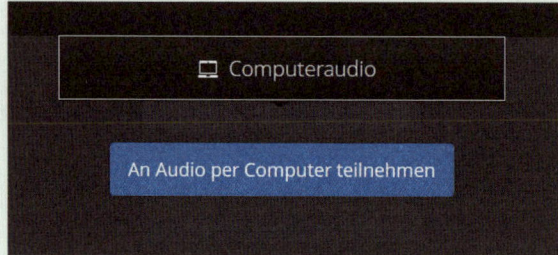

Bestätigen Sie, dass Ihr Browser und somit *zoom.us* Ihr Mikrofon verwenden dürfen.

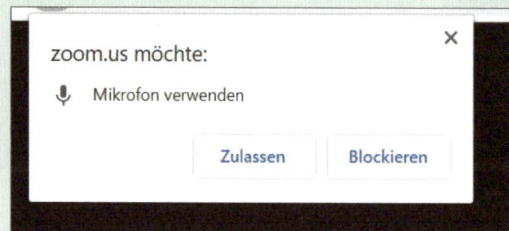

Auf diesen Weg sind Sie auch per Browser in der Konferenz. Inwieweit die Browser die Features von Zoom unterstützen, hängt von ihrem Alter und Typ ab. Erfahrungsgemäß unterstützen die aktuellen Versionen von Chrome und Firefox die Videokonferenzen am besten. Aber diese Situation kann sich jederzeit ändern.

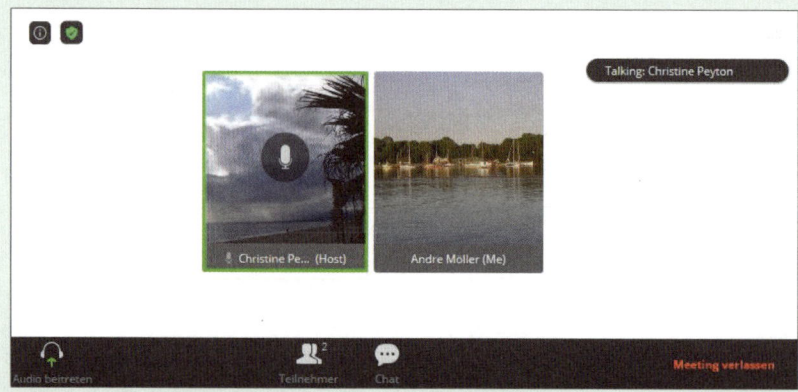

Abbildung 6.11 *Rudimentäre Unterstützung in einem uralten Internet Explorer*

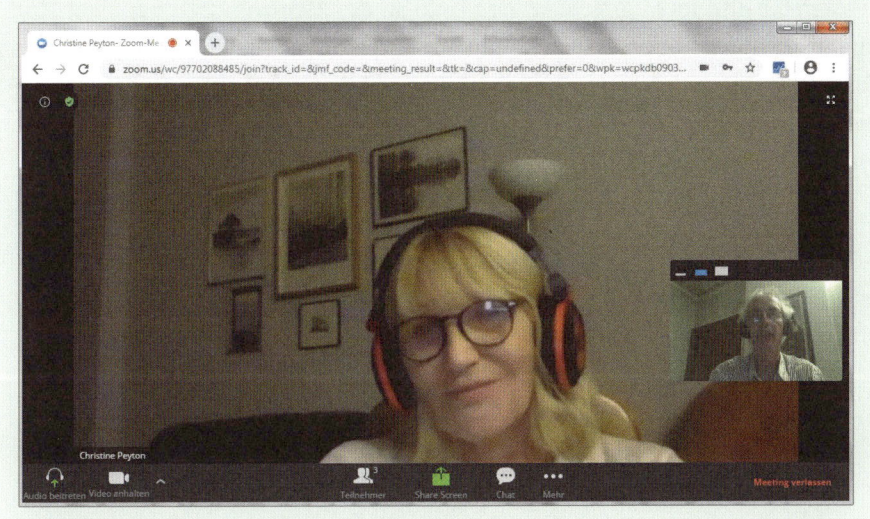

Abbildung 6.12 *Eine neuere Version von Chrome kommt schon dichter an das Aussehen der Software heran.*

Die Einladung als Terminanfrage

Häufig werden Meetings via Outlook als Terminanfrage geplant. Wenn Sie in dieser Form eingeladen werden, erfordert die Höflichkeit, dass Sie entsprechend reagieren. Ihre Einladungs-Mail sieht z. B. aus wie in Abbildung 6.13.

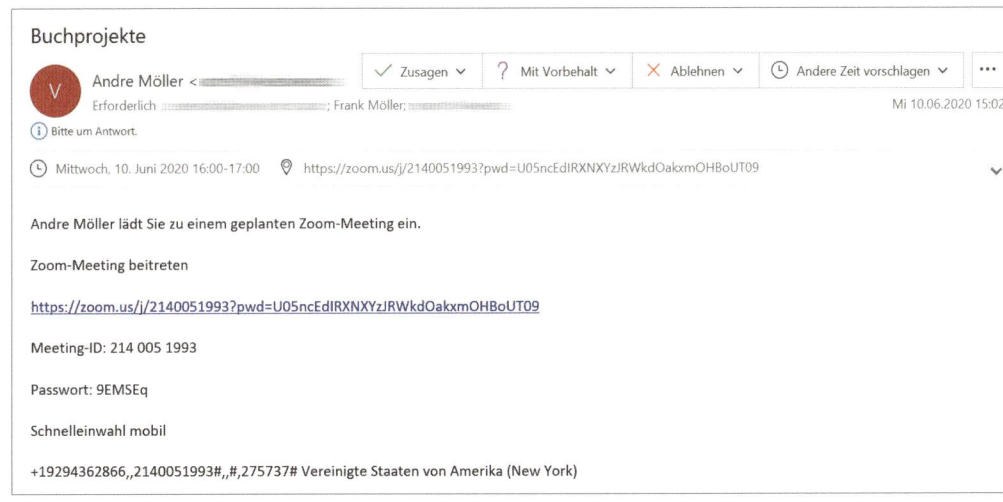

Abbildung 6.13 *Sie erhalten eine Besprechungsanfrage.*

Klicken Sie also nicht gleich auf den Link, da das Meeting noch gar nicht stattfindet, sondern für die Zukunft geplant ist. Wenn das Meeting ansteht, klicken Sie natürlich auf den Link zum Beitreten, und Zoom startet wie im vorangehenden Abschnitt beschrieben.

Zunächst antworten Sie z. B. mit einer der vorhandenen Antwortschaltflächen, oder Sie schlagen über die Uhr einen Ihnen besser passenden Termin vor. Klicken Sie z. B. auf die Schaltfläche **Zusagen**, und wählen Sie im Menü **Antwort jetzt senden**. Die Antwort wird auf den Weg gebracht, und bei Ihnen im Kalender wird das Meeting automatisch eingetragen.

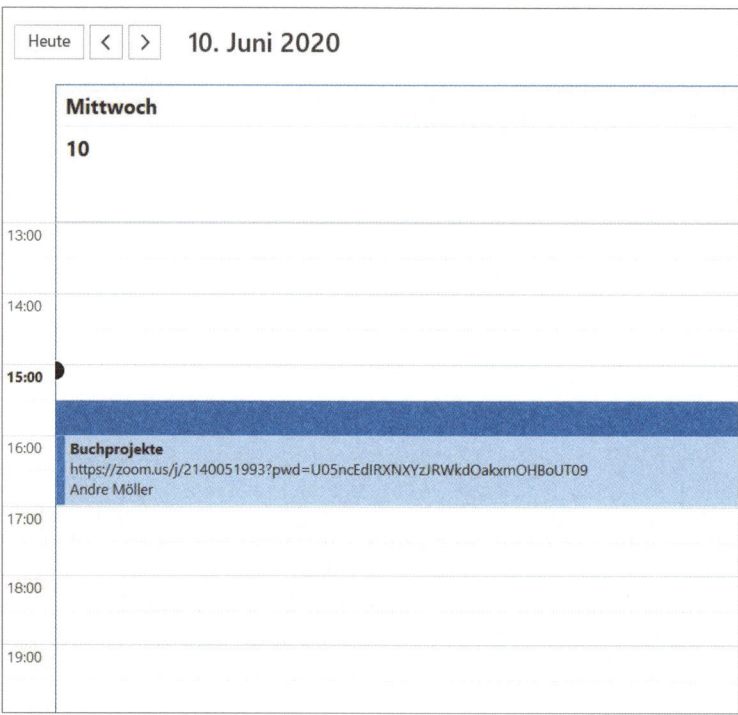

Abbildung 6.14 *Das Meeting in Ihrem Kalender*

Per Doppelklick in Ihrem Kalender öffnen Sie diesen Termin, und Sie sehen auch hier den Einladungslink, mit dem Sie dem Meeting beitreten können, wenn es so weit ist.

Die Einladung als Terminanfrage

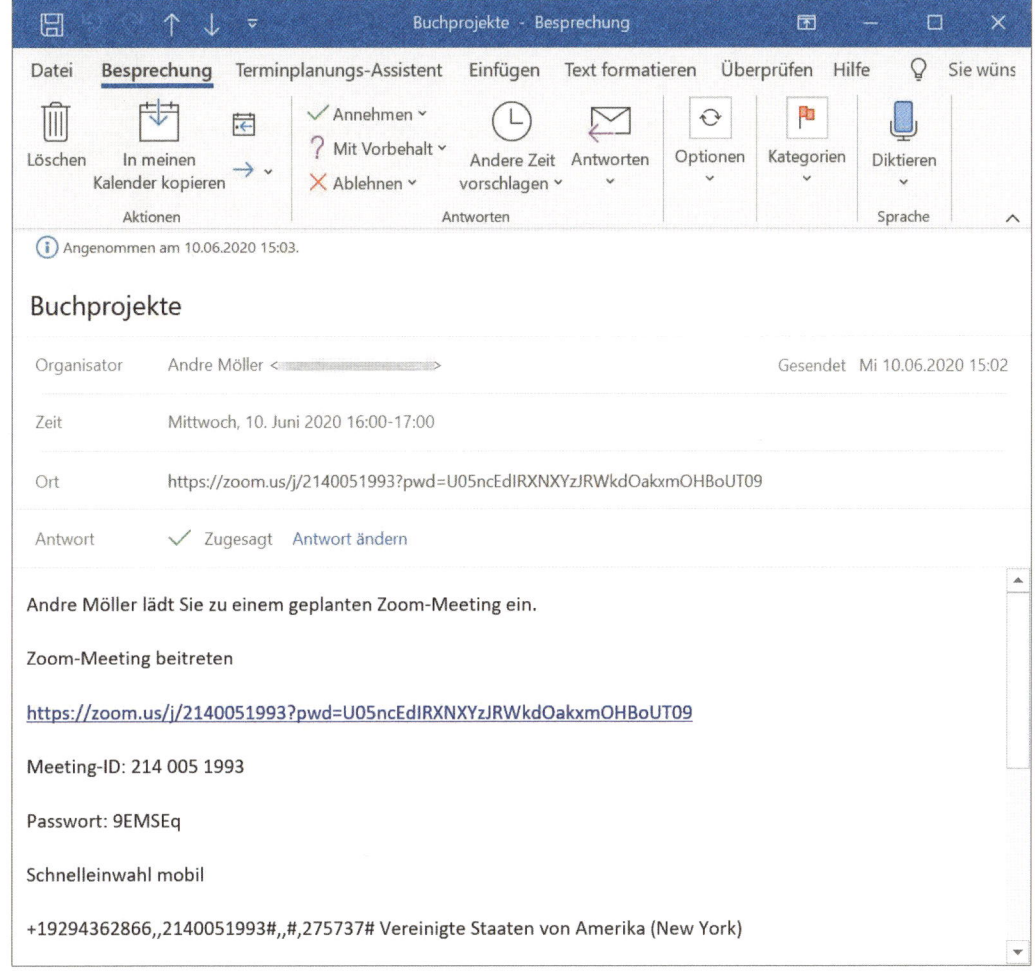

Abbildung 6.15 *Der Termin mit dem Einladungslink*

Wenn Sie es nicht abwarten können und zu früh versuchen, dem Meeting beizutreten, erhalten Sie einen entsprechenden Hinweisdialog (Abbildung 6.16).

In der Standardeinstellung erinnert Outlook Sie an bevorstehende Meetings, sofern Outlook geöffnet ist.

Klicken Sie im Erinnerungsfenster doppelt auf den Termineintrag, um das Besprechungsfenster zu öffnen. Hier können Sie einfach auf den Einladungslink klicken und müssen nicht erst nach der Einladungs-E-Mail suchen.

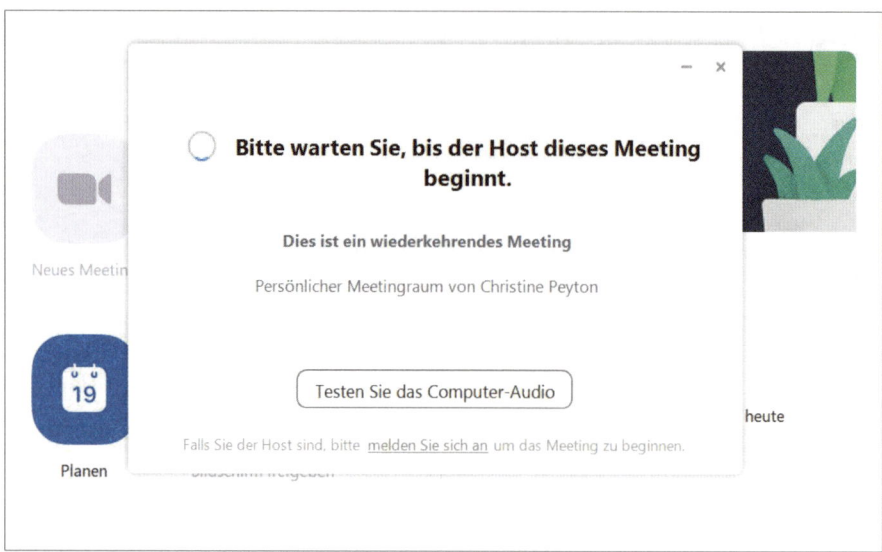

Abbildung 6.16 *Sie sind zu früh dran.*

Abbildung 6.17 *Outlook erinnert Sie an Meetings.*

Per Link oder über die Meeting-ID in die Konferenz gehen

Wenn Sie die Zoom-Software wie oben beschrieben bereits installiert haben, können Sie einem Meeting durch Anklicken des Links beitreten oder die Zoom-Software aufrufen und dann mit der Meeting-ID und dem Passwort beitreten.

Wenn Sie sich für die Variante mit dem Klick auf den Link entscheiden, geht es fast wie im Abschnitt zuvor beschrieben. Die Installation der Software fällt natürlich weg. Stattdessen fragt Ihr Browser Sie, ob er die Zoom-Software öffnen darf. Klicken Sie also auf **Zoom Meetings öffnen**.

Abbildung 6.18 *Klicken Sie hier auf »Zoom Meetings öffnen«.*

Anschließend sind Sie im Warteraum, also fast schon in der Konferenz. Bei dieser Variante sparen Sie sich das Tippen oder Kopieren der Meeting-ID und des Passwortes (sofern das Passwort vom Host im Link integriert wurde).

Falls der Aufruf der Zoom-Software über den Browser und damit via Link bei Ihnen nicht funktioniert (z. B. wegen sehr restriktiver Sicherheitseinstellungen), können Sie auch so verfahren:

1. Rufen Sie die Zoom-Software auf. Wenn Sie kein Symbol für Zoom auf Ihren Desktop gelegt haben, finden Sie es im Startmenü, wahrscheinlich als letzten Eintrag unter **Z**.

2. Im Startfenster von Zoom klicken Sie auf die Schaltfläche **An Meeting teilnehmen**.

3. Im folgenden Dialog geben Sie die Meeting-ID, die Sie mit der Einladungs-Mail erhalten haben, ein, sowie den Namen, den Sie in der Konferenz führen wollen. Je nach Ihrer Präferenz aktivieren Sie die erste und dritte aufgelistete Option. Die mittlere Option über die Audioverbindung diskutieren wir später. Klicken Sie dann auf **Beitreten**.

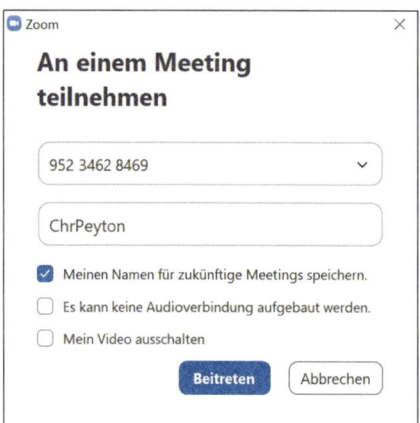

4. Nun müssen Sie das Passwort aus der Einladungs-Mail eingeben.

5. Klicken Sie auf **Dem Meeting beitreten**. Die Verbindung wird hergestellt, und schon sind Sie im Warteraum bzw. direkt in der Konferenz.

Die Videovorschau

Je nachdem, ob Sie die Videovorschau aktiviert haben oder nicht, wird vor dem Betreten des Warteraums ein Fenster eingeblendet, das das Bild Ihrer Webkamera anzeigt. Wir empfehlen Ihnen, diese Option zu aktivieren, damit Sie kurz vor der Konferenz einen prüfenden Blick auf sich und Ihre Umgebung werfen können. Gefällt Ihnen nicht, was Sie sehen, können Sie der Konferenz auch ohne Video folgen. Klicken Sie dazu auf **Ohne Video beitreten**. Sie können Ihre Videokamera aber ohne Probleme später während der Konferenz aktivieren.

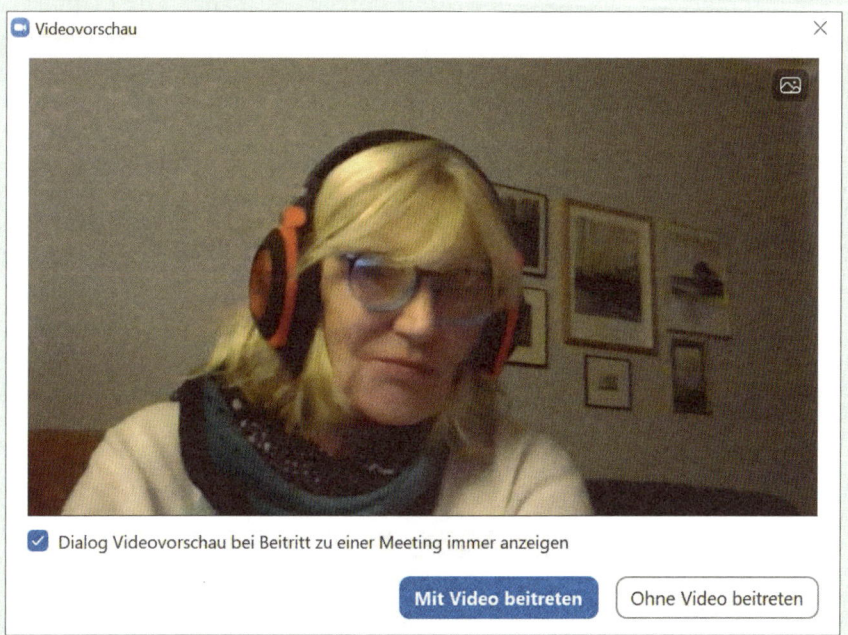

Abbildung 6.19 *Die Videovorschau*

Wenn Sie die Option **Dialog Videovorschau bei Beitritt zu einer Meeting immer anzeigen** als nicht registrierter Zoom-Nutzer deaktivieren, haben Sie bei der jetzigen Software-Version keine schnelle Möglichkeit, das Vorschaufenster wieder hervorzuzaubern. Hier hilft dann nur noch eine Neuinstallation der Software. Nur während einer Konferenz können Sie den Dialog mit den Einstellungen aufrufen und hier die Vorschau wieder aktivieren.

Die verschiedenen Ansichten ausprobieren

Nachdem Sie die Konferenz betreten haben, ist in der Regel die sogenannte *Sprecheransicht* aktiv: Im mittleren großen Bereich des Fensters ist das Video des einladenden Hosts zu sehen bzw. desjenigen, der im Moment spricht (Genaueres zum Wechseln und Auswählen des angezeigten Sprechers erfahren Sie im folgenden Abschnitt »In der Konferenz: sprechen, sehen und gesehen werden«). Jeder weitere Teilnehmer erscheint in einem kleinen Videobild oberhalb des großen Fensters, sofern seine Kamera aktiviert ist. Falls sie nicht an ist, sehen Sie statt des Videos lediglich ein schwarzes Rechteck mit dem Namen des Teilnehmers. An einem kleinen roten, durchgestrichenen Mikrofonsymbol erkennen Sie, dass das Mikrofon des Teilnehmers ausgeschaltet ist. Ist das Mikrofon an, wird kein Symbol angezeigt.

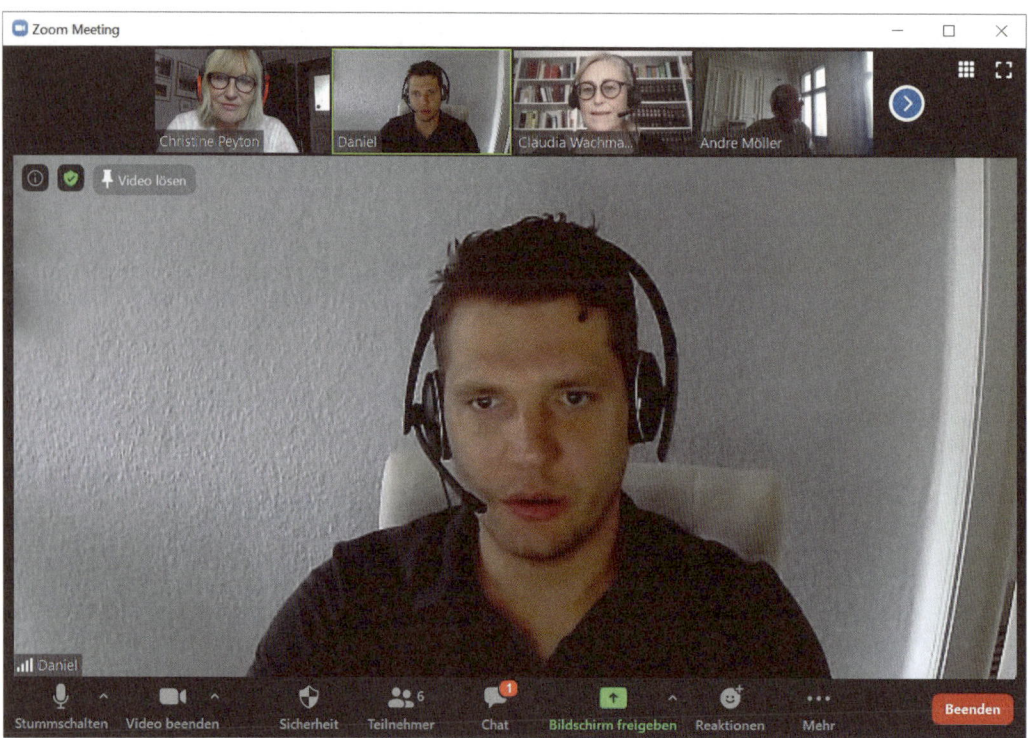

Abbildung 6.20 *Die Sprecheransicht*

Profilbilder

Falls Sie weder ein Video des Teilnehmers noch einen schwarzen Kasten mit Namen sehen, sondern vielleicht ein Bild mit einem Segelschiff, hat der Teilnehmer für sich ein Profilbild festgelegt. Wie Sie dies machen, lesen Sie im Abschnitt »Ihr Zoom-Profil mit einem individuellen Bild« am Ende von Kapitel 9.

Wenn Sie den Mauszeiger irgendwo im Bereich des Zoom-Fensters bewegen, wird die *Meeting-Kontrollleiste* unterhalb des Sprecherbildes angezeigt. Sowie Sie den Mauszeiger außerhalb des Zoom-Fensters bewegen oder kurz an einer Position verharren, wird diese Leiste nach ganz kurzer Zeit automatisch wieder ausgeblendet.

Die Alt-Taste und die Kontrollleiste

Wenn Sie möchten, können Sie die Kontrollleiste dauerhaft anzeigen lassen. Dazu drücken Sie die [Alt]-Taste. Durch erneutes Drücken von [Alt] wird die Kontrollleiste wieder ausgeblendet.

Auf dieser Leiste finden Sie viele nützliche Symbole für die Teilnahme an der Konferenz. Sie können hier z. B. Ihr Mikrofon und Ihre Kamera an- und ausschalten. Ganz rechts entdecken Sie die Schaltfläche **Verlassen** – das wichtige Symbol für den Feierabend.

Mit den Symbolen **Teilnehmer** und **Chat** blenden Sie rechts im Fenster die Teilnehmerliste bzw. den Chatbereich ein. Erneutes Klicken auf die Symbole blendet diese Bereiche wieder aus.

Die Breite ändern

Wie üblich können Sie die Trennlinie zwischen dem eingeblendeten Bereich und dem Fenster mit dem Sprecher verschieben. Dazu greifen Sie die Linie mit der Maus und passen dann mit gedrückter Maustaste (der Mauszeiger wird zu einem Doppelpfeil) die Breite an.

Kapitel 6 So nehmen Sie aktiv an einer Konferenz teil

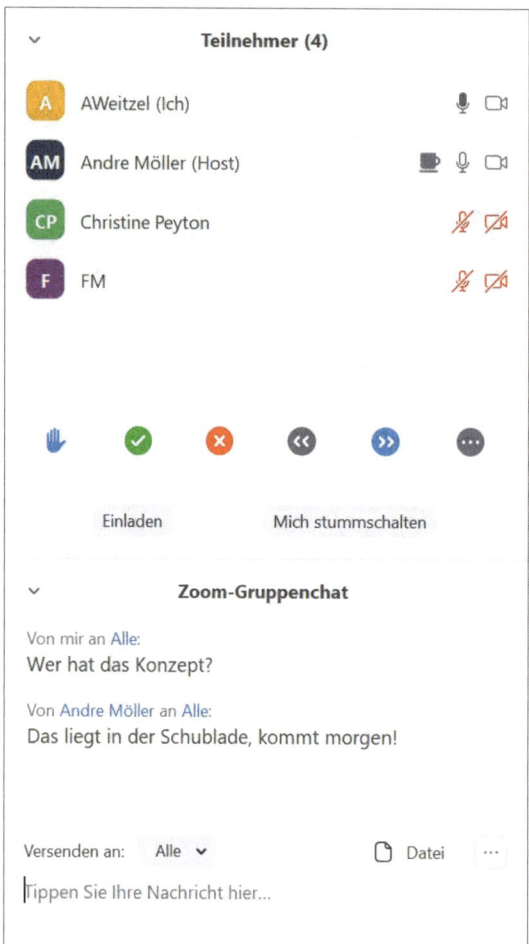

Abbildung 6.21 *Der Teilnehmer- und Chatbereich*

Die Fenstersteuerung in Zoom weicht ein bisschen von der in Word und Co. ab. Aber Sie finden auch hier die drei klassischen Symbole **Minimieren**, **Verkleinern/Maximieren** und das Schließkreuz. Die Besonderheit ist in Zoom das Minimieren. Mit einem Klick auf dieses Symbol wird ein kleines rahmenloses Video des aktuellen Sprechers in den Vordergrund Ihrer ansonsten geöffneten Fenster oder des Desktops gepackt.

Abbildung 6.22 *Minimiertes Video im Vordergrund*

Um das Fenster wiederherzustellen, bewegen Sie die Maus auf das Video des Sprechers, um eine kleine Menüleiste einzublenden. Auf dieser klicken Sie auf das kleine Symbol mit dem grünen Pfeil (**Minimiertes Video verlassen**).

Abbildung 6.23 *Minimiertes Video im Vordergrund mit grünem Symbol zum Wiederherstellen*

Nicht nur im Kleinen, beim Minimieren, weist Zoom im Vergleich zu vielen anderen Programmen eine Besonderheit auf, sondern auch im Großen, beim Vollbildmodus.

Um zu einem echten Vollbildmodus zu wechseln, nutzen Sie das gleichnamige Symbol **Zu Vollbildmodus wechseln**. Es prangt rechts oben im großen schwarzen Fenster und sieht so aus, wie sie es generell von Videos kennen. Wenn Sie darauf klicken, wird das bisherige Fenster zum Vollbild, die Konferenz nimmt also den gesamten Bildschirm ein. Die obere Leiste verschwindet, die Kontrollleiste wird wie gewohnt eingeblendet.

Abbildung 6.24 *Die Sprecheransicht im Vollbildmodus*

Sofern Sie vor dem Übergang zum Vollbild den Chat- bzw. Teilnehmerbereich rechts eingeblendet hatten, verabschiedet sich dieser Bereich mit dem Vollbild. Per Klick auf die entsprechenden Symbole müssen Sie die Liste der Teilnehmer und/oder den Chat erneut aktivieren. Statt eines Bereichs erhalten Sie dann ein bzw. zwei Fenster auf dem Bildschirm. Diese Fenster lassen sich verschieben, indem Sie die Maus an den oberen Rand führen und mit gedrückter Maustaste wandern. Diese Möglichkeit kennen Sie im Prinzip von der allgemeinen Windows-Fenstertechnik. Wie üblich besitzen diese Fenster auch ein Schließkreuz.

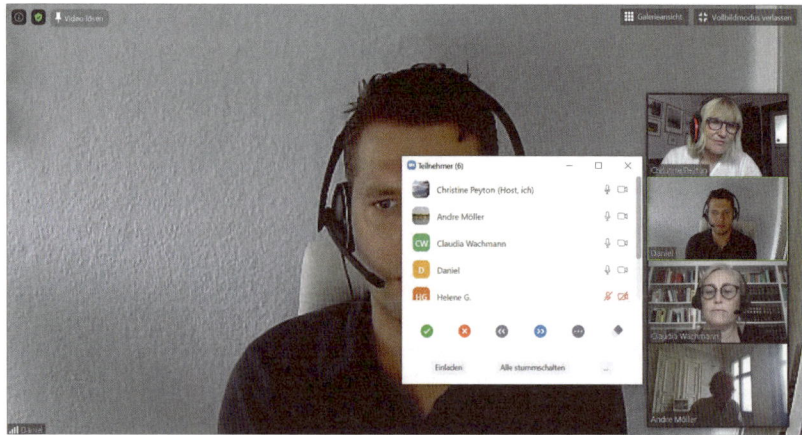

Abbildung 6.25 *Das Teilnehmerfenster im Vollbildmodus*

Zum Verlassen des Vollbildmodus stehen vier Wege parat: die Esc -Taste, der Doppelklick, die Schaltfläche **Vollbildmodus verlassen** und die Tastenkombination Alt + F .

Links neben dem Vollbild-Symbol befindet sich das Symbol für die zwei unterschiedlichen Ansichten. Wir sagten eingangs bereits, dass in der Regel die *Sprecheransicht* aktiv ist, wenn Sie einem Meeting beitreten: Das Video der Person, die Sie eingeladen hat, ist groß und deutlich im mittleren Bereich zu sehen, die Videos der anderen Teilnehmer erscheinen darüber in kleinen Fenstern.

Alternativ gibt es die *Galerieansicht*. In dieser Ansicht erscheinen die Videos der Teilnehmer gleich groß auf dem Bildschirm, eben wie in einer Galerie, in der die Bilder hübsch und säuberlich nebeneinander aufgereiht hängen.

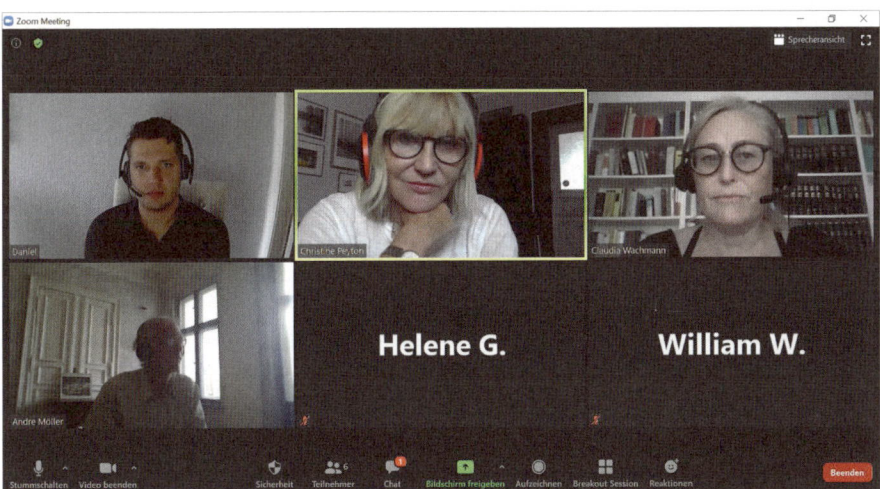

Abbildung 6.26 *Die Galerieansicht*

Was Sie bevorzugen, ist einerseits Geschmacksache (vielleicht möchten Sie sich nicht lediglich als Minibildchen am oberen Rand sehen), hängt aber andererseits auch von der Situation und den Rahmenbedingungen ab. Als Beispiel: Wenn Sie mittels Zoom unterrichten, ist für Sie als Lehrer die Galerieansicht sinnvoll, da Sie so alle Schüler gleich groß im Blick haben. Für die Schüler bietet sich eher die Sprecheransicht an, solange sie Ihnen als Lehrer lauschen. Für eine Diskussion untereinander ist auch für die Schüler die Galerieansicht wahrscheinlich angenehmer.

Es liegt in der Natur der Sache, dass die einzelnen Videobilder je Teilnehmer in der Galerieansicht kleiner werden, je mehr Leute mitmachen.

> **Videos klauen Bandbreite und Rechenpower**
>
> Wenn die Konferenz ins Stocken gerät, und zwar nicht inhaltlich, sondern bei der Video- und Tonqualität, können Sie im gewissen Rahmen gegensteuern. Je mehr Teilnehmer ihre Kameras und Mikrofone aktiviert haben, desto mehr Bandbreite und Rechenpower wird benötigt (insbesondere auf dem Konferenz-Server). Wenn der Engpass auf der Serverseite liegt, werden alle Teilnehmer die Probleme feststellen; klagen nur einige Teilnehmer über Qualitätsprobleme, dann liegt es wahrscheinlich an der Bandbreite der Internetverbindung. In beiden Fällen hilft es, dass möglichst viele Teilnehmer ihre Videokameras und ihr Mikrofon ausschalten; generell schluckt die Videoaufnahme mehr Ressourcen als der Ton.

Übrigens: Der gelbe Rahmen in der Galerieansicht liegt immer um das Bild des aktuellen Sprechers. Wenn mehrere Teilnehmer das Mikrofon aktiviert haben und sprechen, springt der gelbe Rahmen unter Umständen im Wechsel hin und her, also immer zum Video des gerade sprechenden Teilnehmers (dass Sie in einer Konferenz nicht durcheinander und gleichzeitig sprechen, versteht sich eigentlich von selbst). Sind alle Mikrofone aus, bleibt der gelbe Rahmen beim Videobild des letzten Sprechers.

In beiden Ansichten (Galerie- und Sprecheransicht) entdecken Sie im linken oberen Bereich zwei Symbole, die auftauchen, wenn auch die untere Kontrollleiste zu sehen ist.

Abbildung 6.27 *Die Symbole »Info« und »Einstellungen«*

Ein Klick auf das linke Symbol (ein ⓘ) ruft ein Fenster mit aktuellen Informationen über das laufende Meeting auf. Hier finden Sie z. B. die Meeting-ID, den Host, das Kennwort und Ähnliches.

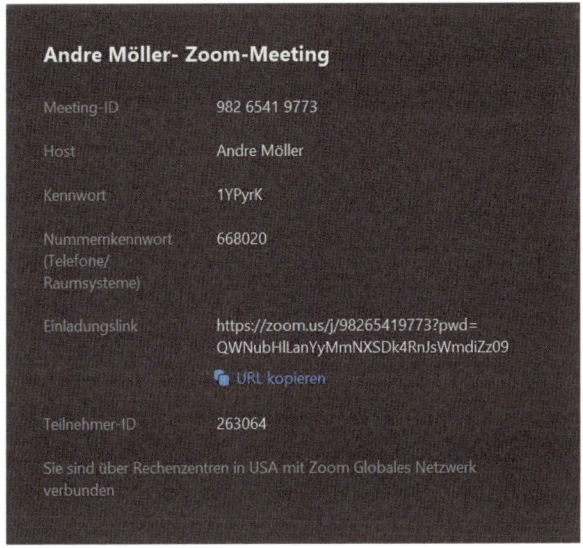

Abbildung 6.28 *Informationen über das aktuelle Meeting*

Das Symbol daneben (ein kleines Ritterschild) führt zum Dialog **Einstellungen**. Die Optionen dieses Dialogs beschreiben wir ausführlich in Kapitel 12. Wenn Sie nicht bei Zoom registriert sind, können Sie nur während einer Konferenz über dieses Symbol die Einstellungen aufrufen. Direkt über die Software gelangen Sie nicht in diesen Dialog.

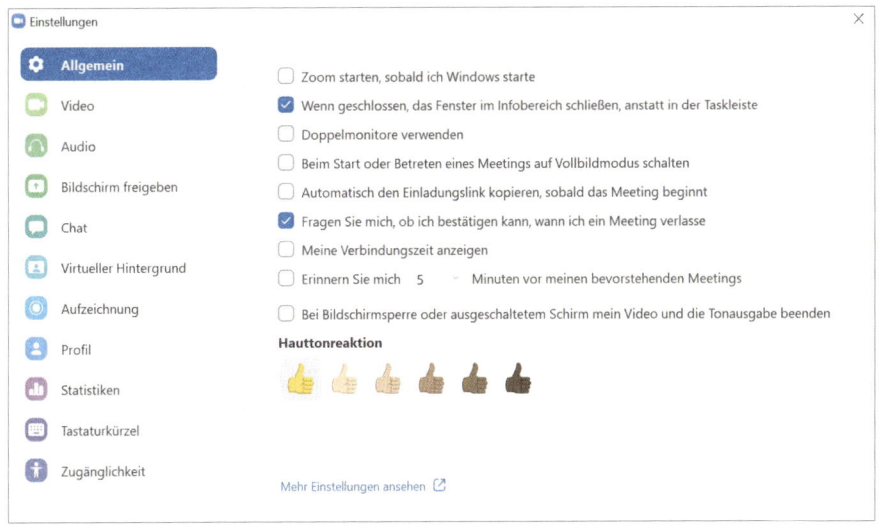

Abbildung 6.29 *Der Dialog »Einstellungen«*

73

In der Konferenz: sprechen, sehen und gesehen werden

Der Ton macht zwar die Musik, aber zu Beginn der Konferenz – und wenn Sie nichts zu sagen haben – sollte Ihr Mikrofon ausgeschaltet sein. Je nachdem, wie der Host/Konferenzleiter das Meeting eingerichtet hat, ist Ihr Mikrofon zunächst ohnehin aus, oder Sie müssen es selbst deaktivieren.

Dies ist ganz einfach: Klicken Sie einfach auf das Mikrofonsymbol auf der Kontrollleiste. Nach dem Ausschalten ist das abgebildete Mikrofon durchgestrichen. Sie werden es erahnen: Ein nochmaliger Klick auf das Mikrofon schaltet es im Normalfall wieder an. Der rote Strich verschwindet, und wenn Sie sprechen, sehen Sie einen grünen Signalpegel im Mikrofon angedeutet.

Abbildung 6.30 *Das Mikrofon ist aus.*

Abbildung 6.31 *Das Mikrofon ist an.*

> **Tonlos?**
> Über den Auswahlpfeil rechts neben dem Mikrofonsymbol rufen Sie ein Menü auf, in dem Sie das Mikrofon und die verwendeten Lautsprecher auswählen können, sofern auf Ihrem Rechner mehrere Geräte verfügbar sind.
>
>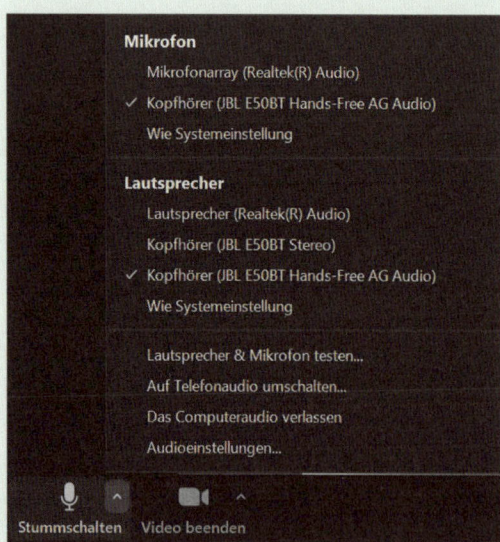
> **Abbildung 6.32** *Das Mikrofon und den Lautsprechen auswählen*

In der Konferenz: sprechen, sehen und gesehen werden

Bei schwerwiegenden Problemen mit der Ton- bzw. der Soundqualität schauen Sie in Kapitel 4, in dem es um die erforderliche Hardware geht.

Wie wir in Kapitel 5 schon geschrieben haben, führen viele gleichzeitig aktivierte Mikrofone zu erheblichen Störgeräuschen und anderen Soundproblemen. Erfahrungsgemäß vergessen dennoch viele Konferenz-Teilnehmer, ihre Mikrofone zu deaktivieren. Aus diesem Grund kann ein Konferenzleiter/Host in Zoom alle – oder einzelne – Mikrofone stummschalten. Wundern Sie sich also nicht, wenn Sie plötzlich sprachlos sind und Ihr Mikrofon abrupt ausgeschaltet ist; in einem solchen Fall hat der Host diese Stummschaltfunktion eingesetzt. Immerhin wird Ihnen dies in einen Hinweis mitgeteilt.

Der Host hat alle Teilnehmer stummgeschaltet.

Abbildung 6.33 *Sie wurden mundtot gemacht.*

Im Normalfall können Sie, auch wenn der Host Sie mundtot gemacht hat, Ihr Mikrofon einfach durch Anklicken wieder anschalten. Dies geht allerdings nicht, wenn der Host die selbsttätige Aktivierung des Mikrofons durch eine bestimmte Einstellung generell untersagt. In diesem Fall muss er Ihnen explizit das Wort erteilen. Sie sehen dann auf Ihrem Bildschirm einen Dialog, in dem Sie der Aktivierung Ihres Mikrofons zustimmen (Abbildung 6.34).

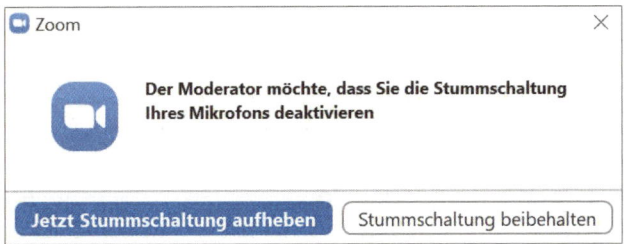

Abbildung 6.34 *So können Sie wieder sprechen.*

Um zu signalisieren, dass Sie nicht stumm bleiben und sich zu Wort melden möchten, können Sie wie früher in der Schule die Hand heben. Diese Funktion, die tatsächlich auch **Hand heben** heißt, finden Sie leider nicht auf der Kontrollleiste, sondern im Bereich der Teilnehmerliste unten rechts (klicken Sie auf **Teilnehmer**, um den Bereich notfalls einzublenden).

Abbildung 6.35 *Melden Sie sich per Handzeichen zu Wort.*

Wenn Sie auf die Schaltfläche **Hand heben** klicken, wird bei allen anderen Teilnehmern eine kleine blaue Hand in Ihr Videobild eingeblendet. Die Beschriftung der Schaltfläche ändert sich zu **Hand herunternehmen**. Klicken Sie darauf, wenn Sie Ihre Meldung – aus welchen Gründen auch immer – zurückziehen möchten.

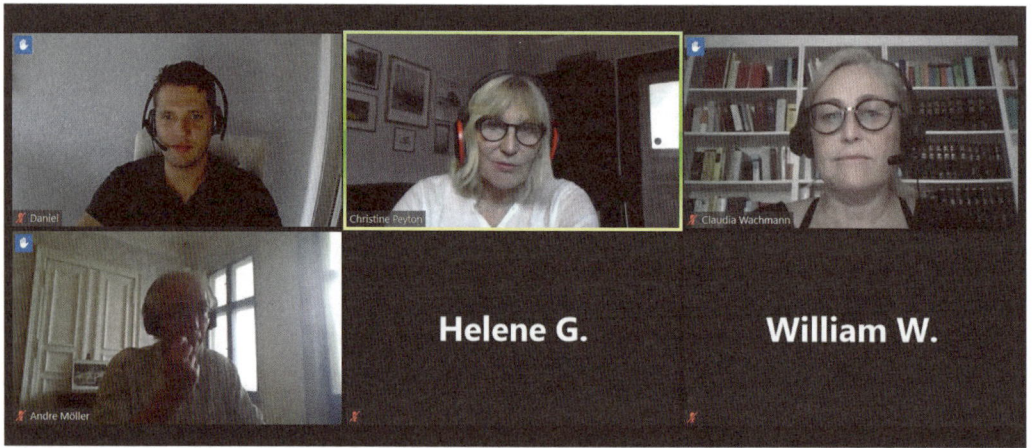

Abbildung 6.36 *Die Hände zum Himmel für die Wortmeldung*

Wundern Sie sich nicht, wenn die Beschriftung **Hand herunternehmen** ohne Ihr Zutun wieder zu **Hand heben** wird; passiert das, hat der Moderator Ihr Handzeichen einfach entfernt. Die anderen haben wohl lauter »mit dem Finger geschnippt« als Sie; Sie sind also nicht drangekommen, und die anderen haben einen genialen Gedankengang verpasst!

Leider ist die Funktion zum Handheben im ausgeklappten Fenster mit der Teilnehmerliste noch besser versteckt. Sie müssen zunächst auf die drei Punkte im unteren Bereich des Fensters klicken, um dann im Untermenü die Option **Hand heben** bzw. **Hand herunternehmen** zu finden.

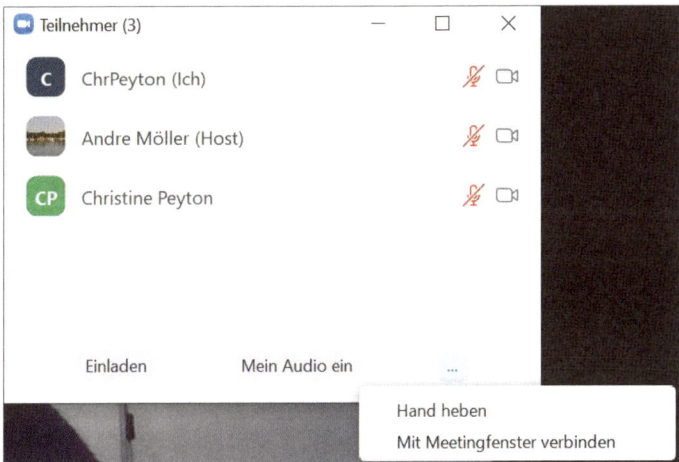

Abbildung 6.37 *Die Funktion Hand heben im ausgeklappten Teilnehmer-Fenster*

Die Möglichkeit, die Hand zu heben, können Sie natürlich generell nutzen, nicht nur, wenn Sie etwas sagen möchten, aber nicht können. Vor einem Wortbeitrag erst einmal die Hand zu heben, bietet sich auch an, um z. B. dem Sprecher nicht unfreundlich ins Wort zu fallen.

Für einen kurzen Zwischenruf das Mikrofon schnell mal anschalten

In einer hitzigen Debatte für jede Wortmeldung das Mikrofon ständig ein- und wieder auszuschalten, ist ziemlich lästig. Dies führt dazu, dass viele Leute ihre Mikrofone dauerhaft anlassen – mit den bekannten Soundproblemen als Konsequenz.

Die Lösung ist einfach: Drücken Sie zum Einschalten des Mikrofons die Leertaste, und lassen Sie sie nach Ihrem schlauen Kommentar wieder los. Während des Sprechens wird ein Mikrofonsymbol mit Soundpegel eingeblendet. Außer bei langen Vorträgen und Monologen ist diese Funktion wirklich praktisch, gewöhnen Sie sich am besten daran, sie zu nutzen.

Abbildung 6.38 *Die Stummschaltung wurde mit der Leertaste deaktiviert.*

Bei wechselnden Sprechern ist es mitunter schwierig zu erkennen, wer gerade einen Wortbeitrag geleistet hat. Zoom hilft Ihnen auf die Sprünge. In der Sprecheransicht wird der jeweils aktuelle Redner groß in der Mitte eingeblendet, und sein kleines Video erhält einen gelben Rahmen. Bei wechselnden Wortbeiträgen ändert sich die Anzeige und der Rahmen mitunter sehr oft und schnell.

Wenn Sie selbst das Wort ergreifen, wird Ihr Bild bei den anderen Teilnehmern wie beschrieben – also in voller Größe – angezeigt, aber auf Ihrem Bildschirm bleibt der letzte Sprecher groß im Bild.

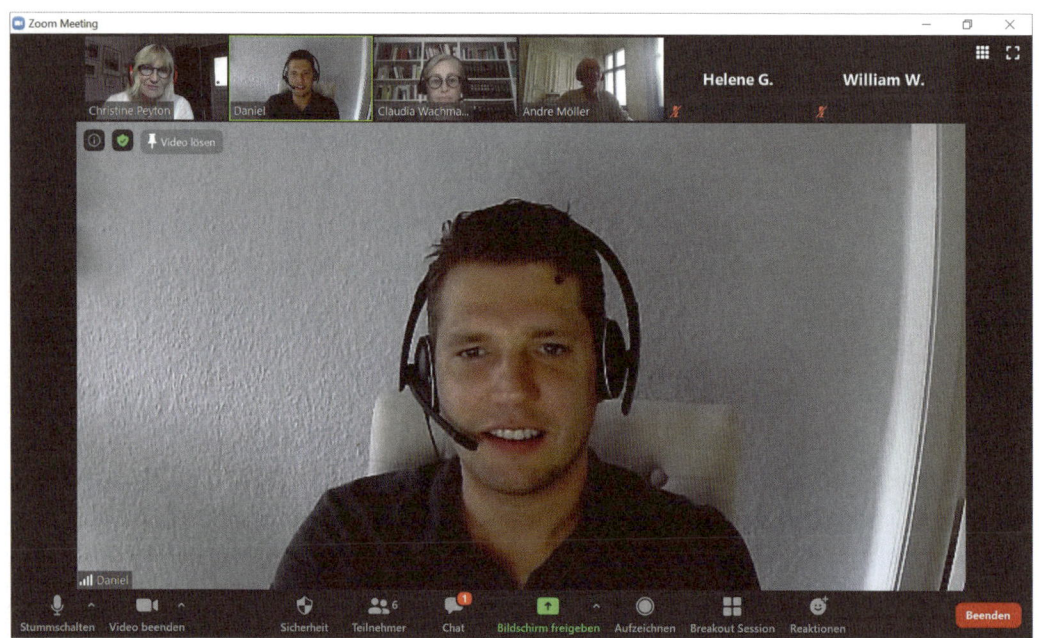

Abbildung 6.39 *Ihr Favorit in der Sprecheransicht*

So verhält sich Zoom ohne Ihr Eingreifen. Aber Sie können auch das Zepter in die Hand nehmen und bestimmen, welchen Teilnehmer Sie im Großformat sehen möchten. Hierzu klicken Sie einfach doppelt auf das kleine Videobildchen des Teilnehmers. Der Auserwählte wird bei Ihnen daraufhin im Großformat dargestellt und bleibt Ihnen erhalten, unabhängig davon, wer spricht, d. h., das Wechselspiel zwischen der Anzeige der Redner findet dann nicht statt.

Wenn Sie jemanden auf diese Weise bewusst ausgewählt haben, erscheint oben links auf dem großen Video **Video lösen**. Diese Schaltfläche taucht auf, sobald auch die Kontrollleiste eingeblendet wird.

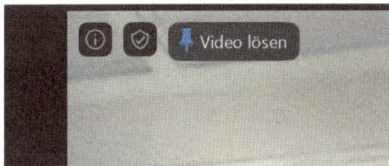

Abbildung 6.40 *Mit dieser Schaltfläche verabschieden Sie sich von der Darstellung eines ausgewählten Videos im mittleren Bereich.*

Wenn Sie auf **Video lösen** klicken, kehren Sie zum Standardverhalten von Zoom zurück, haben also wieder jeweils den Sprecher groß im Bild.

In der Galerieansicht ist die Hervorhebung des aktuellen Redners naturgemäß weniger deutlich, da es ja keinen Teilnehmer gibt, der größer als die anderen dargestellt wird. Wie erwähnt zeigt lediglich ein gelber Rahmen um das Video, wer gerade spricht.

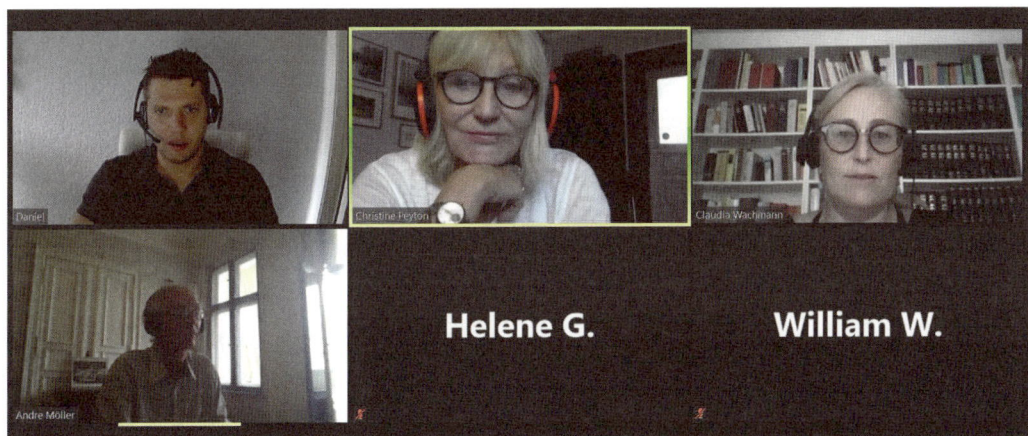

Abbildung 6.41 *Ein gelber Rahmen um den Sprecher*

Wir sind noch nicht am Ende des Wechselspiels. Der Moderator kann Ihre Vorliebe sabotieren und einen Teilnehmer der Konferenz auswählen, der immer im Großbild zu bewundern ist (oder dessen Video in der Galerieansicht gelb umrahmt ist), unabhängig davon, wer gerade spricht. Diese Funktion nennt sich Spotlight-Video. (Wir erinnern uns an vergangene Fernsehtage: Licht aus. Spot an.) Dass ein Spotlight aktiviert ist, bemerken Sie nur daran, dass Ihnen die Hände gebunden sind und Sie selbst keinen Teilnehmer für das Großbild auswählen können, sowie daran, dass sich die Darstellung auch bei wechselnden Sprechern nicht ändert.

Spotlight-Video

Wenn der Moderator ein Spotlight-Video aktiviert, wird bei Ihnen automatisch die *Sprecheransicht* aktiviert. Sie können danach aber wieder in die *Galerieansicht* wechseln, wenn Sie möchten.

Wenden wir uns kurz auch noch der Kamera zu. Zwar liegt es in der Natur der Sache, dass die Teilnehmer in einer Videokonferenz auch zu sehen sein sollen (sonst wäre es keine Videokonferenz), aber letztendlich kann jeder Teilnehmer für sich entscheiden, ob sein Bild übertragen werden soll oder nicht. Sie schalten die Kamera mit einem Klick auf das Symbol **Video beenden/starten** auf der Kontrollleiste aus bzw. an.

Abbildung 6.42 *Die Kamera ausschalten*

Abbildung 6.43 *Die Kamera anschalten*

Wenn Sie Ihre Kamera ausgeschaltet haben, wird Ihre Teilnahme in den verschiedenen Ansichten nur mit einem schwarzen Bildchen, in dem Ihr Name prangt, angezeigt. Sie sind also ohne Kamera nicht »weg vom Fenster«.

In der Konferenz: sprechen, sehen und gesehen werden

Abbildung 6.44 *Zwei ausgeschaltete Kameras*

Die Selbstansicht ausblenden

Unabhängig von der Deaktivierung der Kamera können Sie auch dafür sorgen, dass auf Ihrem Bildschirm Ihr eigenes Video nicht zu sehen ist und noch nicht einmal ein schwarzes Rechteck mit Ihrem Namen auftaucht. Klicken Sie dazu auf die drei Punkte in Ihrem kleinen Video (bewegen Sie die Maus dazu auf das Bild). Im Menü klicken Sie auf die Option **Selbstansicht ausblenden**. Diese Option zu nutzen, ist sinnvoll, wenn der Platz auf dem Bildschirm eh schon knapp ist und jeder Quadratzentimeter zählt.

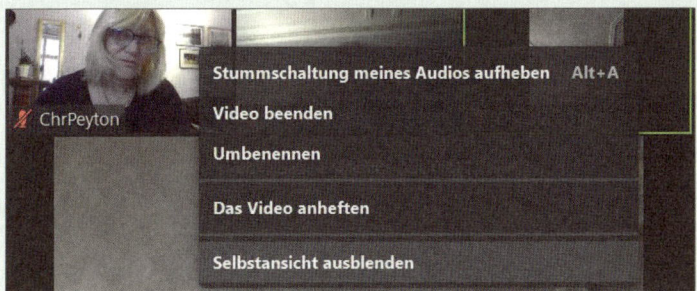

Abbildung 6.45 *Die Selbstansicht ausblenden*

Um Ihre Selbstansicht wieder herzuzaubern, klicken Sie auf **Selbstansicht zeigen**. Diese Schaltfläche wird angezeigt, wenn auch die Kontrollleiste eingeblendet wird.

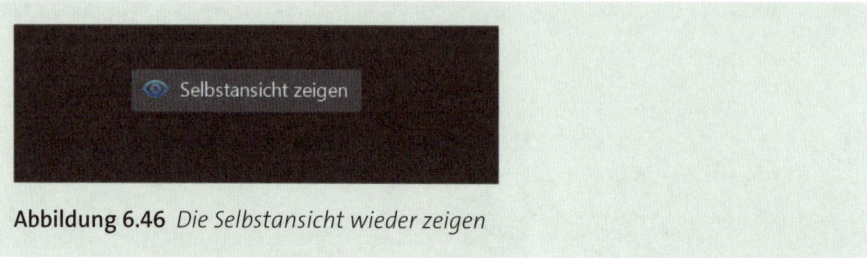

Abbildung 6.46 *Die Selbstansicht wieder zeigen*

Auch die schönste Konferenz ist irgendwann zu Ende. Wenn der Gastgeber Sie verabschiedet hat, können Sie die Konferenz ohne schlechtes Gewissen verlassen. Klicken Sie dazu auf die Schaltfläche **Verlassen** auf der Kontrollleiste. Wenn es angebracht oder notwendig ist, können Sie die Konferenz auch vorzeitig verlassen. Möchten Sie in diesem Fall in die noch laufende Konferenz zurückkehren, verwenden Sie die gleichen Zugangsdaten wie bei der ersten Einwahl.

Falls der Host das Meeting ohne explizite Ankündigung oder Verabschiedung beendet, werden Sie automatisch ausgeloggt und erhalten einen entsprechenden Hinweis. Dann dürfen Sie endlich bis dahin unterdrückten Bedürfnissen nachgehen!

Geben Sie Feedback

Um Ihre Zustimmung zu einem Wortbeitrag zu geben, müssen Sie den Redefluss des Sprechers nicht unterbrechen, indem Sie Ihr Mikrofon anmachen und begeistert »großartig« rufen. Sie können einfach ein schnelles Feedback geben; dazu klicken Sie auf der Kontrollleiste auf das Symbol **Reaktionen** und anschließend auf die klatschende Hand oder das Daumen-hoch-Symbol.

Abbildung 6.47 *Mit einer Reaktion können Sie grafisch einem Sprecher zustimmen.*

Ihr Feedback wird in Form des einen oder anderen Symbols bei allen Teilnehmern auf Ihrem Videobild für ca. 5 Sekunden eingeblendet, sodass alle anderen Teilnehmer erkennen, wie Sie auf eine bestimmte Aussage reagiert haben. Auch wenn Sie Ihre Zustimmung voreilig gegeben haben, können Sie diese 5 Sekunden nicht abkürzen; *geliked* ist *geliked*!

Abbildung 6.48 *Reaktionen in der Galerie*

Unter Umständen hat Ihr Host weitere Möglichkeiten der Rückmeldung als die in der Standardeinstellung angebotenen aktiviert. Wenn das so ist, finden Sie unter der Teilnehmerliste eine ganze Reihe von Symbolen, mit denen Sie Ihre Meinung nonverbal kundtun können, z. B. ein Häkchen für ein *Ja* oder ein x auf rotem Grund für ein *Nein*.

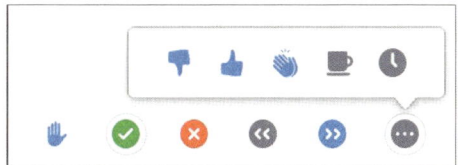

Abbildung 6.49 *Die Symbole für das Feedback*

Klicken Sie hier einfach auf das jeweils passende Symbol. Dieses wird daraufhin in der Teilnehmerliste neben Ihrem Namen angezeigt, sodass jeder Teilnehmer Ihre Reaktion sehen kann (sofern er die Teilnehmerliste eingeblendet hat). Ein nochmaliger Klick auf das gleiche Symbol entfernt die Anzeige des Symbols wieder. Ihre wechselnden Stimmungen können Sie preisgeben, indem

Sie einfach auf ein anderes Symbol klicken. Das zuletzt angeklickte Symbol bleibt erhalten.

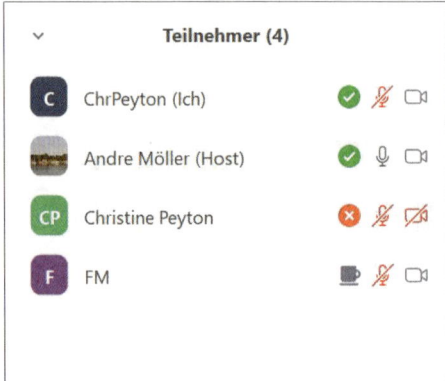

Abbildung 6.50 *Die Symbole in der Teilnehmerliste neben den Teilnehmernamen*

Auch hier hat der Moderator wieder mehr zu sagen als Sie; er kann die Feedback-Symbole aller Teilnehmer entfernen, z. B. für eine weitere Abstimmung, wofür sich die *Ja* bzw. *Nein*-Symbole ja besonders gut eignen. Der Moderator muss auch nicht mit dem Finger über die Teilnehmerliste fahren, um die Abstimmung auszuzählen; bei ihm tauchen über den Symbolen kleine Ziffern auf, die angeben, wie oft das betreffende Symbol gewählt wurde.

Noch kein Alteisen: der gute alte Chat

In Konferenzen wird in erster Linie geredet. Das ist Sinn der Sache. Aber in einer Online-Konferenz wie Zoom gibt es auch die Möglichkeit, mit den anderen Teilnehmern schriftlich in Form von Chats zu kommunizieren. Es kann allerdings auch sein, dass der Host den Chat oder einzelne Funktionen deaktiviert hat. Er kann z. B. verhindern, dass Sie nur einzelnen Teilnehmern eine Nachricht zukommen lassen. Im Folgenden beschreiben wir alle Funktionen rund um den Chat. Falls Sie eine beschriebene Funktion vermissen, wird Ihr Host diese deaktiviert haben.

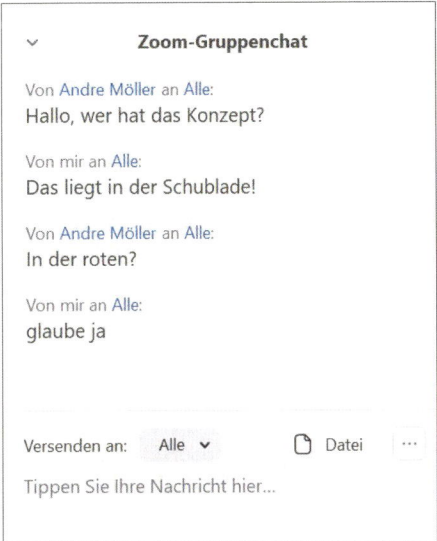

Abbildung 6.51 *Der Chat mit einigen Einträgen*

Zunächst blenden Sie den Chatbereich ein; dazu reicht der Klick auf **Chat** in der Kontrollleiste. Am unteren Ende dieses Bereichs lesen Sie **Tippen Sie Ihre Nachricht hier…** Genau dort schreiben Sie also. Zum Absenden Ihres Textes drücken Sie einfach ⏎ . Wenn Sie einen Zeilenumbruch in Ihren Text einfügen möchten, nutzen Sie die Tastenkombination ⇧ + ⏎ .

> **Der Chat- und der Teilnehmerbereich als Fenster**
> Der Chatbereich – und dies gilt auch für den Bereich mit der Liste der Teilnehmer – ist übrigens nicht fest verankert. Sie können ihn auch von der rechten Seite des Bildschirms lösen und dann als bewegliches Fenster auf dem Bildschirm anzeigen. Dazu klicken Sie auf den nach unten weisenden Pfeil links und wählen die Option **Ausklappen**. Um den Bereich wieder rechts anzuheften, müssen Sie auf die drei Punkte klicken und im Menü **Mit Meetingfenster verbinden** wählen. Im Vollbild werden sowohl der Chatbereich als auch der Teilnehmerbereich ohnehin als Fenster auf den Bildschirm gelegt.

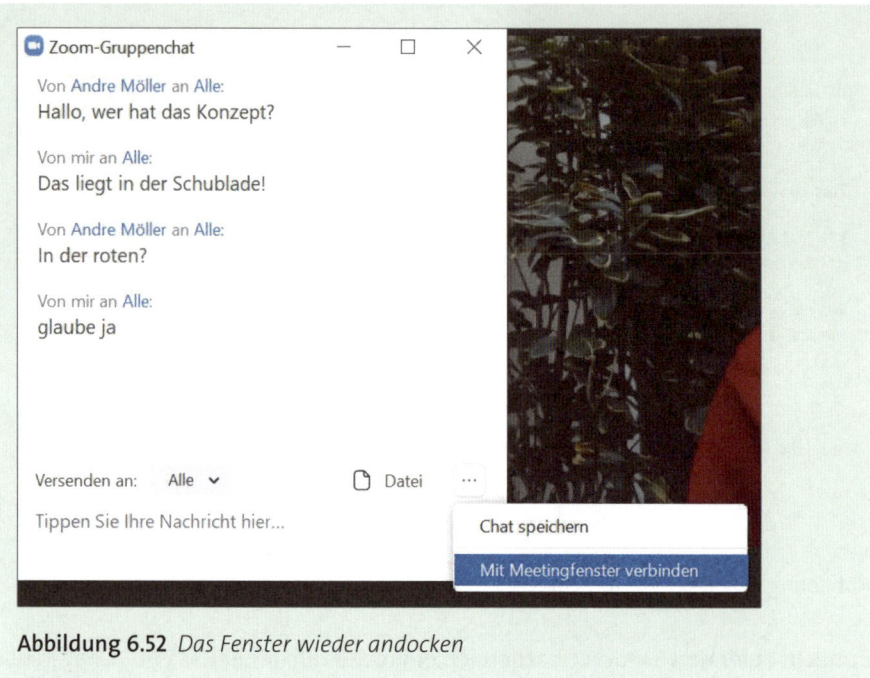

Abbildung 6.52 *Das Fenster wieder andocken*

Nicht jede Message ist für alle Teilnehmer gedacht. Wer Ihren Text erhalten soll, bestimmen Sie im Feld **Versenden an**. Ein Klick auf den Pfeil zeigt die Liste aller Konferenzteilnehmer. Hier wählen Sie den gewünschten Teilnehmer aus oder belassen es bei **Alle**.

Abbildung 6.53 *Die Auswahl des Empfängers*

Vergessen Sie diesen Schritt nicht, ein kritischer Kommentar oder eine saloppe Bemerkung an die falsche Person – oder versehentlich an alle – kann ins Auge gehen!

Bei den Empfängern und bei Ihnen werden die abgesandten Messages im Chatbereich chronologisch vom oben nach unten in kleinen Sprechblasen aufgelistet, jeweils versehen mit dem Namen des Teilnehmers, von dem die Nachricht stammt. Die Messages an **Alle** tauchen naturgemäß bei allen Teilnehmern auf, die für eine Person gedachten eben nur bei dieser Person. Wenn Sie zum Antworten auf den Namen klicken, wird dieser im Feld **Versenden an** ausgewählt.

Oft sind Chat-Nachrichten eher belanglos, beinhalten lediglich kurze Kommentare und Bemerkungen. Aber vielleicht möchten Sie dennoch festhalten, was (an Sie oder alle) geschrieben wurde. Daher können Sie den Chatverlauf speichern. Dazu klicken Sie auf die drei Punkte und wählen **Chat speichern**.

Abbildung 6.54 *Chat speichern*

Nach dem Speichern taucht die Schaltfläche **Im Ordner anzeigen** auf. Ein Klick darauf führt zum Speicherort, wo die gespeicherte Datei angezeigt wird. Dabei handelt es sich um eine Datei im txt-Format, ein Doppelklick auf die Datei öffnet sie also im Windows-Text-Editor. Die Datei wird übrigens aktualisiert, d. h., wenn Sie im gleichen Meeting den Chat erneut speichern, wird die vorhandene Datei mit der aktuellen ersetzt.

Abbildung 6.55 *Den Ordner anzeigen lassen, in dem die Chat-Datei gespeichert wurde*

Speicherpfad in Zoom
Wie Sie festgestellt haben werden, können Sie beim Speichern des Chatverlaufs nicht festlegen, wo die Datei abgelegt werden soll. Zoom geht hier einen sehr speziellen Weg. Auf Windows-Rechnern wird im *Dokumente*-Ordner ein Unterordner *Zoom* angelegt. In diesen Ordner wird für jedes Meeting ein weiterer Ordner erstellt, dessen Name sich aus dem Datum und Zeitpunkt des Meetings sowie der Meeting-ID zusammensetzt. Hier hinein wandert die Datei für den gespeicherten Chat-Verlauf, aber auch Mitschnitte der Konferenz oder Screenshots vom Whiteboard oder Ähnliches werden hier abgelegt.

Der Chatbereich bietet nicht nur die Funktion des Chattens. Sie entdecken hier auch die vielleicht schon von Ihnen vermisste Option, eine Datei während der Konferenz hochzuladen – wie beim Chatten für alle oder für den ausgewählten Teilnehmer. Dazu dient das Symbol **Datei**. Der Datei-Upload ist auch eine Funktion, die der Host deaktivieren kann, wundern Sie sich also nicht, wenn Sie das Symbol **Datei** nicht finden.

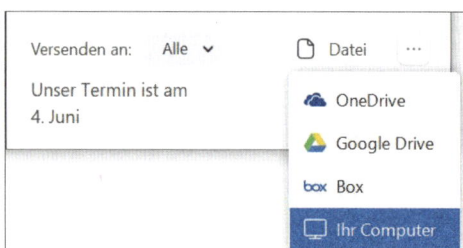

Abbildung 6.56 *Eine Datei hochladen*

Im folgenden Menü wählen Sie den Speicherort der Datei, z. B. **Ihr Computer**. Wenn Sie hierauf klicken, wird der Windows-Explorer geöffnet, wo Sie die Datei auswählen, die Sie hochladen möchten. Nach dieser Aktion – die je nach Dateigröße ein bisschen dauert oder ganz schnell geht – sieht der Teilnehmer, an den Sie die Datei geschickt haben, im Chatbereich den Dateinamen und den Link zum **Herunterladen** der Datei.

Dateigröße

Wie Sie es von E-Mail-Anhängen kennen, sollten Sie auch hier beim Hochladen auf die Größe der Dateien achten. Zoom setzt keine so strengen Grenzen wie manches E-Mail-Programm oder mancher Provider, aber ein Test mit einer Gigabyte-Datei ist bei uns fehlgeschlagen. Überlegen Sie auch, ob eine große Datei während der Konferenz überhaupt über die »Leitung« gehen kann. Sitzen Sie an einer schmalbrüstigen Internetverbindung, wird der Videostream von Zoom schon einen Großteil der Bandbreite in Anspruch nehmen. Wenn Sie nun noch versuchen, zig Megabyte Daten hochzuschaufeln, könnte dies zu viel für Ihre Leitung oder die des potenziellen Empfängers sein.

Abbildung 6.57 *Eine Datei herunterladen*

Um eine Datei aus dem Chat auf Ihrem Rechner zu speichern, klicken Sie auf den Link **Herunterladen**. Im folgenden Dialog **Speichern unter** legen Sie den Speicherort und den Dateinamen fest.

Was ist im gespeicherten Chatverlauf?

Auch wenn die hochgeladenen Dateien im Chatverlauf angezeigt werden, werden diese beim Speichern des Chats nicht berücksichtigt. Falls Sie z. B. zu Dokumentationszwecken den vollständigen Chatinhalt benötigen, müssen Sie alle Dateien explizit herunterladen.

> Chat-Nachrichten, die nicht bei Ihnen angezeigt werden, also nicht an Sie adressiert waren, können Sie auch nicht speichern; klingt logisch und ist auch so.

Arbeit in Kleingruppen: Breakout-Rooms

Wenn der Host die entsprechende Option in den Einstellungen aktiviert hat, kann er das Treffen in separate Räume aufteilen – Zoom spricht von Breakout-Rooms. Diese Räume sind landläufig bekannt als Arbeitsgruppen, in großen Zusammenkünften also eine feine Sache und z. B. im universitären Lernbereich ein klassisches Mittel, um Themen zu bearbeiten.

Sofern der Host einen solchen Raum eingerichtet hat, erscheint bei Ihnen auf der Kontrollleiste das Symbol **Breakout-Session**. Geben Sie dem Host etwas Zeit, da er die Breakout-Rooms während des Meetings, nachdem Sie und alle Teilnehmer eingetreten sind, einrichten muss.

Nachdem der Host die sogenannte Session gestartet hat, erhalten Sie einen Dialog mit der Aufforderung, Ihrem Breakout-Room beizutreten. Sie haben die Wahl, gleich oder später in den Raum zu wechseln. Klicken Sie auf **Beitreten**.

Abbildung 6.58 *Treten Sie Ihrem Raum bei.*

In diesem Raum können Sie mehr oder minder alle Funktionen von Zoom (Chat, Bildschirmfreigabe und Whiteboard) nutzen, nur dass Sie dies jetzt in der verkleinerten Gruppe, also mit allen Teilnehmern dieses Raumes, gemeinsam machen. Wer im Raum ist, sehen Sie wie gewohnt im Teilnehmerbereich, den Sie über die Schaltfläche **Teilnehmer** auf der Kontrollleiste aufrufen.

Automatisch in den Gruppenraum

Der Host kann Sie auch mit Beginn der Session automatisch Ihrem Gruppenraum zuordnen. In diesem Fall erhalten Sie keinen entsprechenden Hinweis, sondern werden ohne Ihr Zutun in den Raum befördert.

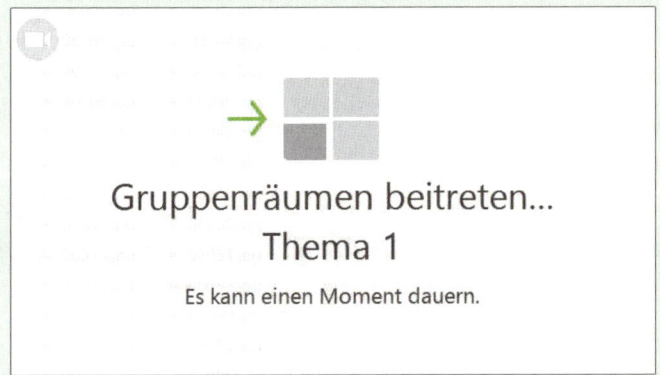

Abbildung 6.59 *Der Host hat die Session gestartet und Sie automatisch dem Raum zugewiesen.*

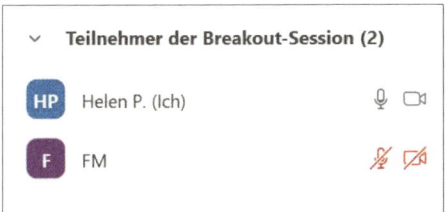

Abbildung 6.60 *Die Teilnehmer im Gruppenraum*

Dass Sie sich in einem Gruppenraum befinden, erkennen Sie unter anderem daran, dass die Überschrift der Teilnehmerliste jetzt **Teilnehmer der Breakout-Session (N)** lautet.

Weiterhin heißt die Schaltfläche zum Verlassen des Meetings jetzt **Raum verlassen**, und sie führt zur Auswahl, das Meeting oder den Konferenzraum zu verlassen. Die letzte Option führt Sie wieder zurück in den Hauptraum. Den Weg zurück in den Hauptraum kann der Host ausschalten, dann können Sie nur das Meeting komplett verlassen, oder Sie müssen warten, bis der Host die Gruppen-Session beendet, um dann in den Hauptraum zurückzugelangen.

Abbildung 6.61 *Den Host um Hilfe bitten*

Während Sie im Gruppenraum sind, können Sie den Host mit dem gleichnamigen Befehl **Um Hilfe bitten**. Der Host erhält dann einen entsprechenden Hinweis und kann Ihren Gruppenraum besuchen. Sie erhalten im Dialog **Um Hilfe bitten** eine kurze Rückmeldung, wenn der Host Sie auf später vertröstet.

Weiterhin kann der Host Nachrichten an alle Teilnehmer über die verschiedenen Gruppen hinweg verschicken. Diese tauchen nicht im Chat auf, sondern werden nur kurzzeitig mittig oben im Zoom-Fenster angezeigt.

Abbildung 6.62 *Eine Nachricht vom Host*

Wenn Sie die Einladung zur Session (Abbildung 6.58) erhalten und erst später beitreten wollen, klicken Sie auf **Später**. Sie verbleiben dann noch im Hauptraum. Um jetzt in den Session-Raum zu gehen, klicken Sie auf der Kontrollleiste auf die drei Punkte und dann auf **Breakout-Raum beitreten**.

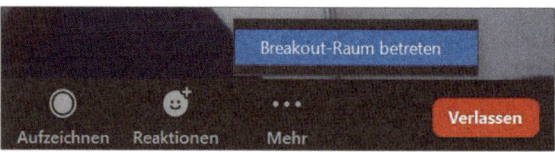

Abbildung 6.63 *Treten Sie in den Session-Raum ein*

Solange die Breakout-Session existiert, können Sie zwischen dem Hauptraum und Ihrem Gruppenraum hin und her wechseln, sofern der Host dies nicht untersagt hat (verbal oder per entsprechender Option).

Der Host kann Sie – auch gegen Ihren Willen – während einer laufenden Session von einen Raum in den anderen schicken. Sie erhalten dann einen kurzen Hinweis, während der Wechsel stattfindet.

Abbildung 6.64 *Der Host hat Sie in einen anderen Raum delegiert.*

Wenn die Session endet, entweder weil der Host sie beendet hat oder weil die eingestellte Zeit abgelaufen ist, erhalten Sie auch darüber einen Hinweis. Anschließend finden Sie sich im Hauptraum wieder.

Abbildung 6.65 *Der Host hat die Session beendet.*

Ein flottes Hintergrundbild für Ihre Videoaufnahme

Sie wären lieber in Spanien am Strand als im Homeoffice, und Ihr provisorischer Bürobereich ist nicht videopräsentabel? Zoom kann Sie nicht an den Strand beamen und auch nicht Ihr Büro aufräumen, aber für die Videokonferenz gibt es eine schnelle Abhilfe; der Trick ist ein virtueller Hintergrund. Alles, was Sie brauchen, sind ein passendes Bild und einigermaßen leistungsfähige Hardware.

Kapitel 6 So nehmen Sie aktiv an einer Konferenz teil

Hintergrundbilder aus dem Internet

Sofern Sie keine passenden Bilder auf Ihrem Rechner haben, aber auf jeden Fall einen virtuellen Hintergrund verwenden möchten, gibt es im Internet eine Menge kostenloser Hintergrundbilder, die Sie speichern und nutzen dürfen. Probieren Sie es mit einem passenden Suchbegriff. Für bei Zoom registrierte Nutzer gibt es außerdem einige Hintergrundfotos zur Auswahl.

1. Um diese Funktion einzusetzen, klicken Sie auf das Symbol mit dem Ritterschild für die Verschlüsselung, das mit der Kontrollleiste links oben auf dem Sprecherbild eingeblendet wird.

2. Dies öffnet den Dialog **Einstellungen**. Hier wechseln Sie in den Bereich **Virtueller Hintergrund**.

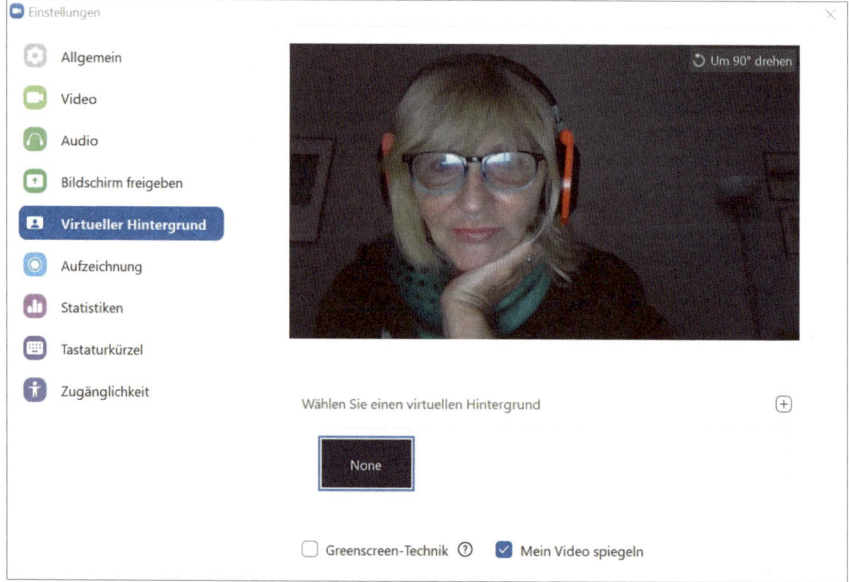

3. Im Bereich **Virtueller Hintergrund** klicken Sie auf das Plus-Zeichen unter dem Vorschaubild und dann im Untermenü auf **Bild hinzufügen**.

4. Im folgenden Dialog **Wählen Sie ein Hintergrundbild** bestimmen Sie Ihr Wunschbild. Klicken Sie nach der Auswahl auf **Öffnen**.

Ein flottes Hintergrundbild für Ihre Videoaufnahme

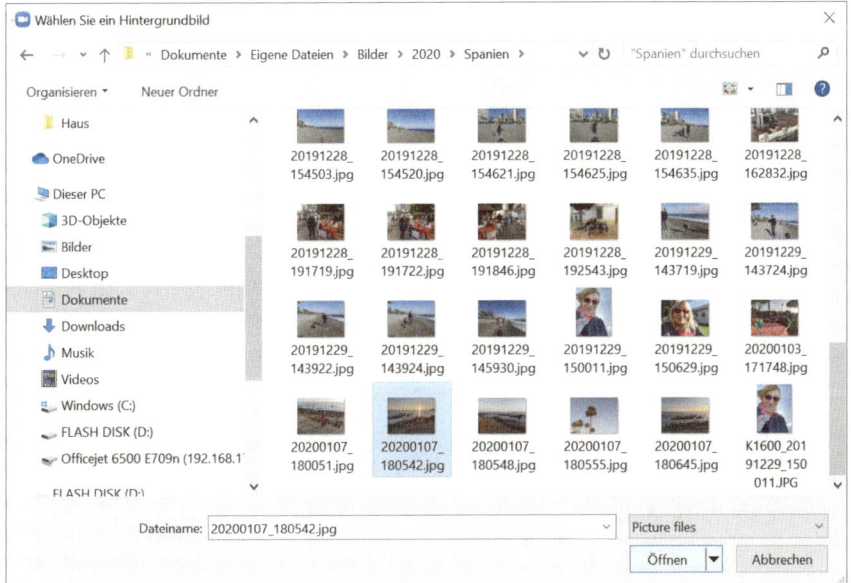

5. Es ist wichtig zu wissen, dass das gerade ausgewählte Bild sofort als Ihr neuer »Standort« verwendet wird – nicht nur in der Vorschau, sondern auch in der eventuell aktuell laufenden Konferenz. Die anderen Teilnehmer sehen Sie also ad hoc in Ihrer neuen Umgebung. Von daher ist dies nicht der Ort für Experimente! Das könnte ins Auge gehen, sofern Sie probehalber ein unpassendes oder ausgesprochen privates Foto gewählt haben.

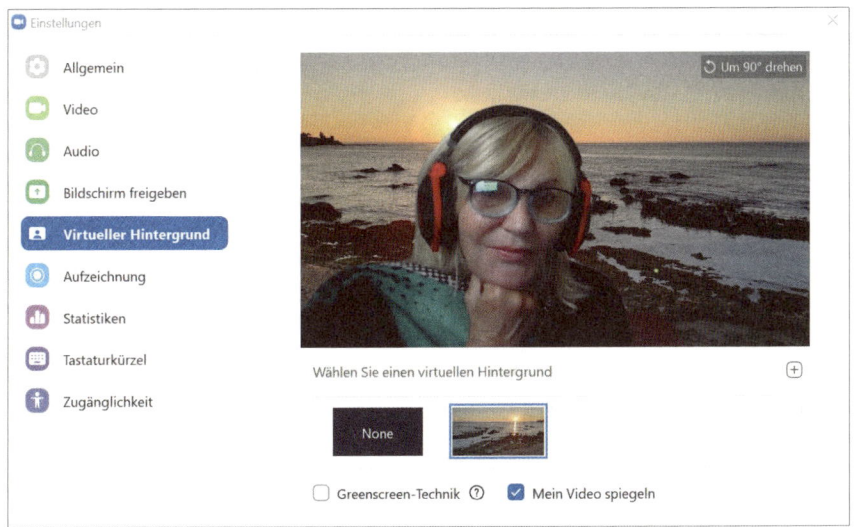

Abbildung 6.66 *Die Vorschau mit dem virtuellen Hintergrund*

Videos als virtueller Hintergrund

Für den virtuellen Hintergrund sind Sie nicht allein auf statische Bilder beschränkt. Selbst Videos können Sie als Hintergrund auswählen. Diese laufen dann als Endlosschleife während des Meetings im Hintergrund. Ob das für jede Konferenz angebracht ist, sei dahingestellt.

Obwohl die Ergebnisse bei passenden Bildern oft erstaunlich gut sind, kann man erkennen, dass es sich um einen künstlich eingefügten Hintergrund handelt. Sie können das Ergebnis verbessern, wenn Sie darauf achten, dass Sie vor einem ruhigen und gleichmäßigen Hintergrund sitzen und im Meeting schnelle Bewegungen und Gestikulieren mit den Händen vermeiden.

Verschiedene Wege zum Dialog »Einstellungen«

Für nicht bei Zoom registrierte Benutzer funktioniert nur der im Text gezeigte Weg, den Dialog **Einstellungen** zu öffnen. Alle anderen können in der Zoom-Software im Bereich **Home** über das Zahnrad den Dialog **Einstellungen** aufrufen.

Abbildung 6.67 *Das Zahnrad für die Einstellungen*

Das Einblenden eines Hintergrunds in Ihr Videobild ist sehr rechenintensiv. Im Prinzip muss Ihr Rechner Ihren Kopf mit allen einzelnen Haaren mehrmals in der Sekunde (je Frame einmal) freistellen und dann auf den neuen Hintergrund zaubern. Dies ist umso schwerer, je bunter und ungleichmäßiger der reale Hintergrund ist.

In den Anfängen dieser Technik wurden einfarbige blaue oder grüne Hintergründe verwendet. Aus diesem Grunde heißt die Technik auch Blue- bzw.

Greenscreen-Technik. Im Prinzip wird hier ein monochromatischer Hintergrund durch ein anderes Bildsignal ersetzt. Aktuelle Hardware ist inzwischen so leistungsfähig, dass dieses Verfahren auch vor beliebigen statischen Hintergründen relativ gut funktioniert.

Wenn Ihre Hardware etwas in die Jahre gekommen ist und nicht mehr mit den aktuellen Computern mithalten kann, können Sie den virtuellen Hintergrund nur einsetzen, wenn Sie zu den Wurzeln der Technik zurückgehen, sich also vor einen monochromatischen, bevorzugt grünen Hintergrund setzen.

Dass Ihr Rechner die Mindestanforderungen nicht erfüllt, erkennen Sie daran, dass das Kontrollkästchen **Greenscreen-Technik** sich nicht deaktivieren lässt; unter diesen Rahmenbedingungen liefert ein virtueller Hintergrund meistens kaum verwendbare Ergebnisse. Bereits kleine Farbschattierungen oder Lichtreflexe auf dem Hintergrund können massiv stören – zu sehen in Abbildung 6.68. So möchten Sie nicht in der Konferenz auftauchen, oder?

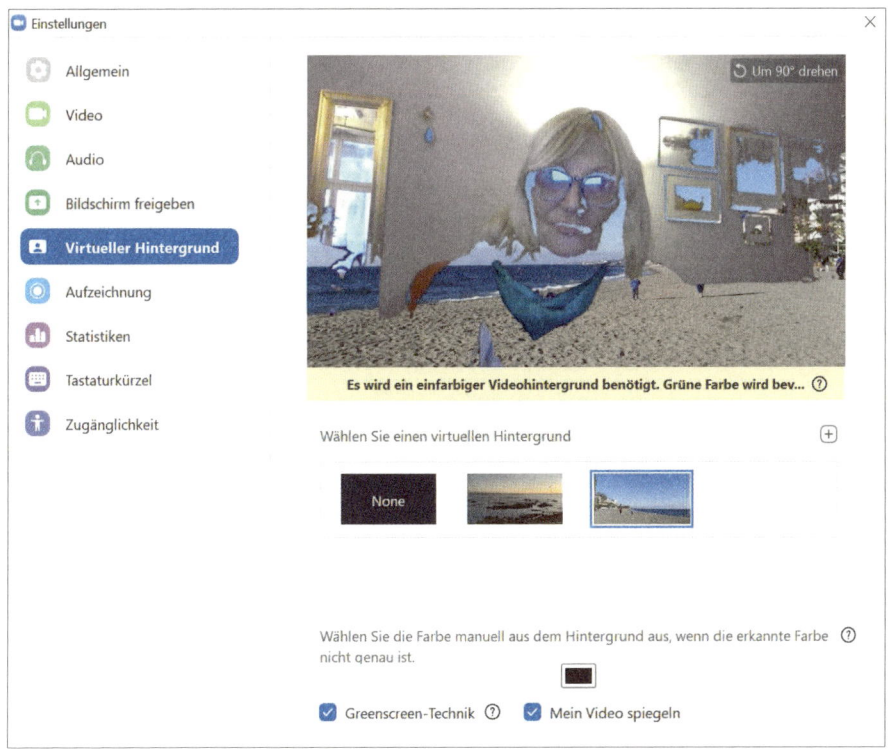

Abbildung 6.68 *Hier funktioniert der virtuelle Hintergrund nicht.*

Falls Sie – mit Greenscreen-Technik – vor einem geeigneten, also möglichst monochromatischen Hintergrund sitzen, wählen Sie das Bild für den virtuellen Hintergrund wie oben beschrieben aus. Wenn das Ergebnis noch nicht so ist, wie Sie es sich vorstellen, können Sie versuchen, es zu verbessern, indem Sie die zu ersetzende Hintergrundfarbe manuell bestimmen. Klicken Sie dazu als Erstes auf die kleine Farbkachel unterhalb der Hintergrundauswahl (nur mit aktiviertem Greenscreen-Häkchen zu sehen). Anschließend verschwindet in der Vorschau der virtuelle Hintergrund, und der reale Hintergrund wird wieder angezeigt. Klicken Sie nun – der Mauszeiger ist jetzt ein Fadenkreuz – auf die Hintergrundfarbe, die ersetzt werden soll. Lesen Sie zum Umgang mit Greenscreen auch den Kasten »Tipps zu Greenscreen«.

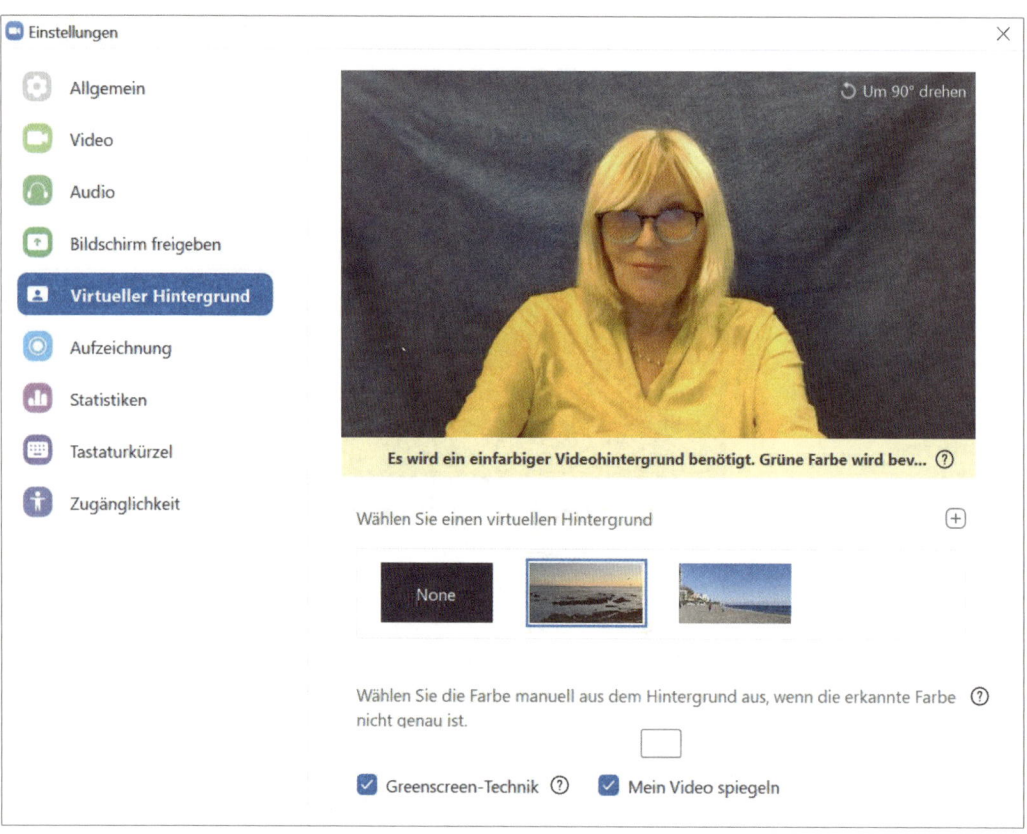

Abbildung 6.69 *Die Hintergrundfarbe auswählen*

Das hoffentlich verbesserte Ergebnis sehen Sie in der Vorschau.

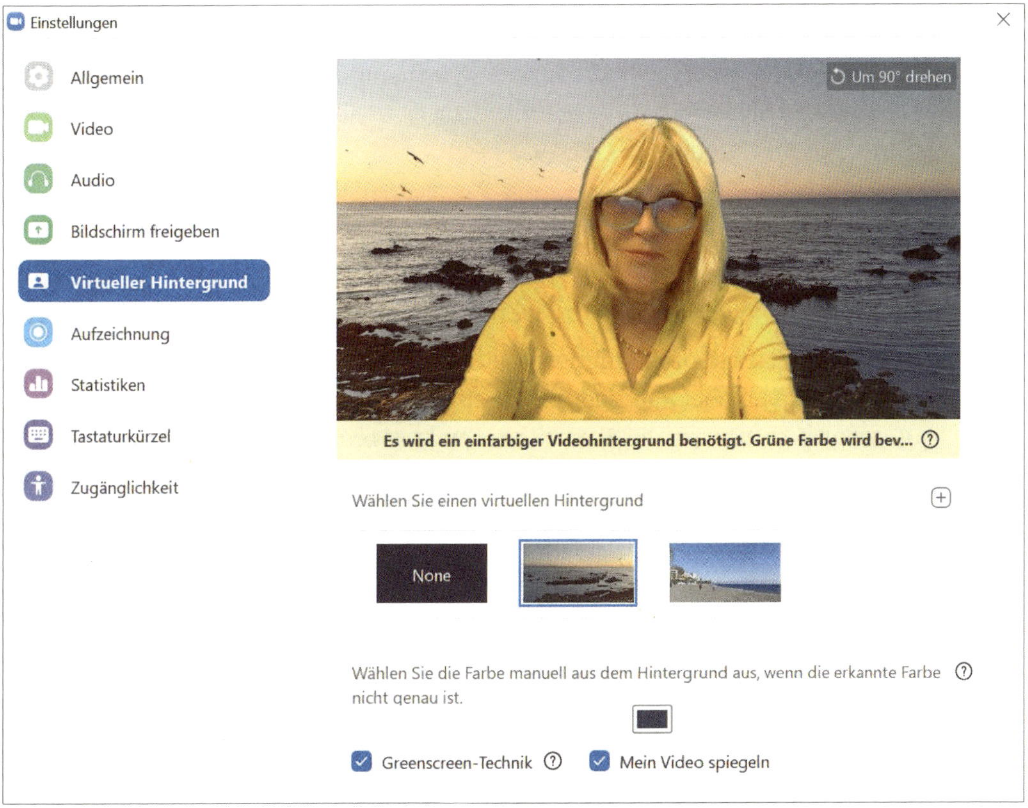

Abbildung 6.70 *Verbessertes Ergebnis des Hintergrundtausches*

Den virtuellen Hintergrund deaktivieren Sie mit der Auswahl des Kästchens **None**.

>
>
> **Tipps zu Greenscreen**
>
> Sie werden feststellen, dass es schwer ist, mit der Greenscreen-Technik ein brauchbares Ergebnis zu erhalten. Wir haben die Beispielbilder nach einigen Fehlversuchen mit einem großen blauen Handtuch gemacht (siehe Abbildung 6.69). Wenn Sie also mit der Greenscreen-Technik vorliebnehmen müssen, kommen Sie ohne ein paar Tricks nicht aus. Denken Sie an Möglichkeiten wie grüne/blaue Bettwäsche, Tischdecken oder Ähnliches. Bei den allseits bekannten Online-Händlern gibt es für diese Zwecke auch spezielle grüne Hintergründe, die Sie auf der Stuhllehne fixieren können.

Wichtig ist auch Kleidung, die einen deutlichen Kontrast zum Hintergrund bildet. Ein blauer Pullover vor einem blauen Handtuch wird nicht funktionieren. Dies wäre wie die ostfriesische Nationalflagge: weißer Adler auf weißem Grund (nach Otto Waalkes)!

Laden Sie zum Meeting ein

Sofern Ihr Host das Meeting noch nicht für weitere Teilnehmer gesperrt hat, können auch Sie während des Meetings noch Einladungen verschicken, z. B., wenn Sie spontan die Expertise eines Kollegen benötigen. Blenden Sie dazu den Teilnehmerbereich ein. In diesem Bereich klicken Sie auf die Schaltfläche **Einladen**.

Abbildung 6.71 *Sie können jemanden einladen.*

Im folgenden Dialog wählen Sie das gewünschte Mail-Programm bzw. den gewünschten Mail-Anbieter.

Klicken Sie auf **Standard-E-Mail**, um Ihr lokal auf dem Rechner installiertes Mail-Programm aufzurufen. Ein Mail-Fenster mit vorgefertigtem Einladungstext und Einladungslink wird aufgerufen. Passen Sie den Text gegebenenfalls an, und legen Sie die Empfänger fest. Anschließend verschicken Sie die Einladungs-Mail.

Abbildung 6.72 *Wählen Sie hier das Mail-Programm.*

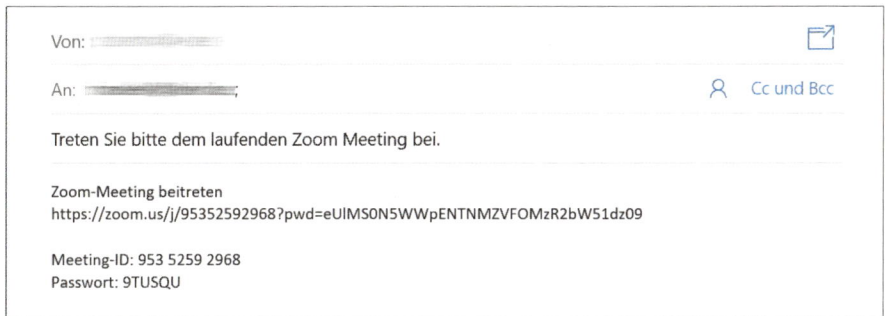

Abbildung 6.73 *Die Rohfassung der Mail in Ihrem Mail-Programm*

Wenn der Host das Meeting gesperrt hat, erhalten Sie die in Abbildung 6.74 gezeigte Meldung.

Abbildung 6.74 *Das Meeting ist gesperrt.*

Kapitel 7
Teamwork für Dokumente

Es liegt in der Natur der Sache, dass man sich auf Konferenzen trifft, um miteinander zu reden, Meinungen auszutauschen und Wissen weiterzugeben. Die Kommunikation steht im Vordergrund. Aber natürlich werden auch Dokumente aller Art gezeigt, kommentiert und gemeinsam weiterbearbeitet.

Im Mittelpunkt des Teamworks bei Zoom steht das sogenannte *Whiteboard*. Wie der Name vermuten lässt, handelt es sich um einen weißen Bereich, auf dem Sie munter gemeinsam mit den anderen Meeting-Teilnehmern über die Symbole einer speziellen Werkzeugleiste schreiben und zeichnen – im Zoom-Jargon: annotieren – können. Genauso gut ist es möglich, andere Dokumente, wie z. B. Word-, Excel- oder PowerPoint-Dateien freizugeben, sodass alle Teilnehmer auch diese Dateien wie bei der Arbeit mit dem Whiteboard kommentieren können. Ihre Werke und Gedankengänge, die auf dem Whiteboard gesammelt wurden, sind verloren, wenn das Meeting beendet wird, ohne das Whiteboard zu speichern.

Eine Steigerung der Zusammenarbeit ist die Möglichkeit, dass Dokumente – jenseits der Werkzeugleiste mit ihren Tools zum Zeichnen und Schreiben – ganz normal mit allen Funktionen der jeweiligen Anwendung von verschiedenen Teilnehmern bearbeitet werden können.

In diesem Kapitel bleiben wir bei der Perspektive des zum Meeting eingeladenen Teilnehmers, der zur Arbeit am Whiteboard und anderen Dokumenten aufgefordert wird. Wie Sie selbst die Bildschirmfreigabe und das Whiteboard starten, beschreiben wir in Kapitel 8.

Auch bei diesem Feature hat der Host viele Optionen, um die Bearbeitungsmöglichkeiten einzuschränken und zu steuern. Wir beschreiben hier den vollen Funktionsumfang. Es kann aber durchaus sein, dass die eine oder andere Möglichkeit in der Praxis deaktiviert ist.

Die Tools zum Annotieren auf dem Whiteboard

Wenn eine Bildschirmfreigabe oder das Whiteboard gestartet wird, schaltet Zoom im Normalfall, also in der Standardeinstellung, in den Vollbildmodus – erschrecken Sie also nicht. Sofern das Whiteboard jungfräulich ist, sehen Sie eine große weiße Fläche, ansonsten den vorhandenen Inhalt des Boards. Die Teilnehmervideos wandern in das sogenannte Videopanel im rechten Bereich des Bildschirms. Ein Hinweis auf einer grünen Leiste informiert Sie über die Bildschirmfreigabe.

Abbildung 7.1 *Ihr erstes Whiteboard*

Sie sollen und möchten den Inhalt des Whiteboards kommentieren oder – wie erwähnt – annotieren (womit alles gemeint ist, was Sie auf das Whiteboard packen, also Text, Zeichnungen etc.). Um dazu die Möglichkeit zu haben, müssen Sie durch das übliche Ruckeln an der Maus oder mit der Alt -Taste die Kontrollleiste einblenden. Zusammen mit der Kontrollleiste wird am oberen Bildschirmrand nun zusätzlich die Schaltfläche **Optionen anzeigen** eingeblendet. Im Untermenü dieser Schaltfläche klicken Sie auf **Kommentieren**.

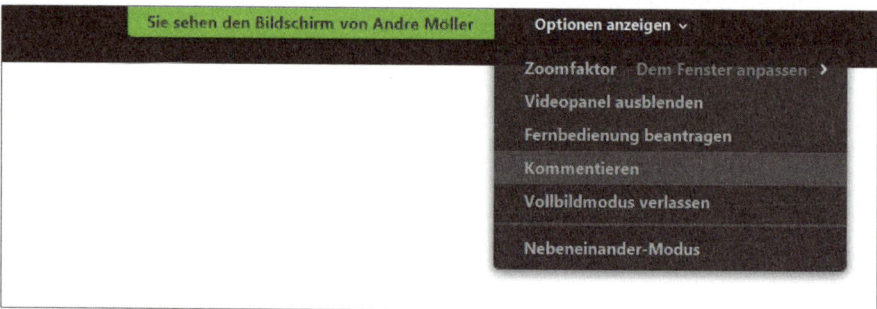

Abbildung 7.2 *Die Kommentarleiste einblenden*

Ihr Handwerkszeug wird nun in einer Menüleiste angezeigt (für die bessere Verständigung nennen wir diese Leiste im Folgenden Kommentarleiste, da sie ja auch mit dem Punkt **Kommentieren** aufgerufen wird). Viele der Symbole dieser Kommentarleiste werden Ihnen aus diversen anderen Programmen vertraut vorkommen.

Abbildung 7.3 *Die Kommentarleiste*

Sie finden in der Kommentarleiste unter anderem ein Textwerkzeug, einen Radiergummi, verschiedene Tools zum Zeichnen sowie Symbole, die Sie einfügen können.

Die Formen – Linien, Rechtecke, Kreise etc. – entdecken Sie, wenn Sie das Menü am Symbol **Zeichnen** aufklappen. Zum freien Zeichnen wählen Sie aus dem Menü übrigens die dünne oder dicke Welle. Hinter dem Symbol **Stempeln** verbergen sich unter anderem ein Fragezeichen, ein Häkchen und ein Herz.

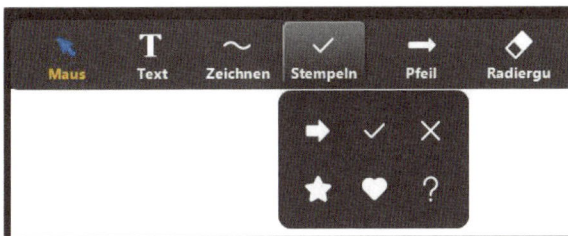

Abbildung 7.4 *Die verschiedenen Stempel*

Mit dem **Pfeil** setzen Sie einen Pfeil an eine bestimmte Stelle des Whiteboards.

Mit der Farbkachel wählen Sie – wie schon dunkel geahnt – eine Farbe aus, bestimmen im aufgeklappten Menü aber auch die Linienbreite und die Schriftart und Schriftgröße. Denken Sie daran, dass Sie die gewünschten Einstellungen vor der Verwendung der Werkzeuge festlegen.

Abbildung 7.5 *Die Formatierung der Werkzeuge*

So nutzen Sie die Tools

Um die Zeichentools zu nutzen, klicken Sie einfach auf das gewünschte Symbol und ziehen dann mit gedrückter Maustaste die Form auf oder zeichnen mit der Welle »freihändig«. Bedenken Sie, dass sich so aufgezogene Formen nicht – wie Sie es vielleicht gewohnt sind – nachträglich verschieben und in der Größe verändern lassen – Zoom ist kein Grafikprogramm! Die Tools, die hier angeboten werden, dienen dazu, auf grafische Art und Weise etwas zu kommentieren, und nicht dazu, kleine Kunstwerke zu erzeugen.

> **Der Host darf mehr**
>
> Der Host, der das Whiteboard gestartet hat, hat mehr Möglichkeiten, er kann z. B. Formen markieren und verschieben. Nur Ihre Mittel sind in der Hinsicht begrenzt. Schließlich sind Sie nur ein »schlichter« Teilnehmer, dem das Whiteboard quasi vor die Nase gesetzt wurde.

Die diversen Stempel funktionieren im Prinzip tatsächlich wie Stempel. Sie nehmen einen bestimmten Stempel zur Hand, klicken also beispielsweise auf das Sternchen und setzen dann das Sternchen durch Mausklick an die gewünschte Stelle auf dem Board.

Diesen Stempel haben Sie so lange in der Hand, bis Sie etwas anderes auswählen oder auf das Symbol **Maus** klicken. Sie setzen also immer wieder Sternchen, ohne erneut auf das Symbol zu klicken (wie es beispielsweise in Word beim Einfügen einer Form der Fall wäre).

Abbildung 7.6 *Der Sternchen-Stempel*

Der **Pfeil**, den Sie mit dem Symbol neben **Stempeln** aktivieren, funktioniert etwas anders. Sie klicken einmal auf den **Pfeil**, um ihn an einer passenden Stelle einzufügen, und durch erneutes Klicken schieben Sie genau diesen Pfeil an einen anderen Ort, fügen aber keinen neuen Pfeil ein. Der Pfeil bietet sich also an, wenn Sie auf dem Whiteboard nacheinander auf verschiedene Punkte hinweisen möchten, während Sie sprechen. Achtung: Diesen Pfeil können alle Teilnehmer versetzen, wenn sie das Werkzeug **Pfeil** aktiviert haben. Somit gibt es nur einen einzigen Pfeil für die gesamte Präsentation. In dem Pfeil wird jeweils der Name des Teilnehmers angezeigt, der ihn zuletzt gesetzt hat. Auch die Farbe ändert sich, je nachdem, welche Farbe der Teilnehmer eingestellt hat.

Wie erwähnt, deaktivieren Sie das ausgewählte Werkzeug, z. B. eine Form, den Stempel oder den Pfeil, indem Sie auf das ganz linke Symbol **Maus** auf der Kommentarleiste klicken.

Eingefügte Formen und Symbole entfernen Sie mit dem **Radiergummi**. Sie klicken das entsprechende Symbol an und dann die Form, die ausradiert werden soll. Vorsicht: Sie radieren nicht wie mit einem echten Radierer, also Stück für Stück. Die mit dem Radierer angeklickte Form (oder Linie) verschwindet sofort. Sie müssen mit dem Radiergummi ein sichtbares Element treffen, damit das

Radieren funktioniert, beispielsweise bei einer nicht ausgefüllten Form den Rand, bei einer ausgefüllten Form reicht ein Klick in die Form. Im Whiteboard können Sie nur Elemente ausradieren, die Sie auch selbst gezeichnet bzw. gesetzt haben. Figuren, die vom Host oder anderen Teilnehmern stammen, können Sie nicht löschen.

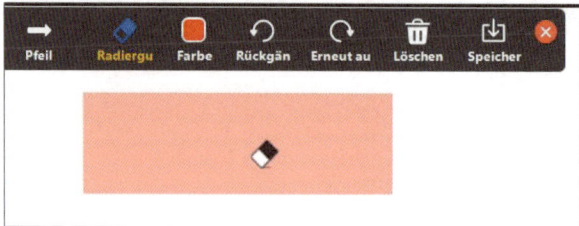

Abbildung 7.7 *Der Radierer in Aktion*

Die radikale Lösung verbirgt sich hinter dem Symbol **Löschen**. Klicken Sie auf den Papierkorb, sind alle Ihre Kommentare und Zeichnungen vom Whiteboard verschwunden; die Annotationen der anderen können Sie nicht löschen, auch wenn sie Ihnen noch so sehr missfallen!

Abbildung 7.8 *Der Papierkorb*

Zum Schreiben bietet die Kommentarleiste das Textwerkzeug. Klicken Sie auf das Symbol **Text** und dann auf die Stelle des Whiteboards, an der Sie schreiben möchten, um den Textrahmen einzufügen. In diesem Textrahmen blinkt ein Cursor, und Sie können schreiben.

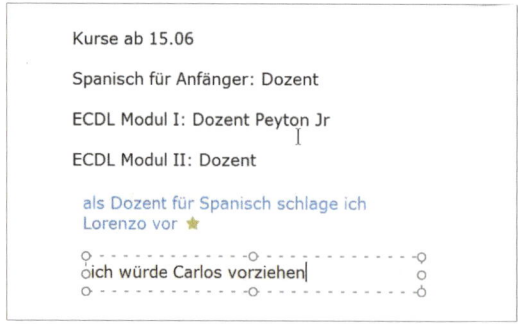

Abbildung 7.9 *Text auf das Whiteboard schreiben*

Ihr Kommentar darf ruhig länger sein. Schreiben Sie einfach fortlaufend, ohne manuelle Zeilenumbrüche – der Rahmen wächst mit. Für bewusste Absätze drücken Sie die ⏎-Taste. Nur solange der Cursor im Textrahmen blinkt, können Sie, wie von jeder Textverarbeitung gewohnt, Text löschen oder korrigieren (oder ihn beispielsweise auch kopieren) oder den Textrahmen mit den Ziehpunkten vergrößern/verkleinern. Den Vierfachpfeil zum Verschieben sehen Sie, wenn Sie den Mauszeiger an eine der äußeren Linien führen. Aber aufgepasst: Das alles geht nicht mehr, sobald Sie den Textrahmen durch einen Klick außerhalb des Rahmens verlassen haben.

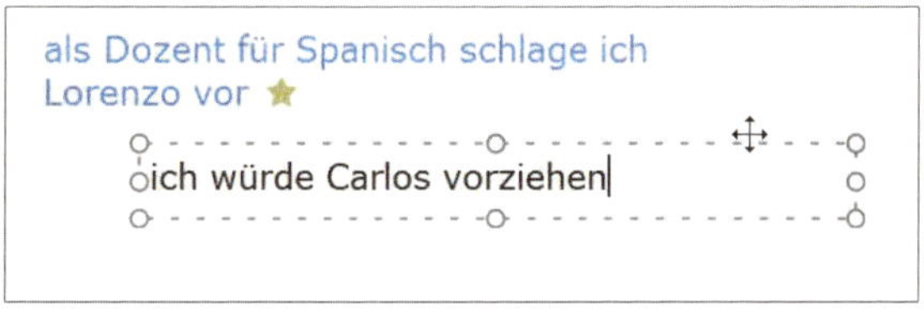

Abbildung 7.10 *Verschieben des Textfeldes*

Textfelder lassen sich nicht wieder aktivieren

Ein einmal verlassener Textrahmen lässt sich – solange Sie in der Rolle des einfachen Teilnehmers sind – nicht erneut markieren. Auch ein sonst oft funktionierender Doppelklick hilft nicht, da der Doppelklick hier den Vollbildmodus steuert. Nachträgliche Korrekturen am Text(feld) sind somit unmöglich. Bleibt lediglich die Möglichkeit, das Textfeld mit dem Radierer zu löschen und ein neues einzufügen. Kopierter Text lässt sich übrigens in ein solches Textfeld einfügen (Strg + V). Wenn Sie Ihren Text nicht erneut tippen möchten, könnten Sie nur den Host bitten, die Änderungen vorzunehmen (oder Sie zum Host zu ernennen). Der Host kann Textfelder aktivieren und bearbeiten.

Nachdem wir nun kurz den Umgang mit den Tools der Kommentarleiste beschrieben haben, noch ein Wort zu den Berechtigungen. Der Host hat auch hier mal wieder Sonderrechte (aber dass die Welt nicht gerecht ist, wissen wir ja seit Kindertagen!). Alles, was Sie selbst fabriziert oder geschrieben haben, können Sie auch wieder entfernen. Der Inhalt, der vom Host stammt, ist quasi heilig. Sie können seine Annotationen nicht ausradieren, und auch wenn Sie das

Papierkorb-Symbol nutzen, um alle Kommentare zu löschen, bleiben seine »Werke« auf dem Whiteboard erhalten.

Das Whiteboard ist zunächst einmal ein Medium, das dazu dient, Kommentare und Gedanken zu einem Thema bzw. einem angezeigten Dokument nicht verbal, sondern schriftlich und grafisch kundzutun. Aber es ist ein flüchtiges Medium. Nach Beendigung des Meetings lösen sich all die schönen Annotationen in Rauch auf – es sei denn, das Whiteboard wird zuvor gespeichert. Um das zu tun, klicken Sie auf das Symbol **Speicher** in der Kommentarleiste. Gleich darauf erhalten Sie die Information, dass das Whiteboard gespeichert wurde, und einen Link **In Ordner anzeigen**.

Abbildung 7.11 *Das Whiteboard ist gespeichert.*

Ein Klick auf **Im Ordner anzeigen** führt Sie im Windows-Explorer direkt an den Speicherort. Ein Blick hierauf zeigt Ihnen, dass das Whiteboard als png-Datei gespeichert wurde. Dabei wird mit jedem Klick auf **Speicher** eine neue png-Datei erzeugt.

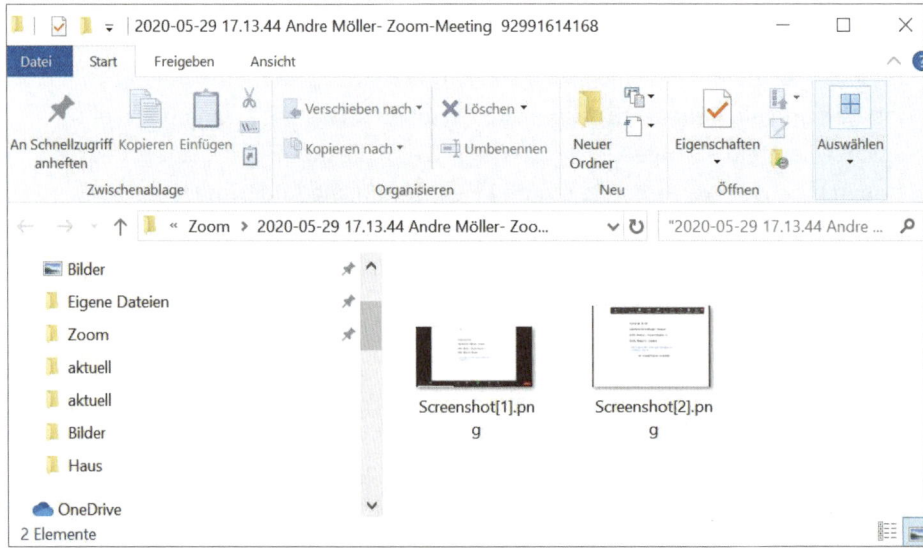

Abbildung 7.12 *Die gespeicherten Whiteboard-Screenshots*

Wie auch gespeicherte Chats landen diese Bilddateien in dem automatisch erzeugten Ordner für das aktuelle Meeting. Dieser Ordner liegt im Überordner *Zoom* in Ihrem Dokumentenordner.

Die komplexe Fenstersteuerung bei der Bildschirmfreigabe

Wenn Sie das Whiteboard vor Augen haben, ist die Fenstersteuerung ein bisschen kompliziert, um nicht zu sagen verwirrend. Wie erwähnt, sehen Sie als Meeting-Teilnehmer nach der Freigabe zunächst alles im Vollbildmodus, so ist es zumindest in der Standardeinstellung. Die Teilnehmervideos werden im rechten Bereich neben dem freigegebenen Whiteboard angezeigt, im sogenannten Videopanel.

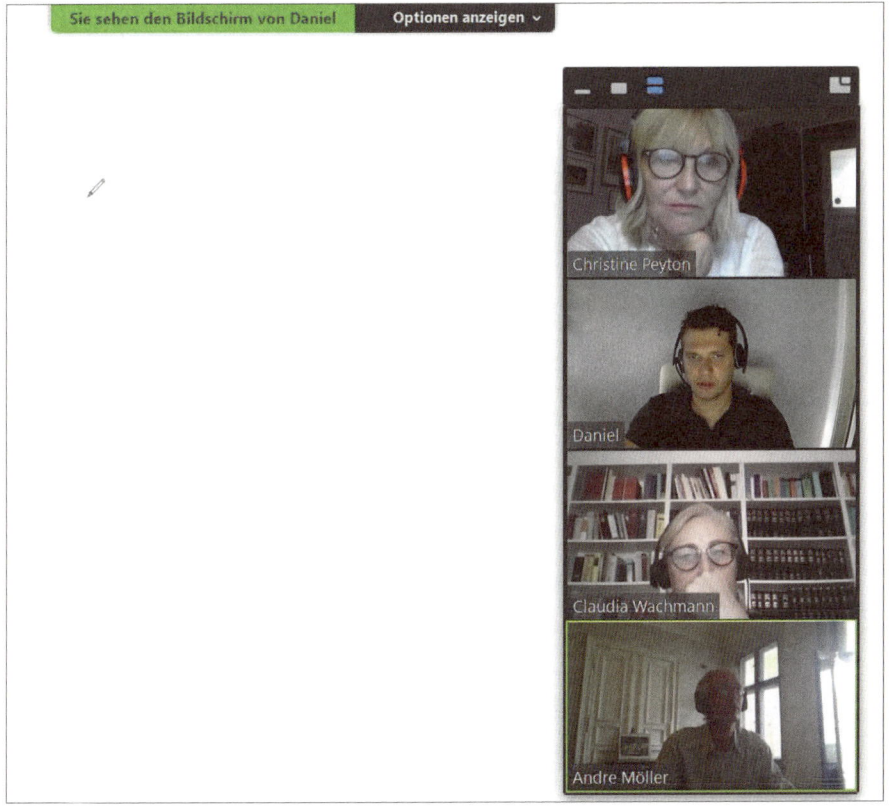

Abbildung 7.13 *Das noch blütenweiße Whiteboard mit Videopanel im Vordergrund*

Das Layout des Videopanels können Sie mit den drei Symbolen in der Titelleiste verändern (bewegen Sie die Maus notfalls im Panel hin und her, um die kleine Leiste zu sehen). Mit dem linken Symbol **Miniaturvideo ausblenden** wird das Videobild deaktiviert, und Sie sehen nur noch, wer gerade spricht.

Abbildung 7.14 *Nur noch der Sprechername im Videopanel*

Mit dem mittleren Symbol **Kleines Sprechervideo anzeigen** wird nur das Video des aktiven Sprechers eingeblendet.

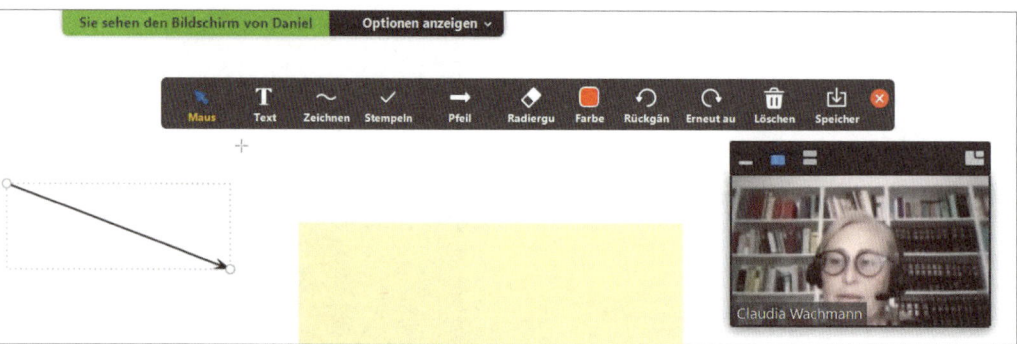

Abbildung 7.15 *Videobild des Sprechers im Panel*

Das rechte Symbol **Miniaturvideo anzeigen** blendet ähnlich wie in der Galerieansicht alle Teilnehmervideos ein (Abbildung 7.13).

Den Vollbildmodus verlassen Sie, indem Sie die Schaltfläche **Optionen anzeigen** einblenden und im Menü auf **Vollbildmodus verlassen** klicken oder – was schneller geht – auf Esc drücken.

Die komplexe Fenstersteuerung bei der Bildschirmfreigabe

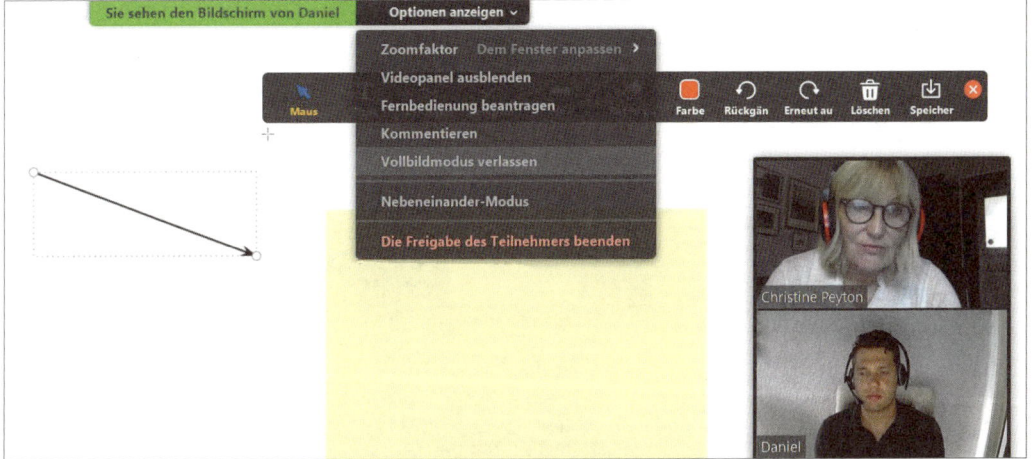

Abbildung 7.16 *Den Vollbildmodus verlassen*

Im Fenster rutschen die Teilnehmervideos dann nach oben, die weiße Fläche bleibt in der Mitte.

Abbildung 7.17 *Das Whiteboard nicht im Vollbildmodus mit Videos oben*

Mit dem Symbol **Zu Vollbildmodus wechseln** rechts oben können Sie zum Vollbild zurückkehren, wenn Sie möchten; ein Doppelklick bewirkt das Gleiche. Links neben diesem Symbol gibt es die Schaltfläche **Geteilten Bildschirm gegen Video austauschen** (bewegen Sie notfalls die Maus, um die Symbole zu erhalten).

Abbildung 7.18 *Das Symbol zum Tauschen zwischen Freigabe und Sprecher*

113

Wenn Sie auf dieses Symbol klicken, passiert folgendes: Das Video desjenigen, der die Bildschirmfreigabe auf das Whiteboard gestartet hat, rutscht in den großen mittleren Bereich, und das Whiteboard prangt als kleines Video am oberen Rand. Um zur ursprünglichen Ansicht zurückzukehren, klicken Sie auf die Schaltfläche **Auf geteilten Inhalt umschalten** links oben.

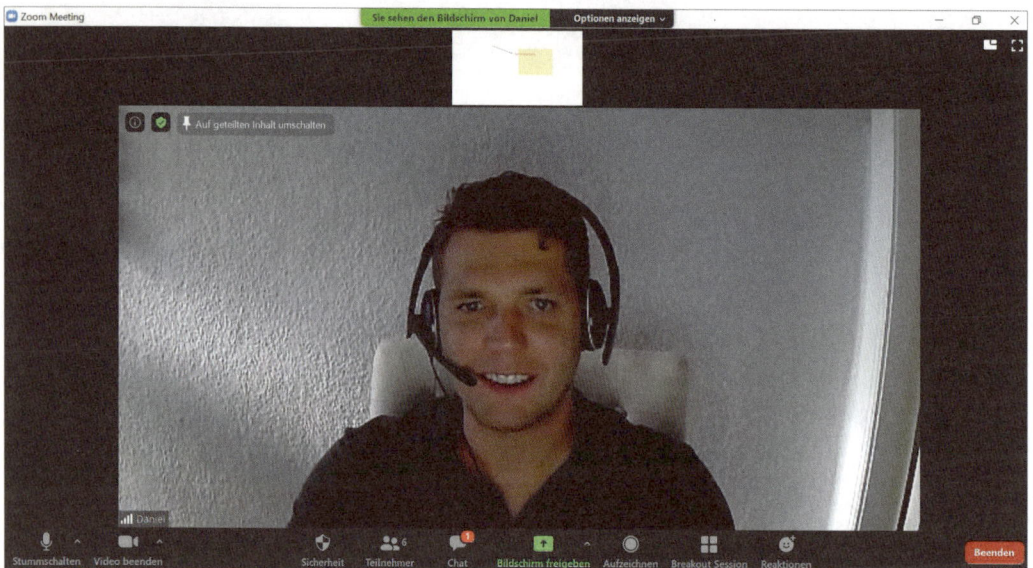

Abbildung 7.19 *Das Whiteboard ist nach oben gerutscht.*

Welche Videos jeweils zu sehen sind und wo sie auftauchen, lässt sich mit einer weiteren Einstellung steuern. Im Menü der Schaltfläche **Optionen anzeigen** gibt es die Option **Nebeneinander-Modus**.

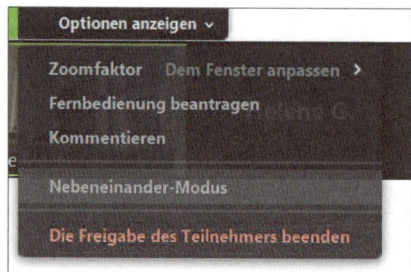

Abbildung 7.20 *Den Nebeneinander-Modus aufrufen*

Die komplexe Fenstersteuerung bei der Bildschirmfreigabe

Wenn Sie diese Option anhaken, ist der Bildschirm quasi zweigeteilt: im großen mittleren Bereich das Whiteboard, rechts die Teilnehmervideos. Dieser rechte Bereich lässt sich im Nebeneinander-Modus per Maus vergrößern oder verkleinern.

Abbildung 7.21 *Die Videos im Nebeneinander-Modus*

Oben rechts entdecken Sie nun wieder das bekannte Symbol zum Wechseln zwischen **Sprecheransicht** und **Galerieansicht** (sowie das Symbol für den Vollbildmodus), wobei auch bei einem Wechsel der Ansicht die Videos rechts neben dem Whiteboard angezeigt werden.

Wenn Sie per Klick auf die entsprechenden Symbole den Chatbereich oder den Teilnehmerbereich aktivieren, werden diese Bereiche wie gehabt am rechten Rand des Bildschirms eingeblendet, im Vollbildmodus als Fenster auf dem Bildschirm.

Excel und Co. in der Bildschirmfreigabe

Es muss nicht immer das Whiteboard sein. Der Host kann Fenster beliebiger Programme oder seinen gesamten Bildschirm mit den Mitstreitern teilen. Für Sie als Teilnehmer entspricht der Umgang mit solchen Bildschirmfreigaben der Arbeit mit dem Whiteboard. Wenn Sie die Kommentarleiste einblenden, stehen alle bereits beschriebenen Werkzeuge parat. Eine Besonderheit gibt es: Während das Whiteboard eine feststehende Zeichenfläche ist, kann der Inhalt freigegebener Anwendungen und Fenster durch Scrollen wandern, sodass Ihre Kommentare auf einmal ins Leere gehen oder auf die falsche Stelle zeigen. Die Positionen Ihrer Kommentare und Zeichnungen sind relativ zum freigegebenen Fenster/Bereich und nicht zum angezeigten Inhalt.

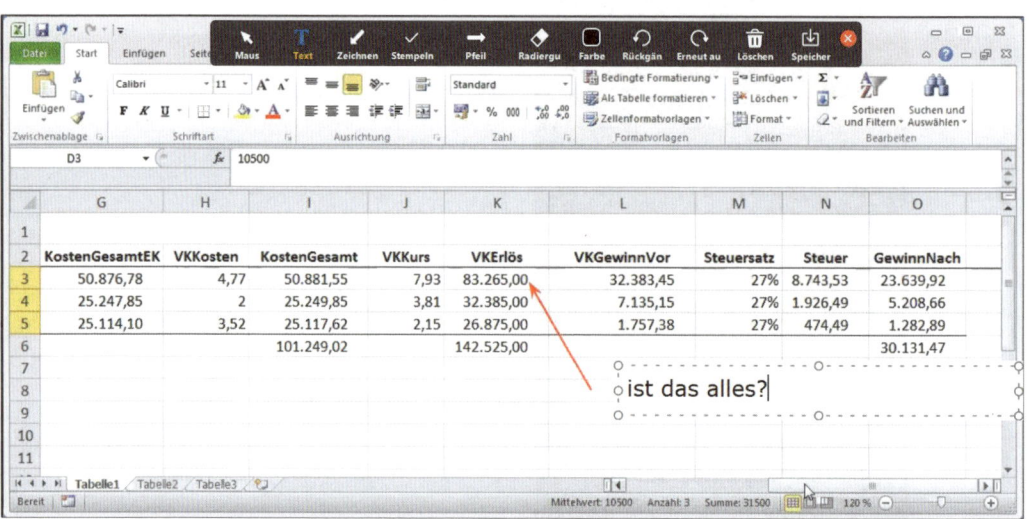

Abbildung 7.22 *Eine freigegebene Excel-Datei mit Ihrem Kommentar zum Verkaufserlös*

Sofern Sie die Annotationen sichern möchten, z. B. um Ergänzungen und Anregungen nachträglich in die gezeigte Datei einzuarbeiten, empfiehlt es sich also, oft – eigentlich vor jedem Wechsel der Anzeige – einen Screenshot zu speichern. Wie Sie in Abbildung 7.24 sehen, werden nicht nur die Zeichnungen und Kommentare von Zoom gespeichert, sondern die komplette Anzeige mit freigegebener Datei und Bearbeitungswerkzeugen.

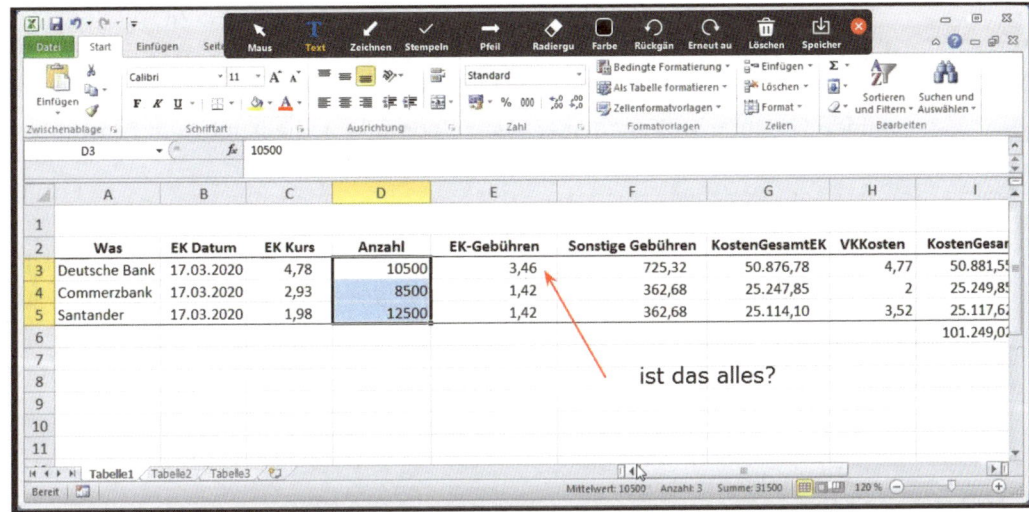

Abbildung 7.23 *In der nach links gescrollten Tabelle sitzt Ihr Kommentar falsch und zeigt zu den Gebühren.*

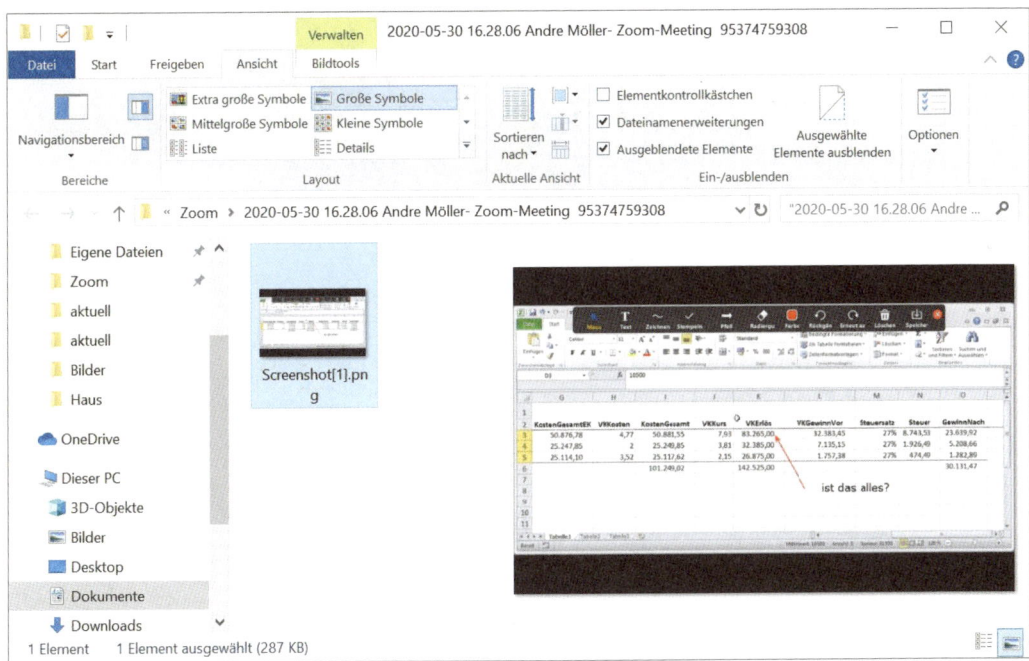

Abbildung 7.24 *Die Zoom-Screenshots beinhalten die komplette Anzeige.*

In der Standardeinstellung wird die Anzeige der freigegebenen Anwendung bei Ihnen so skaliert, dass sie den vorgesehenen Bereich ohne Verzerrungen ausfüllt. Sie sehen also den gesamten freigegebenen Bereich. Diese Einstellung finden Sie unter **Optionen anzeigen • Zoomfaktor**. Sie heißt **Dem Fenster anpassen**.

Mitunter ist die Anzeige der Freigabe so klein, dass Sie den Inhalt nicht lesen können. Dieses Phänomen tritt übrigens häufig auf, wenn unterschiedliche Bildschirmauflösungen beim Freigeben und Betrachten eingesetzt werden. Sie müssen nicht panikartig Ihre Lupe suchen, sondern Sie können den Zoomfaktor einstellen. Dazu klicken Sie auf **Optionen anzeigen** und bewegen den Mauszeiger dann auf **Zoomfaktor**. Im Untermenü wählen Sie den gewünschten Faktor aus, z. B. **150%**.

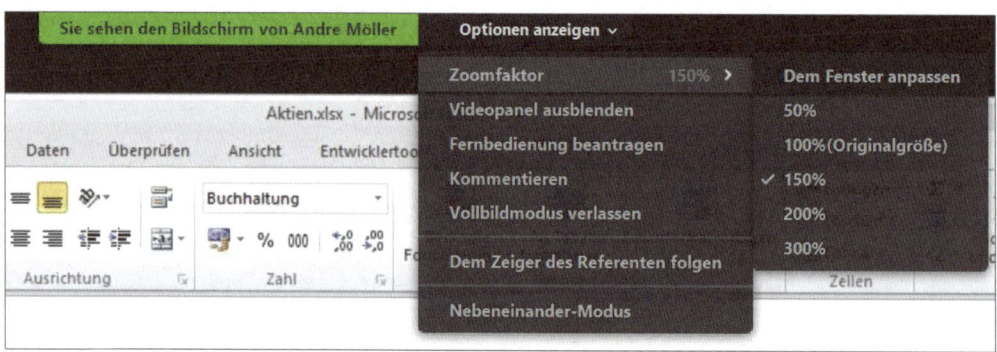

Abbildung 7.25 *Das Menü zum Einstellen des Zooms*

Nach einer Erhöhung der Zoomstufe kann normalerweise nicht mehr der gesamte freigegebene Bereich angezeigt werden. Wenn Sie nun den Mauszeiger auf das Fenster bewegen, wandelt er sich zu einer Hand mit weißem Handschuh. Mit gedrückter Maustaste können Sie den angezeigten Bereich der Freigabe hin und her schieben.

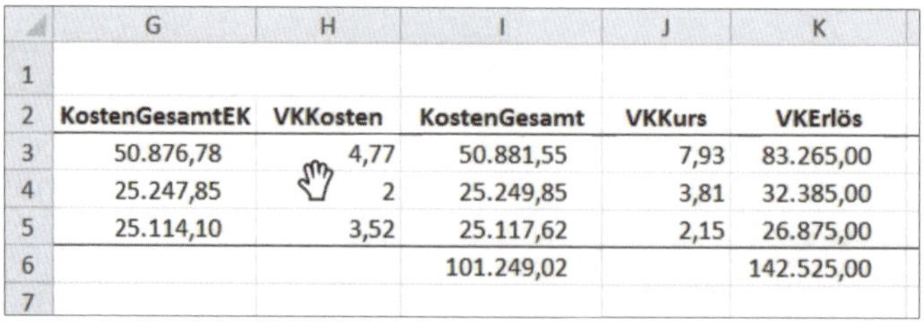

Abbildung 7.26 *Verschieben des angezeigten Bereichs*

Wie Sie sich denken können, ist das sehr praktisch, aber wenn der Referent häufig und schnell von einem Bereich der Freigabe zum anderen wechselt, verlieren Sie beim manuellen Verschieben unter Umständen den Anschluss und somit den Faden der Diskussion. Zoom hat eine Lösung in petto: Der bei Ihnen angezeigte Bereich kann automatisch dem Mauszeiger des Vorführenden folgen. Aktivieren Sie für diese Funktion die Option **Dem Zeiger des Referenten folgen** im Menü **Optionen anzeigen**.

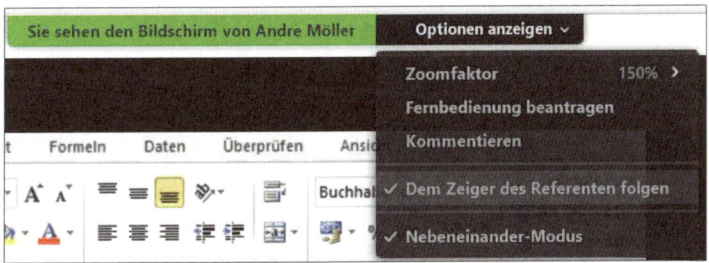

Abbildung 7.27 *Dem Vorführenden automatisch folgen*

Diese Funktion ist extrem hilfreich, wenn Sie den Zoomfaktor anpassen müssen, um Inhalte erkennen zu können. Leider lässt sich der Vorteil in Screenshots schlecht einfangen. Probieren Sie es einfach aus.

Sie sind am Zug: die Bearbeitung eines Dokuments übernehmen

In unseren bisherigen Beschreibungen sind wir davon ausgegangen, dass Sie bis auf die Annotationen – und vermutlich einzelne Wortbeiträge – mehr oder minder passiv am Meeting teilnehmen. In diesem Abschnitt wird die Ihnen zugedachte Rolle aktiver. Wir beschreiben, wie Sie ein von anderen Teilnehmern oder dem Host freigegebenes Dokument regelrecht bearbeiten. Dazu gehört, dass Sie die Steuerung erlangen und wieder abgeben.

Nach der Freigabe ist bei Ihnen wie bei allen Teilnehmer das freigegebene Dokument auf dem Bildschirm; und Sie können live beobachten, wie der Referent das Dokument bearbeitet. PowerPoint-Präsentationen werden sicherlich seltener bearbeitet, sondern meistens einfach vorgeführt.

Der Referent/Host kann jederzeit das Zepter aus der Hand geben und einem beliebigen Teilnehmer die Bearbeitung überlassen. Wenn Sie je nach Problemstellung das Opfer – oder auch der Glückliche – sind, passiert zunächst nicht viel auf Ihrem Bildschirm, außer dass Sie im oberen Bereich des Zoom-Fensters einen gelben Hinweis erhalten, der Ihnen mitteilt, dass Sie die Bildschirmsteuerung erhalten haben.

Abbildung 7.28 *Der Hinweis, dass Sie den Bildschirm des Hosts steuern dürfen*

Dadurch können Sie – in Abbildung 7.29 zeigen wir eine Excel-Tabelle – nicht nur in die Tabellenzellen hineinschreiben, sondern alle Funktionen der freigegebenen Anwendung nutzen. Die Stunde der Wahrheit ist also gekommen: Sie müssen vor Publikum Ihre Excel- und gegebenenfalls Ihre Mathekenntnisse beweisen!

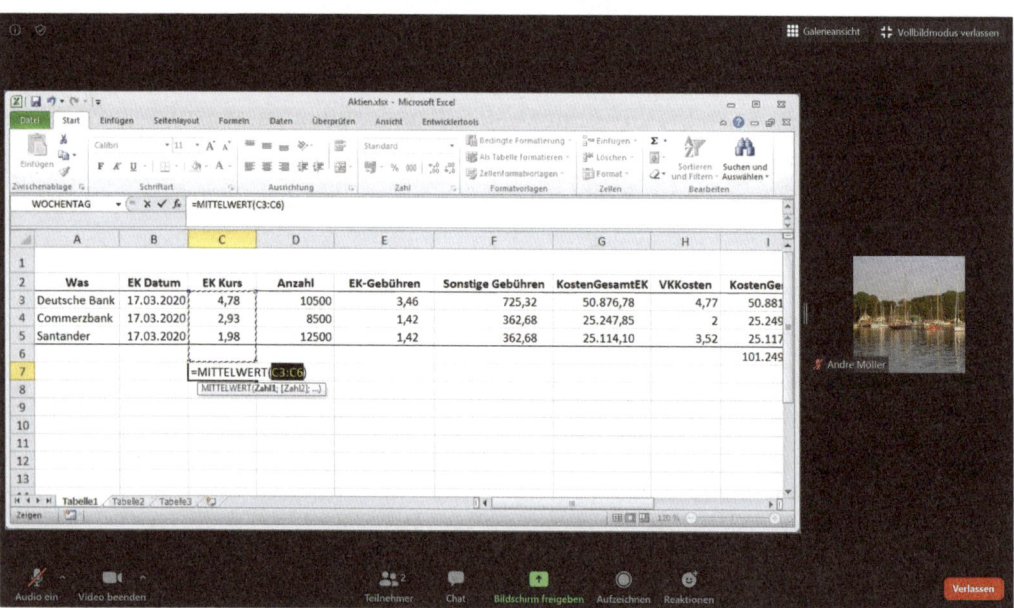

Abbildung 7.29 *Excel wird von Ihnen ferngesteuert.*

Auch der »Freigeber« kann das Dokument noch bearbeiten; und mitunter stören sich seine Aktionen mit denen, die Sie gerade durchführen. Der hüpfende Cursor kann ausnehmend verwirrend sein. Stimmen Sie sich also am besten ab, wer jeweils das Sagen hat und wer die Finger von Maus und Tastatur lässt.

Apropos Tastatur

Insbesondere für internationale Meetings ist das Feature gedacht, das Tastaturlayout des freigebenden Computers zu übernehmen. Auf diese Weise können Sie z. B. ansonsten schwer zugängliche Sonderzeichen der Kommunikationssprache einfach eingeben. Sie wechseln das Tastaturlayout im Menü der Schaltfläche **Optionen anzeigen**. Führen Sie den Mauszeiger auf **Tastaturlayout**, und wählen Sie dann im Untermenü die gewünschte Option.

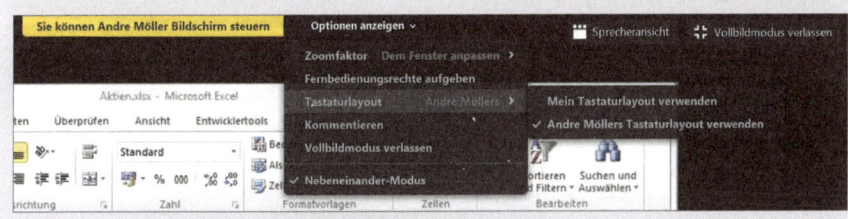

Abbildung 7.30 *Das Tastaturlayout ändern*

Wenn Sie das Ruder wieder aus der Hand geben wollen, finden Sie auch diesen Befehl im Menü der Schaltfläche **Optionen anzeigen**. Klicken Sie hier auf die Option **Fernbedienungsrechte aufgeben**.

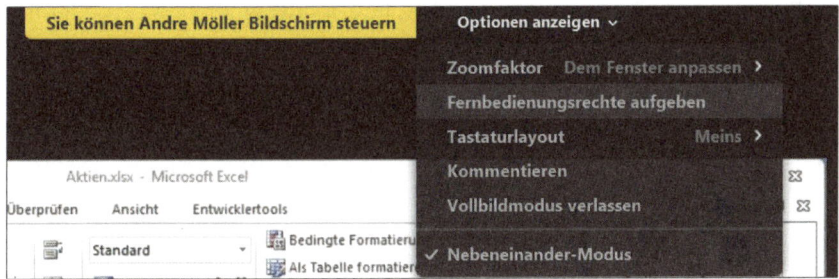

Abbildung 7.31 *Die Fernbedienung abgeben*

Wenn der Referent Ihnen die Fernsteuerung entzieht, sehen Sie dies nur daran, dass die Farbe des Hinweistextes wieder auf Grün springt und der Text nun **Sie sehen den Bildschirm von XY** lautet.

Abbildung 7.32 *Sie haben die Fernbedienung abgegeben.*

In der vorhergehenden Beschreibung hat der Referent Ihnen die Fernsteuerung – salopp gesagt – aufgedrängt. Sie mussten keine Aktion ausführen, um die Steuerung zu erhalten. Sie war einfach da. Falls der Referent nicht von sich aus auf die Idee kommt, dass Sie die nächsten Schritte besser können als er, dürfen Sie die Fernsteuerung auch beantragen. Den Befehl finden Sie im Menü der Schaltfläche **Optionen anzeigen** (Abbildung 7.33).

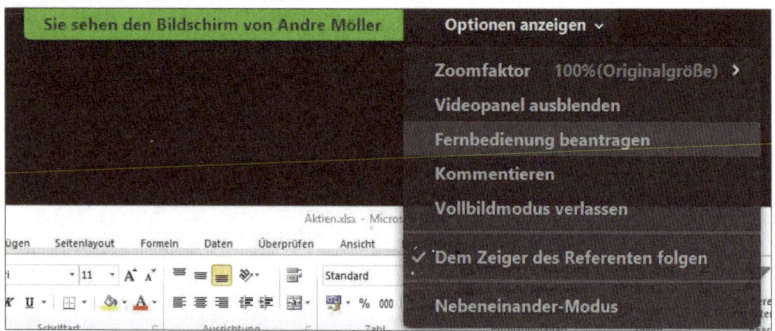

Abbildung 7.33 *Die Fernbedienung beantragen*

Im anschließenden Dialog klicken Sie auf die Schaltfläche **Anfrage**, um Ihre Bitte auf den Weg zu bringen (Abbildung 7.34). Der Referent erhält einen Hinweis, der ihm mitteilt, dass Sie sich um den Fortgang der Vorführung kümmern wollen. In diesem Dialog kann der Referent Ihrem Antrag zustimmen oder ihn ablehnen. Falls er zustimmt, erhalten Sie das Fernsteuerungsrecht ohne weiteren Hinweis. Lehnt er Ihr Anliegen ab, können Sie Ihre Bitte wiederholen (Abbildung 7.35), oder Sie können mit der Schaltfläche **Abbrechen** klein beigeben. Bleiben Sie hartnäckig, falls Sie das Ruder auf jeden Fall übernehmen möchten.

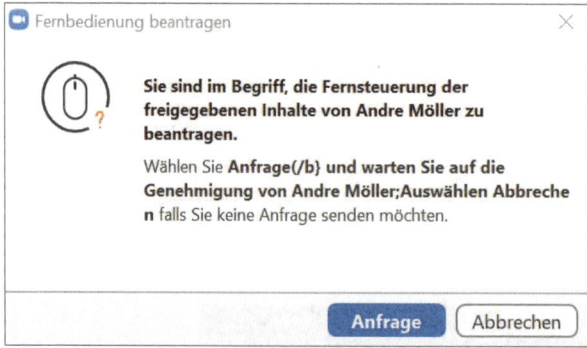

Abbildung 7.34 *Wollen Sie wirklich die Fernbedienung beantragen?*

Abbildung 7.35 *Ihr Antrag wurde abgelehnt.*

Ein weiteres Verfahren, das in Konferenzen häufig zur Übergabe von Bildschirminhalten von einem zum anderen verwendet wird, ist die Delegierung des Hostrechtes an andere Teilnehmer. Als neuer Host können Sie zwar Ihren Bildschirm bzw. ein entsprechendes Fenster freigeben und bearbeiten, aber mit dem Hostrecht wandert die gezeigte Datei natürlich noch nicht auf Ihren Rechner. Die Weitergabe des Hostrechts eignet sich gut dazu, die Leitung eines Meetings je nach Themengebiet auf verschiedene Schultern zu verteilen. Wie Sie dieses Feature nutzen, lesen Sie in Kapitel 9.

Kapitel 8
So präsentieren Sie Ihr Projekt

Auch wenn Sie nicht der Initiator des Meetings sind, kommt es oft vor, dass Sie als Teilnehmer die Aufgabe haben, ein Dokument zu präsentieren, oder dass Sie selbst die zu einem Projekt gehörenden Dokumente vorführen möchten. Somit müssen Sie also für einen bestimmten Zeitraum den Hut aufhaben. In Kapitel 7 haben wir beschrieben, wie Sie die Fernbedienung einer freigegebenen Datei übernehmen. Natürlich können Sie diesen Weg auch gehen, wenn Sie Ihre eigene Präsentation durchführen möchten. Dazu müssten Sie Ihre Datei an den Host schicken (auf klassischem Weg vor dem Meeting oder z. B. über den Dateientransfer, den Sie im Chatbereich von Zoom finden), und dieser muss die Präsentation dann starten, freigeben und Ihnen anschließend die Steuerung seines Bildschirms übergeben. Auf diese Weise können Sie dann Ihr Dokument zeigen und bearbeiten.

In diesem Kapitel beschreiben wir einen anderen Weg. Sie sind der Teilnehmer, der die Initiative ergreift und die Präsentation komplett in der Hand behält: Sie öffnen die betreffende Datei, geben dann Ihren Bildschirm frei und beginnen mit Ihrem Vortrag. Viele der dafür notwendigen und hilfreichen Features von Zoom haben wir bereits in Kapitel 7 zusammen mit dem Whiteboard und den freigegebenen Dokumenten beschrieben. Hier werden wir einige Grundlagen wieder aufnehmen, uns aber auf die Besonderheiten konzentrieren, die damit zusammenhängen, dass Sie Ihren Bildschirm freigeben. Schauen Sie also in Kapitel 7, falls Ihnen eine Beschreibung fehlt oder diese hier zu kurz kommt.

Auch für dieses Kapitel gilt, dass wir alle Features der Bildschirmfreigabe von Zoom beschreiben. Der Host kann aber einige dieser Features deaktivieren, z. B. die Bildschirmfreigabe für die Teilnehmer. Falls also die Bildschirmfreigabe oder einige Funktionen nicht vorhanden sind, wenden Sie sich an den Host des Meetings, damit er sie aktiviert.

Den eigenen Bildschirm freigeben

Sie sind jetzt also derjenige, der ein Anliegen hat. Sie möchten Ihren Mitstreitern im Meeting ein Dokument vorführen, es gegebenenfalls auch kommentieren und bearbeiten. Nehmen wir als Beispiel eine PowerPoint-Präsentation, die Sie mit Engagement und Ehrgeiz fertiggestellt haben. Die Teilnehmer des Meetings warten – hoffentlich gespannt – auf das Ergebnis. Sie sind am Zug.

Das Dokument, das Sie vorführen möchten, müssen Sie vorab geöffnet haben. Das ist wichtig. Außerdem darf der Host die Bildschirmfreigabe nicht gesperrt haben.

Abbildung 8.1 *Den Bildschirm freigeben*

Auf der Kontrollleiste klicken Sie auf **Bildschirm freigeben**.

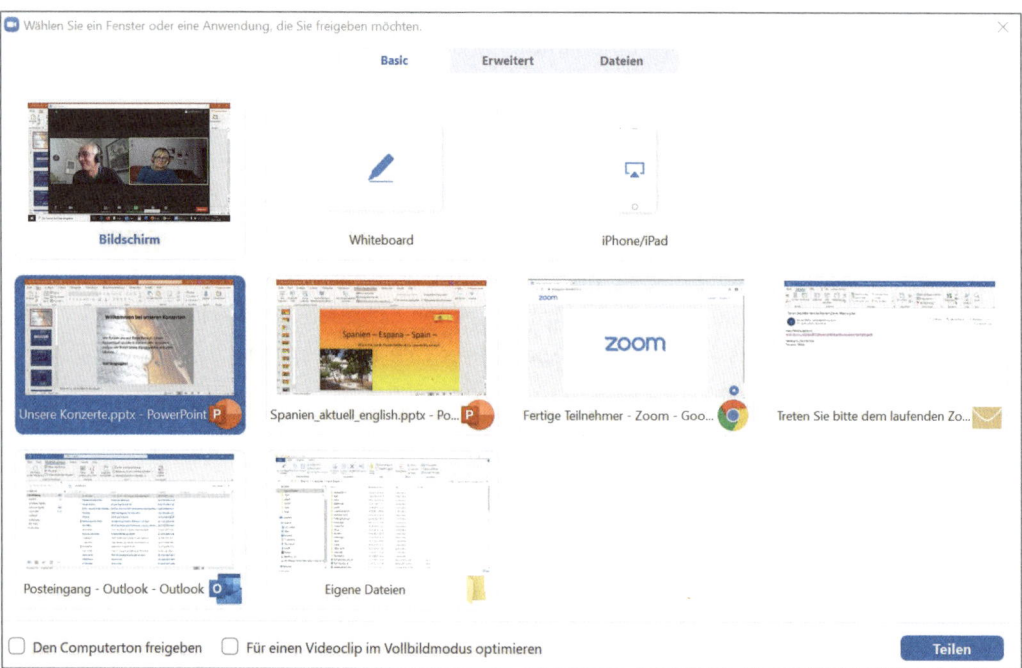

Abbildung 8.2 *Das freizugebende Fenster auswählen*

>
> **Zwei Monitore?**
> Grundsätzlich ist es bei einer Bildschirmfreigabe natürlich prima, wenn Ihnen als Präsentator zwei Monitore zur Verfügung stehen. Dann können Sie auf einem Monitor die Freigabe sehen – und damit das, was auch die anderen sehen –, und auf Ihrem zweiten Monitor können Sie Aktionen vornehmen, die nicht für die Augen der Zuschauer gedacht sind. Da zwei Monitore gerade im Homeoffice nicht unbedingt üblich sind, bezieht sich die Beschreibung auf die Arbeit mit einem einzigen Monitor.

Im folgenden Dialog wählen Sie aus, was Sie freigeben möchten. Hier finden Sie in der ersten Zeile auf der Registerkarte **Basic** das Whiteboard und alle Monitore, die an Ihren Rechner angeschlossen sind. In den folgenden Zeilen sind die geöffneten Fenster aufgelistet. Klicken Sie hier auf das gewünschte Fenster, z. B. auf das Fenster mit der PowerPoint-Präsentation.

Falls Ihre Präsentation Sound enthält, aktivieren Sie die Option **Den Computerton freigeben** unten links im Dialog. Hiermit wird die Soundausgabe Ihres Rechners und nicht nur Ihr Mikrofon an das Meeting weitergeleitet. Aber Achtung: Jeglicher »Krach«, den Sie entweder abspielen oder den Ihr Computer automatisch von sich gibt, z. B. Warntöne oder Erinnerungen, werden übertragen. Klicken Sie dann auf **Teilen** – die Bildschirmfreigabe beginnt.

>
> **Bildschirm oder Fenster freigeben?**
> Statt einer Anwendung bzw. eines Fensters lässt sich auch der gesamte Bildschirm freigeben. Bis auf wenige Ausnahmen empfehlen wir Ihnen in der Regel die Fensterfreigabe. So wird nur das ausgewählte Fenster übertragen. Falls Sie im Meeting bewusst oder versehentlich ein anderes Fenster öffnen, das sich über das freigegebene Fenster legt, bleibt dieses Fenster den anderen Teilnehmern verborgen. Und wenn Sie das freigegebene Fenster minimieren und so Ihr Desktop oder z. B. Ihre E-Mails zum Vorschein kommen, wird die Freigabe unterbrochen. Die anderen Teilnehmer sehen dann nur ein eingefrorenes Fenster (Ihr Fenster vor dem Minimieren), aber nicht Ihre privaten Mails.

Die Freigabe des gesamten Bildschirms bietet sich an, wenn Sie bei Ihrer Vorführung im Meeting auf wechselnde Anwendungen bzw. Fenster angewiesen sind. Nehmen wir an, Sie möchten die Eingabe von Daten in einer Bildschirmmaske zeigen und danach die Auswirkung der geänderten Daten auf den PDF-Gesamtbericht; in dem Fall wäre eine komplette Bildschirmfreigabe sinnvoll. Sie könnten die verschiedenen Fenster/Anwendungen nacheinander und abwechselnd öffnen und einblenden, ohne die Bildschirmfreigabe zu unterbrechen. Bei einer Fensterfreigabe müssten Sie die Freigabe jedes Mal beenden und mit dem anderen Fenster neu starten.

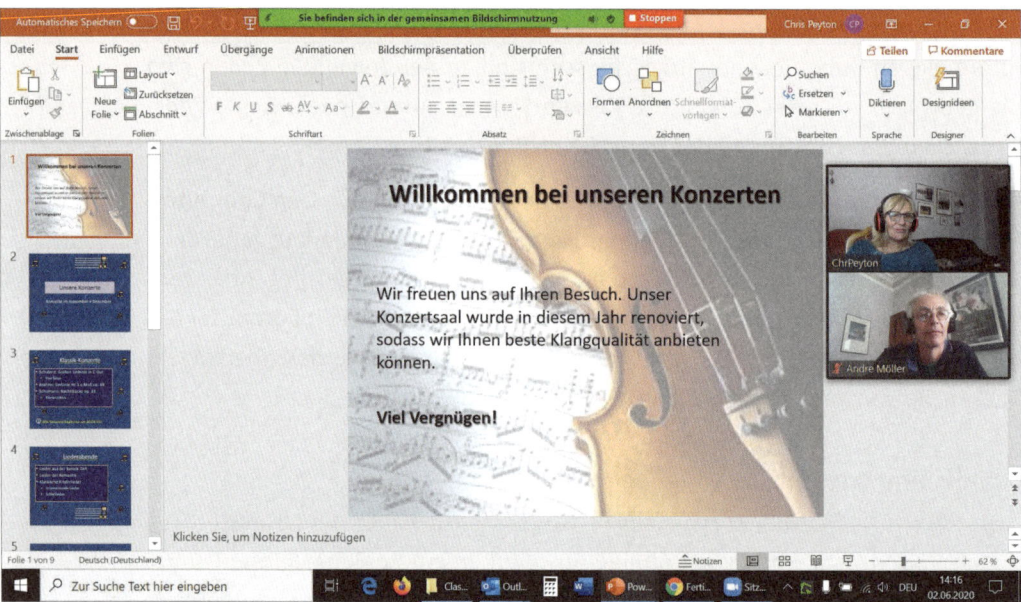

Abbildung 8.3 *Sie geben Ihren Bildschirm frei – hier mit einer PowerPoint-Präsentation.*

Zu erkennen ist die Freigabe an der grünen Leiste oben am Bildschirm mit dem Text **Sie befinden sich in der gemeinsamen Bildschirmnutzung**. Die Videos der Konferenzteilnehmer sind wieder in das Videopanel gerutscht. Falls Sie das Fenster der freigegebenen Anwendung nicht im Vollbildmodus geöffnet haben, wird es mit einem grünen Rahmen versehen. Die Kontrollleiste blenden Sie ein, indem Sie mit dem Mauszeiger auf den grünen Hinweis fahren. Die Kontrollleiste taucht dann oberhalb des Hinweises auf. Mit der roten Schaltfläche **Stoppen** beenden Sie die Freigabe (nicht das Meeting!)

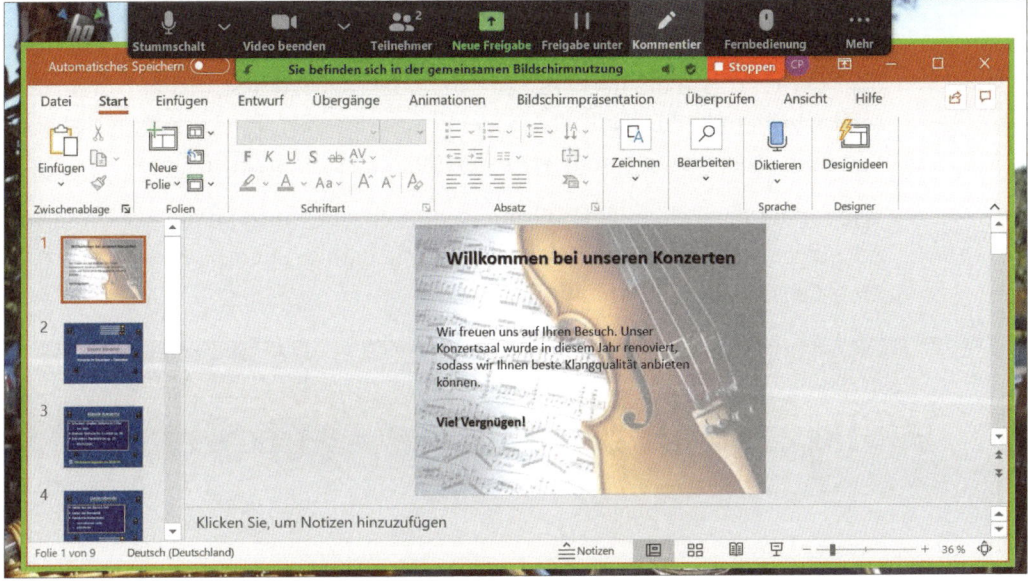

Abbildung 8.4 *Ein grüner Rahmen um das freigegebene Fenster*

Erfahrungsgemäß ist der Umgang mit der Bildschirmfreigabe etwas verwirrend, da eine Menge Elemente von Zoom über dem aktuellen Fenster eingeblendet werden und deshalb nicht alle Funktionen der freigegebenen Anwendung immer sichtbar und erreichbar sind. Daher beschreiben wir im nächsten Abschnitt, wie Sie den Bildschirm so einrichten, dass Sie bequem damit arbeiten können.

> **Videoclips optimieren**
> Die Option **Für einen Videoclip im Vollbildmodus optimieren** aktivieren Sie, wenn Sie genau das vorhaben, was die Option besagt. Mit dieser Option soll die Darstellung bei Videos verbessert werden; allerdings konnten wir auch bei mehreren Versuchen keinen signifikanten Unterschied feststellen.

Bildschirmelemente und Funktionen bei der Bildschirmfreigabe

Sie können die freigegebene Anwendung genauso »normal« bedienen wie sonst auch. Alle Änderungen und Bearbeitungen werden mit leichter Zeitverzögerung bei den anderen Teilnehmern angezeigt. Zum Beispiel können Sie wie üblich in einer PowerPoint-Bildschirmpräsentation mit einem Mausklick oder der Leertaste die nächste Seite bzw. den nächsten Schritt aufrufen. (Die Leertaste dient in diesem Fall also nicht dazu, das Mikrofon kurzzeitig ein- bzw. auszuschalten, was in einem normalen Meeting sehr praktisch ist).

Insbesondere bei einer Bildschirmpräsentation, aber auch beim Bearbeiten von z. B. Excel-Dateien ist die Kontrollleiste mit dem grünen Hinweistext oft im Weg, da sie wichtige Elemente verdeckt.

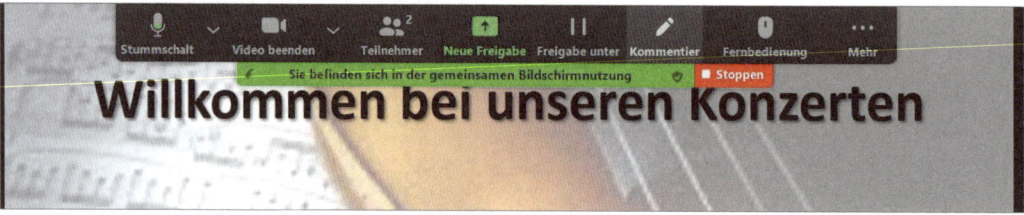

Abbildung 8.5 *Die Kontrollleiste oben am Bildschirmrand*

Sie können den Platz freiräumen, indem Sie die Kontrollleiste inklusive grünem Hinweistext komplett ausblenden. Klicken Sie dazu auf der Kontrollleiste auf **Mehr** und im Menü auf **Unfixierte Meeting-Kontrollleiste ausblenden**.

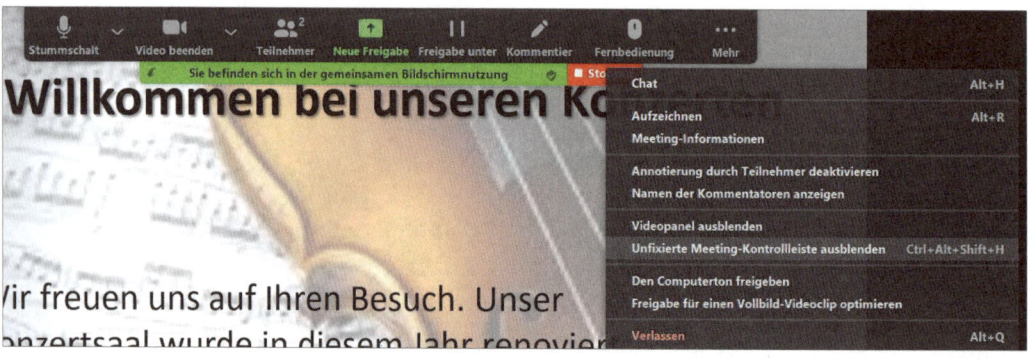

Abbildung 8.6 *Die Kontrollleiste ausblenden*

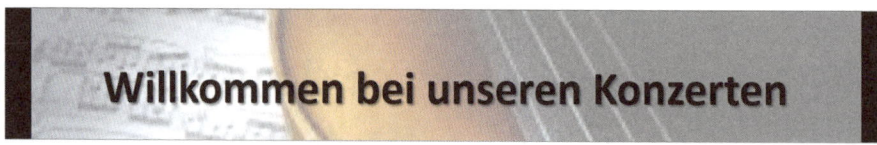

Abbildung 8.7 *Keine störende Kontrollleiste*

Um die Kontrollleiste wieder hervorzuzaubern, drücken Sie die [Esc]-Taste.

Falls Sie die Kontrollleiste nicht ganz ausblenden möchten, können Sie sie auch greifen und an einer anderen Stelle positionieren. Ziehen Sie sie einfach mit gedrückter Maustaste an die gewünschte Position. Während die Kontrollleiste wie üblich nach ein paar Sekündchen vom Bildschirm verschwindet, bleibt der grüne Hinweistext erhalten.

Abbildung 8.8 *Die Kontrollleiste mit der Maus verschieben*

Die grüne Leiste sagt Ihnen nicht nur, dass Sie sich in einer gemeinsamen Bildschirmnutzung befinden, sondern Sie entdecken hier auch je nach Einstellung ein paar kleine Symbole: Das Lautsprechersymbol **Sie geben den Computerton frei** signalisiert, dass jeder Sound Ihres PCs in der Konferenz zu hören ist. Und wenn Ihr Mikrofon ausgeschaltet ist, sehen Sie dort das durchgestrichene Mikrofon. Es ist also sinnvoll, hin und wieder einen kontrollierenden Blick auf diese Symbole bzw. die grüne Leiste zu werfen. Als Referent möchten Sie Ihr Mikrofon eingeschaltet haben, ein durchgestrichenes Mikrofon sollte hier also eigentlich nicht auftauchen.

Abbildung 8.9 *Wichtige Symbole im grünen Infobereich*

Sofern Sie das Lautsprechersymbol sehen, den Computerton aber gar nicht – oder nicht mehr – übertragen möchten, können Sie ihn während der laufenden Freigabe ausschalten. Klicken Sie dazu in der Kontrollleiste auf **Mehr**. Im Menü vor der Option **Den Computerton freigeben** ist ein Häkchen. Klicken Sie hier, um die Tonfreigabe auszuschalten. Auf diesen Weg können Sie den Computerton natürlich auch während der laufenden Freigabe einschalten, falls Sie die Option beim Start vergessen oder übersehen haben oder nicht sicher waren, ob Sie ihn brauchen.

Abbildung 8.10 *Die Tonfreigabe ausschalten*

Falls das Videopanel stört, können Sie es mit gedrückter Maustaste greifen und an eine andere Position befördern. Sie können aber auch den angezeigten Inhalt und damit die Größe des Panels verändern. Dafür sind die drei kleinen Symbole in der Titelleiste zuständig (bewegen Sie gegebenenfalls den Mauszeiger, um die Symbole hervorzulocken). Wir haben den Umgang mit diesen Symbolen bereits in Kapitel 7 beschrieben, hier noch mal zur Erinnerung: Wenn Sie auf das linke Symbol **Miniaturvideo ausblenden** klicken, bleibt nur der Name des aktuellen Sprechers auf einem kleinen schwarzen Balken übrig.

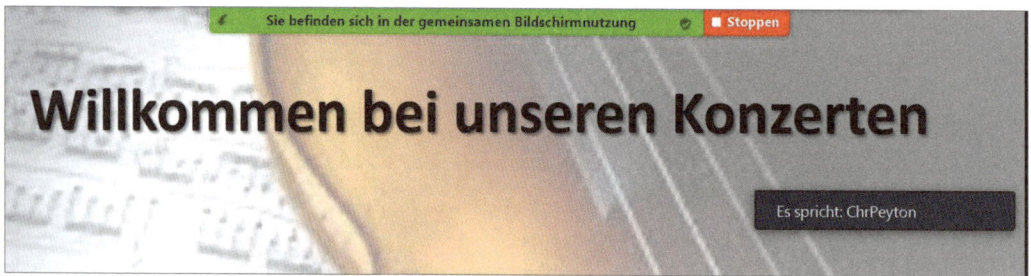

Abbildung 8.11 *Das Panel mit Sprechernamen*

Das mittlere Symbol in der Titelleiste des Panels **Kleines Sprechervideo anzeigen** bewirkt, was es verspricht. Nur das Video des aktuellen Sprechers wird eingeblendet (in der Abbildung ein Profilbild).

Abbildung 8.12 *Das Videopanel mit dem aktuellen Sprecher*

Das dritte und rechte Symbol **Miniatur Video anzeigen** blendet alle Teilnehmer-Videos im Panel ein.

Annotierungen während Ihrer Freigabe

Die Kommentarleiste kennen Sie bereits (zumindest, wenn Sie unseren Beschreibungen bisher gefolgt sind). Sie steht Ihnen zur Verfügung, wenn Sie als Teilnehmer aufgefordert werden, den im Whiteboard gezeigten Inhalt zu annotieren (beschrieben in Kapitel 7). Um die Kommentarleiste nun auch in dem von Ihnen freigegebenen Fenster einzublenden, klicken Sie in der Kontrollleiste auf den Eintrag **Kommentier**.

Abbildung 8.13 *Blenden Sie die Kommentarleiste ein.*

Die Kommentarleiste taucht auf; sie unterscheidet sich in manchen Punkten von der bisher genutzten, da Sie ja nun das Heft in der Hand haben. Im Klartext: Ihnen stehen ein paar mehr Funktionen zur Verfügung; sie dienen im Wesentlichen dazu, die Vorführung Ihrer Präsentation/Ihres Dokumentes ohne Einschränkungen steuern zu können.

Abbildung 8.14 *Die Kommentarleiste*

> **Neue Funktionen auf der Kommentarleiste**
> Wir beschreiben an dieser Stelle nur die Funktionen, die Ihnen neu zur Verfügung stehen. Den Umgang mit den anderen Symbolen haben wir in Kapitel 7 bereits erklärt. Blättern Sie gegebenenfalls zurück.

Werfen wir nun einen Blick darauf. In der jetzigen Rolle steht Ihnen ein Spotlight zur Verfügung, Sie haben das Recht, Zeichnungen/Kommentare zu löschen, und Sie können mit dem Symbol **Auswähle** Elemente auswählen, um sie nachträglich zu bearbeiten. Wenn Sie auf **Löschen** klicken, sehen Sie im Menü, dass Sie nun – als Referent, der die Freigabe gestartet hat – drei Optionen haben: **Alle Zeichnungen löschen**, **Meine Zeichnungen löschen** und **Zeichnungen der Zuschauer löschen**. Ausgewählte Elemente können Sie aber auch ohne Weiteres bequem mit der ⌈Entf⌉-Taste löschen.

Abbildung 8.15 *Sie dürfen löschen.*

Mit dem Symbol **Auswähle** markieren Sie Zeichenelemente, auch die, die ein anderer Teilnehmer eingefügt hat. In Ihrer jetzigen Rolle dürfen Sie solche Elemente nach Gusto bearbeiten, sie z. B. verschieben und an den Ziehpunkten mit gedrückter Maustaste in der Größe verändern. Genauso wie Formen und Linien markieren Sie mit **Auswähle** auch Textfelder. Um den Text, den jemand geschrieben hat, zu ändern oder zu ergänzen, klicken Sie doppelt in das Textfeld. Damit setzen Sie den Cursor in das Textfeld, und Sie können schreiben.

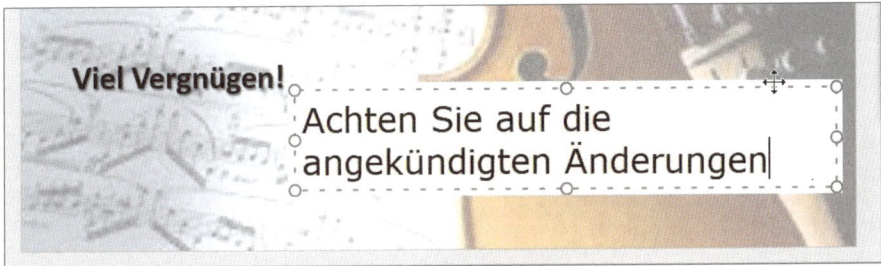

Abbildung 8.16 *Formen auswählen und Text bearbeiten*

Das **Spotlight** greifen Sie sich, um auf bestimmte Aussagen oder einen bestimmten Punkt im Dokument hinzuweisen (aber erwarten Sie nicht zu viel, es ist kein Spotlight, das einen Punkt in gleißendes Licht taucht). Im echten Leben hätten Sie stattdessen einen Laserpointer oder Ähnliches in der Hand.

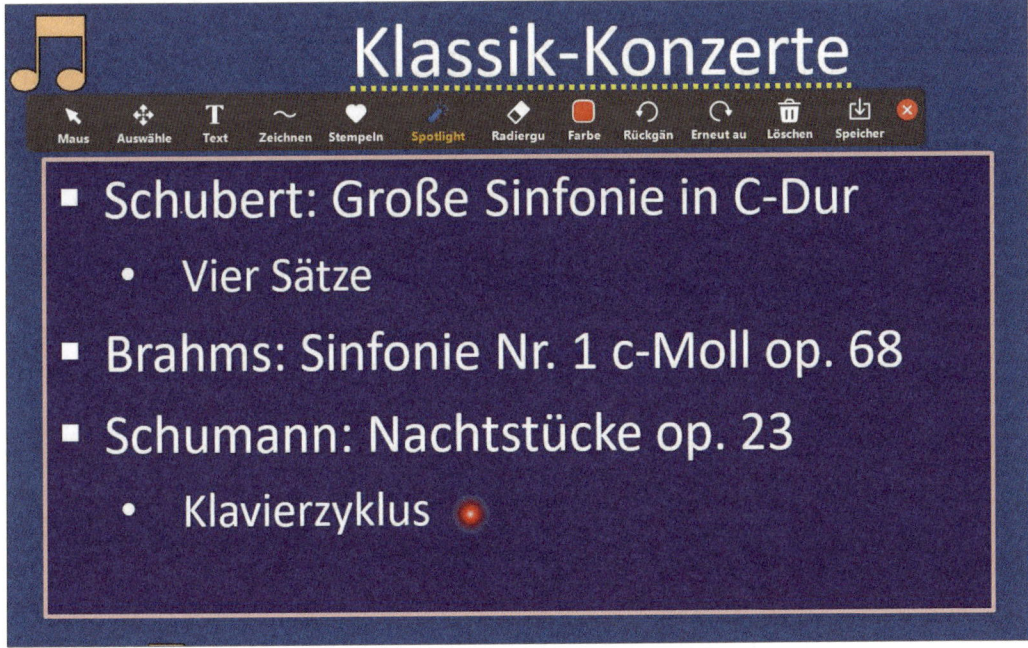

Abbildung 8.17 *Sie zeigen mit dem Spotlight auf »Klavierzyklus«.*

Wo ist der Pfeil

Den Pfeil zum Zeigen (beschrieben in Kapitel 7) finden Sie im Menü des Symbols **Spotlight**. Beim Pfeil haben Sie als Referent keine Sonderrechte. Wenn ein anderer Teilnehmer den Pfeil setzt, verschwindet Ihr Pfeil.

Allerdings zeigen Sie mit dem Spotlight nicht nur auf eine Stelle im Dokument, Sie setzen, wenn Sie klicken, damit auch den Cursor an diese Stelle, können also tippen. Das Spotlight bleibt Ihnen als Mauszeiger erhalten, und zwar so lange, bis Sie es deaktivieren. Dazu klicken Sie auf das Symbol **Maus** oder wählen ein anderes Symbol aus. Sofern Sie eine PowerPoint-Präsentation vorführen, ist das Spotlight natürlich nur ein Zeigegerät, da Sie in der PowerPoint-Bildschirmpräsentation ohnehin nicht schreiben können.

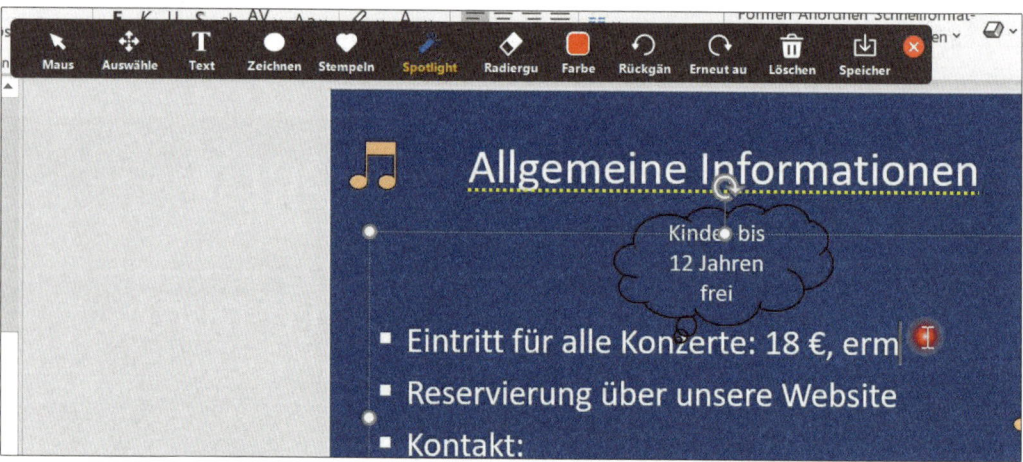

Abbildung 8.18 *Hier wurde mit dem Spotlight der Cursor neben »18 €« gesetzt.*

Wenn Sie Ihre Präsentation in aller Ruhe vorführen wollen – es also nicht um Kooperation am Projekt geht –, können Sie die Möglichkeit der Annotierung der anderen Teilnehmer unterbinden. Klicken Sie dazu auf der Kontrollleiste auf **Mehr** und im Menü auf **Annotierung durch Teilnehmer deaktivieren**. Um die Funktion wieder zu aktivieren, klicken Sie an gleicher Stelle auf **Teilnehmern das Annotieren erlauben**. Bei deaktivierter Annotation verschwinden die Kommentarleiste und die Option, sie einzublenden, von den Monitoren der anderen Teilnehmer.

Abbildung 8.19 *Die Annotierung verhindern*

Es ist unter Umständen gut zu wissen, von wem welche Annotierungen stammen. Dafür gibt es die Option **Namen der Kommentatoren anzeigen**, mit der bei jeder Annotierung ganz kurz der Name des Urhebers angezeigt wird. Sie aktivieren die Option im Menü **Mehr** der Kontrollleiste. An gleicher Stelle deaktivieren Sie diese Einstellung, dann heißt es hier: **Namen der Kommentatoren verbergen**.

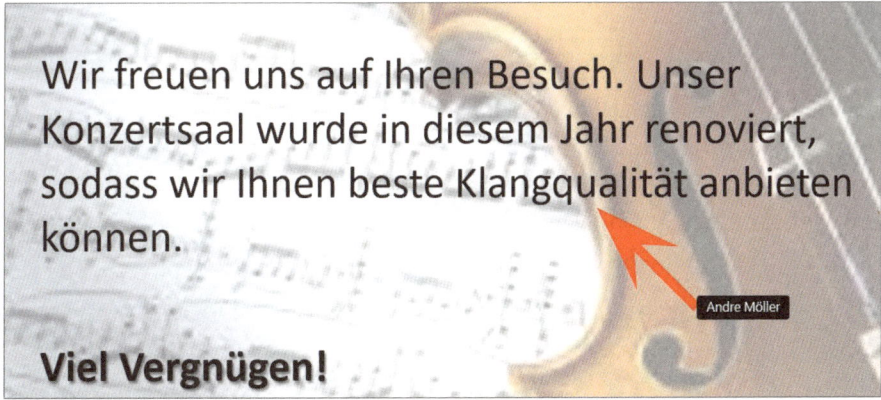

Abbildung 8.20 *Der Name des Kommentators wird kurzfristig angezeigt.*

Sie sehen also: Als derjenige, der die Freigabe gestartet und sein Dokument geteilt hat, haben Sie eine Menge Interventionsmöglichkeiten; Sie halten den Ball in der Hand, aber halten Sie ihn flach, um Ihre Kollegen nicht zu verärgern. Sie brauchen sie noch!

Wenn die Annotierungen für die Nachwelt oder die Nacharbeiten erhalten bleiben sollen, ist es Ihre Sache, als Präsentator daran zu denken, rechtzeitig und oft zu speichern. Erinnern Sie sich an Kapitel 7; wir hatten darauf hingewiesen, dass Pfeile und Hinweise bei Änderungen des Bildschirmausschnitts an die falsche Stelle rutschen. Da Sie derjenige sind, der die jeweilige Anzeige verändert, sollten Sie also auch daran denken, die Kommentare/Annotierungen zu speichern, bevor sie ins Nirwana zeigen. Klicken Sie zum Speichern auf das Symbol **Speicher**.

Die Bildschirmsteuerung pausieren, abgeben und zurückholen

Als Erstes sei angemerkt, dass Sie die Freigabe unterbrechen können. Das ist natürlich eine gute Nachricht, denn es gibt viele denkbare Situationen, in denen Sie kurz mal aussteigen möchten. Um die Freigabe zu unterbrechen, klicken Sie in der Kontrollleiste auf **Freigabe unter** (unterbrechen).

Abbildung 8.21 *Die Freigabe unterbrechen*

Daraufhin wird in einer gelben Leiste der Hinweis **Ihr Screen-Sharing wurde unterbrochen** eingeblendet, und das Symbol, das eben noch **Freigabe unter** hieß, heißt nun **Freigabe wied** (wieder aufnehmen).

Abbildung 8.22 *Die Freigabe wurde angehalten.*

Genau das macht das Symbol: Die Freigabe wird fortgesetzt.

Während Sie die Freigabe unterbrechen – das Symbol erinnert nicht umsonst an die Pause-Taste am guten alten Videorekorder – bleibt bei Ihren Zuschauern das letzte Bild stehen.

Unabhängig von einer Unterbrechung können Sie die Steuerung der Freigabe auch an einen Mitstreiter übergeben. Die Gründe dafür können vielfältig sein. Vielleicht bleibt Ihnen urplötzlich die Stimme weg, oder vielleicht kann ein Kollege einen Aspekt besonders gut erklären, vielleicht wünschen Sie sich eine Änderung, die ein bestimmter Meeting-Teilnehmer vornehmen soll – was es auch sei, klicken Sie zur Übergabe auf der Kontrollleiste auf **Fernbedienung** und im Menü auf **Maus-/Keyboardsteuerung abgeben an: Name des Teilnehmers**.

Abbildung 8.23 *Die Fernbedienung einschalten*

Anschließend ist das Symbol **Fernbedienung** mit **Ferngesteuert** beschriftet, und im grünen Hinweisbereich steht **Teilnehmer XY steuert Ihren Bildschirm** bzw. die Mitteilung, dass Sie darauf warten.

Abbildung 8.24 *Ihr Bildschirm wird ferngesteuert.*

Lassen Sie nun am besten Ihre Finger von der Maus und Tastatur, da jede Ihrer Aktionen die Fernsteuerung beeinflussen kann. Dies ist nicht nur für Sie, sondern auch für den temporären Steuermann sehr verwirrend. Dieser kann nun alle Aktionen und Befehle ausführen, die im freigegebenen Fenster möglich sind.

Um wieder zu Ihrer Rolle als Referent zurückzukehren, gibt es zwei Wege: Sie holen sich die Steuerung wieder, oder der temporäre Akteur reicht sie Ihnen zurück. Wenn er dies tut (er klickt auf der Kontrollleiste auf **Mehr** und dann auf **Fernbedienungsrechte aufgeben**), passiert im Prinzip nicht viel, aber Sie sehen, dass Ihre Kontrollleiste wieder so aussieht wie zuvor: Das Symbol heißt erneut **Fernbedienung**, und auf der grünen Leiste lesen Sie wieder **Sie befinden sich in der gemeinsamen Bildschirmnutzung**.

Wenn Sie sich die Steuerung zurückholen möchten, klicken Sie auf der Kontrollleiste auf das Symbol **Ferngesteuert** und dann im Menü auf **Steuerung abbrechen**.

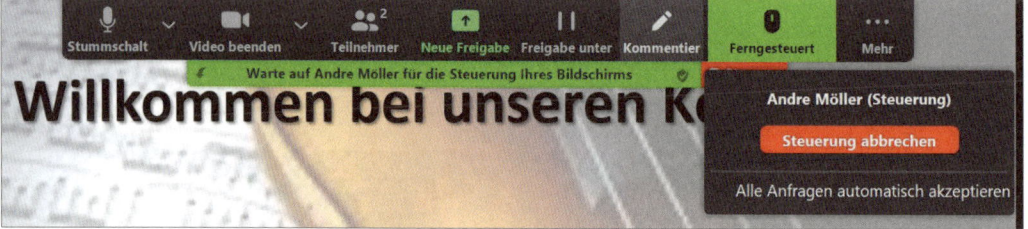

Abbildung 8.25 *Die Fernsteuerung beenden*

Ihre Kollegen müssen nicht unbedingt geduldig darauf warten, die Steuerung von Ihnen überreicht zu bekommen. Jeder Teilnehmer der Konferenz kann die Fernbedienung auch beantragen. Hierzu ist kein Antrag auf Erteilung eines Antragsformulars notwendig, sondern es reichen zwei Mausklicks (siehe Kapitel 7). Auf Ihrem Bildschirm wird bei einem solchen Antrag ein Dialog eingeblendet: Sie können dem Wunsch stattgeben oder ihn ablehnen. Der Antragssteller erhält bei einer Ablehnung einen Hinweisdialog oder ansonsten direkt die Fernsteuerung.

Abbildung 8.26 *Ein Antrag auf Fernsteuerung*

Mehrere Bildschirmfreigaben gleichzeitig

Sofern der Host es gestattet, können mehrere Teilnehmer ihren Bildschirm oder ein Fenster gleichzeitig freigeben. Das heißt: Selbst wenn eine Person bereits einen Bildschirm freigibt, kann ein anderer Teilnehmer die Freigabe beginnen. Die anderen, also diejenigen, die keine Freigabe gestartet haben, können dann auswählen, welches freigegebene Fenster sie anschauen möchten. Die Auswahl haben Sie im Menü der Schaltfläche **Optionen anzeigen** im Bereich **Freigegebene Bildschirme**. Normalerweise sehen Sie immer die letzte Freigabe.

Abbildung 8.27 *Sie wählen, welche Freigabe Sie sehen möchten.*

Wenn Sie zwei Monitore verwenden, zeigt Zoom eine Freigabe je Monitor, wobei die neueste Freigabe eine vorhandene ersetzt. Voraussetzung hierfür ist, dass Sie die Option **Doppelmonitore verwenden aktiviert** haben. Sie aktivieren diese Option im Dialog **Einstellungen** im Bereich **Allgemein**. (Zur Erinnerung: Die Optionen rufen Sie auf, indem Sie auf das kleine grüne Symbol, das wie ein Schild aussieht, klicken.)

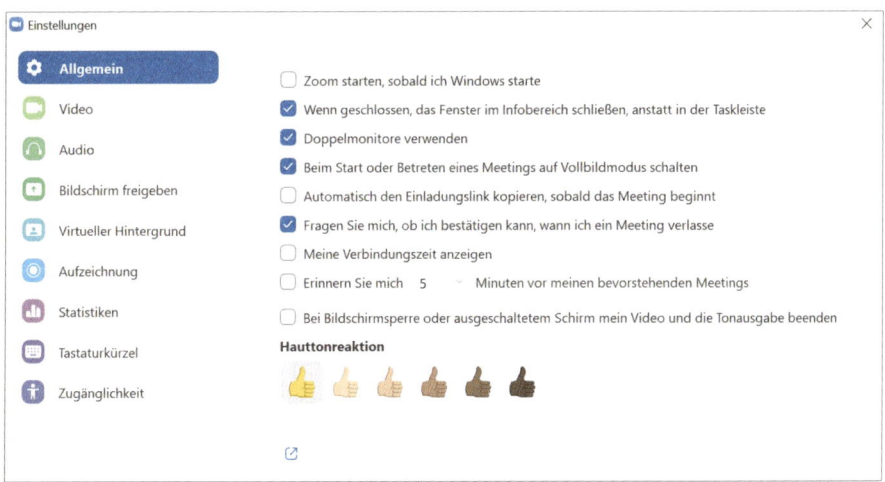

Abbildung 8.28 *Doppelmonitore aktivieren*

Falls Sie einer der Teilnehmer sind, der eine Freigabe gestartet hat, können Sie nicht zu den anderen freigegebenen Fenstern wechseln. Sie werden die Schaltfläche **Optionen anzeigen** vergeblich suchen. Stattdessen sehen Sie lediglich **Stoppen** zum Beenden der Freigabe.

So wird's professionell: eine PowerPoint-Bildschirmpräsentation

Nachdem wir die grundsätzlichen Funktionen und Handgriffe bei der Bildschirmfreigabe beschrieben haben, wollen wir nun in ein praktisches Beispiel einsteigen. Es geht um die formvollendete Vorstellung einer PowerPoint-Präsentation, die reibungslos und ohne Störung abläuft.

Spotlight oder Laserpointer

Bei einer freigegebenen PowerPoint-Bildschirmpräsentation haben Sie die Qual der Wahl, ob Sie die hauseigenen PowerPoint-Mittel verwenden, um auf einer Folie zu zeichnen oder um auf etwas hinzuweisen, oder ob Sie auf die Annotierungswerkzeuge von Zoom zurückgreifen. Wenn Ihre Zuschauer Ihre Präsentation kommentieren sollen oder wollen, bleiben Ihnen ohnehin nur die Zoom-Tools der Kommentarleiste; nutzen Sie diese dann am besten auch. Und wenn Sie zum Spotlight von Zoom statt zum Laserpointer von PowerPoint greifen, ersparen Sie Ihren Zuschauern das Menü, das Sie brauchen, um den Laserpointer aufzurufen.

Sie sind also wieder einmal der Referent, der in einem Zoom-Meeting sein Projekt in Form einer PowerPoint-Präsentation vorführt. Die erste Aufgabe besteht darin, sich vor dem Meeting die PowerPoint-Datei erneut zur Brust zu nehmen, auch dann, wenn sie Ihrer Meinung nach eigentlich fertig ist. Ein Probedurchlauf ist selbstverständlich, aber es kann auch nicht schaden, mit einem Kollegen die Präsentation einmal als Freigabe in Zoom durchzuspielen, damit Sie noch einmal genauer prüfen, was auf dem anderen Bildschirm (gut) zu sehen ist und was nicht. Übergänge und vor allem einzelne Animationen z. B. ruckeln und zittern ein wenig – nicht so sichtbar, dass alle Animationen rausfliegen sollten, aber vielleicht ist die eine oder andere ohnehin überflüssig.

Andere Fenster können stören

Wenn Sie während der Freigabe/Präsentation andere Fenster öffnen, die sich über das freigegebene Fenster legen, führt dies mitunter dazu, dass die Fenster bei den anderen Zuschauern ganz kurz auf der Präsentation aufblitzen. Schon das Einblenden der Taskleiste bewirkt ein Ruckeln der freigegebenen Präsentation. Wenn es also nicht unbedingt notwendig ist, sollten Sie solche Aktionen als Präsentator unterlassen.

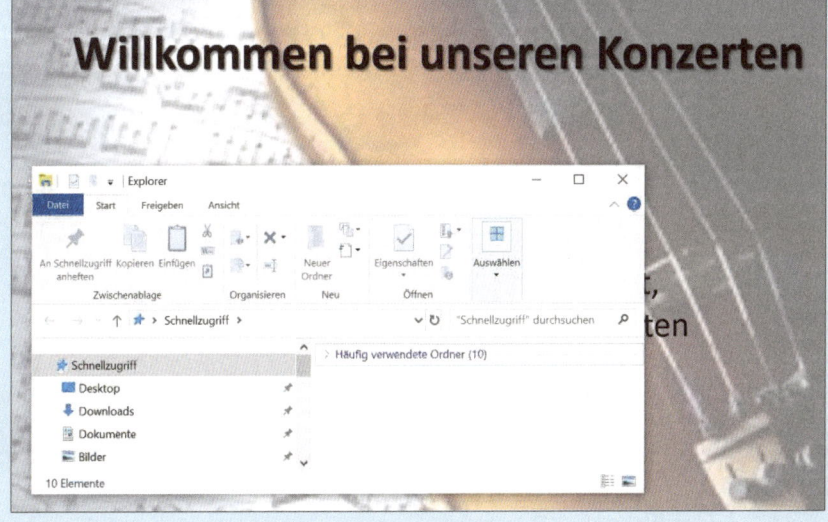

Abbildung 8.29 *Ein Fenster blitzt kurz in der Präsentation auf.*

Um Ihre Präsentation im Meeting zu zeigen, können Sie auf zwei unterschiedlichen Wegen loslegen; beide haben Vor- und Nachteile.

Der erste Weg beschreibt, wie Sie Ihren Vortrag im Meeting direkt mit der Bildschirmpräsentation beginnen, also so, dass die Zuschauer die PowerPoint-Datei in der normalen Arbeitsansicht gar nicht erst sehen.

Sie öffnen die PowerPoint-Datei und wechseln – vermutlich mit der ersten Folie – in die Bildschirmpräsentation, die naturgemäß den ganzen Bildschirm ausfüllt. Nun drücken Sie auf Ihrer Tastatur die ⊞-Taste, um die Taskleiste einzublenden, damit Sie das Zoom-Fenster aktivieren können. Dann starten Sie die Freigabe. Hier müssen Sie darauf achten, dass Sie das Fenster mit der Bildschirmpräsentation auswählen und nicht das Fenster mit der PowerPoint-Datei.

Kapitel 8   So präsentieren Sie Ihr Projekt

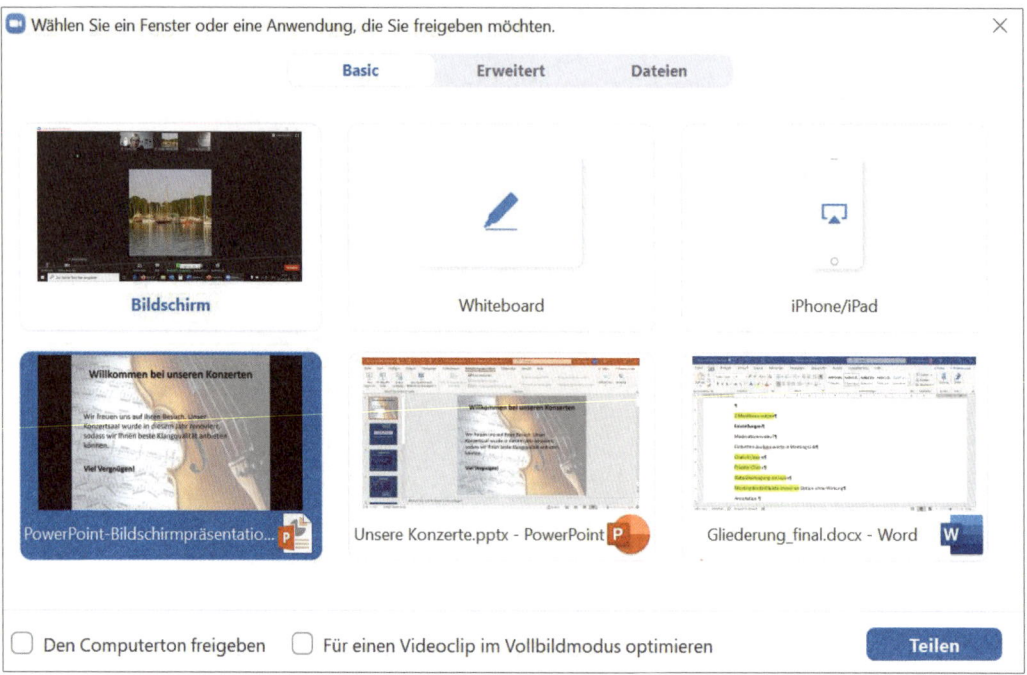

Abbildung 8.30 *Auswahl der PowerPoint-Bildschirmpräsentation für die Freigabe*

Dieser an sich elegante Weg hat den Haken, dass die Freigabe automatisch gestoppt wird, sobald Sie die Bildschirmpräsentation mit der Esc -Taste unterbrechen, um beispielsweise – vielleicht auf Anregung eines Zuschauers – auf einer Folie eine Änderung vorzunehmen. Sie müssen dann eine neue Freigabe starten, um mit der Präsentation fortfahren zu können.

Der zweite Weg beginnt genauso, aber Sie starten die Freigabe in Zoom, bevor Sie in PowerPoint in die Bildschirmpräsentation wechseln. Sie wählen also das Fenster mit der Datei aus – in dem Fall gibt es ja nur eines –, und dann rufen Sie möglichst schnell die Bildschirmpräsentation auf.

Die Bildschirmpräsentation blitzschnell aufrufen

Denken Sie an das Symbol **Bildschirmpräsentation** in der Statusleiste. Das geht schneller als der Wechsel zur Registerkarte **Bildschirmpräsentation**, aber achten Sie darauf, dass die erste Folie markiert ist, denn das Symbol beginnt die Präsentation ab der aktuellen Folie. Blitzschnell starten Sie die Bildschirmpräsentation mit F5 , und zwar ab der ersten Folie.

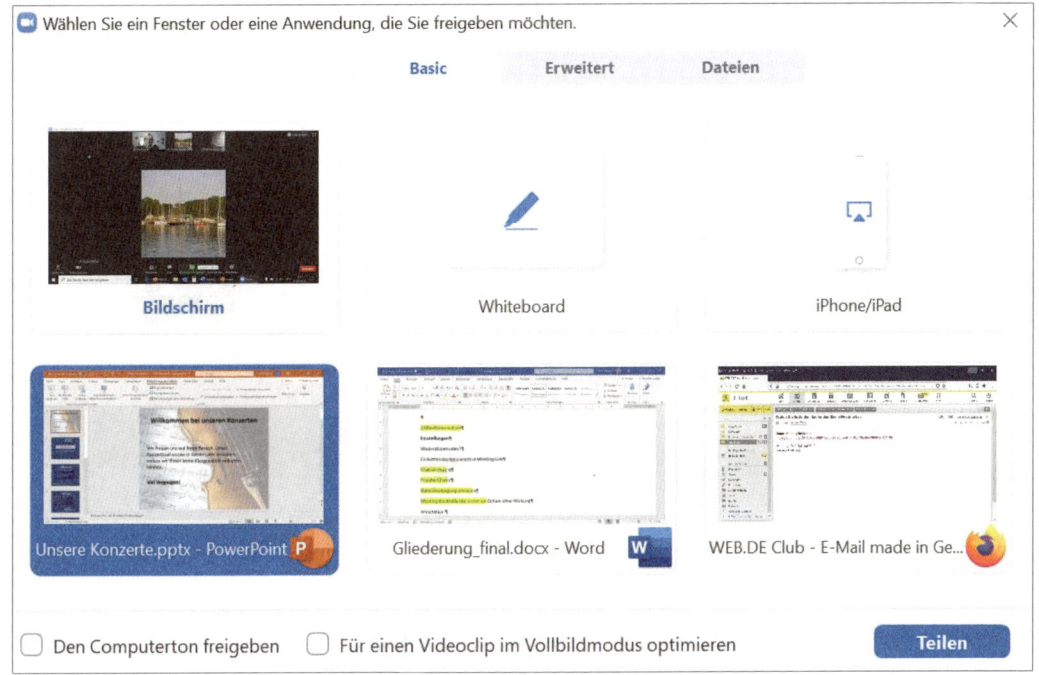

Abbildung 8.31 *Auswahl der PowerPoint-Datei für die Freigabe*

Der Nachteil des zweiten Weges liegt auf der Hand: Die Zuschauer sehen zu Beginn der Freigabe zunächst Ihre PowerPoint-Datei in der normalen Arbeitsansicht und können verfolgen, wie Sie die Bildschirmpräsentation aufrufen. (Vielleicht irren Sie ein wenig mit der Maus umher, was unter Umständen – es kommt auf den Kontext des Meetings an – etwas unprofessionell wirkt!).

Der Vorteil: Sie können problemlos während der Präsentation in die Arbeitsansicht wechseln und eventuell Änderungen oder Korrekturen vornehmen. Dadurch erfolgt – anders als beim ersten Weg – kein automatischer Abbruch der Bildschirmfreigabe, da Sie ja die PowerPoint-Datei und nicht die Bildschirmpräsentation freigegeben haben.

Denken Sie bei beiden Wegen daran, dass Sie den Computerton mit freigeben, wenn Sie Soundeffekte in Ihrer Bildschirmpräsentation einsetzen. Falls Sie diese Option beim Starten der Freigabe vergessen haben, können Sie den Ton nachträglich während der Freigabe einschalten (Auf der Kontrollleiste über **Mehr • Den Computerton freigeben**).

Wenn Präsentationen zu Ihrem täglichen Brot gehören, sind Sie es vermutlich gewohnt, in einer Präsentation mit der Referentenansicht zu arbeiten, also mit jener Ansicht, die den Zuschauern auf dem Beamer die Bildschirmpräsentation im Vollbildmodus zeigt, während Sie auf Ihrem eigenen Monitor eine Art Sprecheransicht sehen, mit einer Vorschau auf die nächsten Folien, dem Notizbereich und weiteren Elementen zum Steuern der Präsentation.

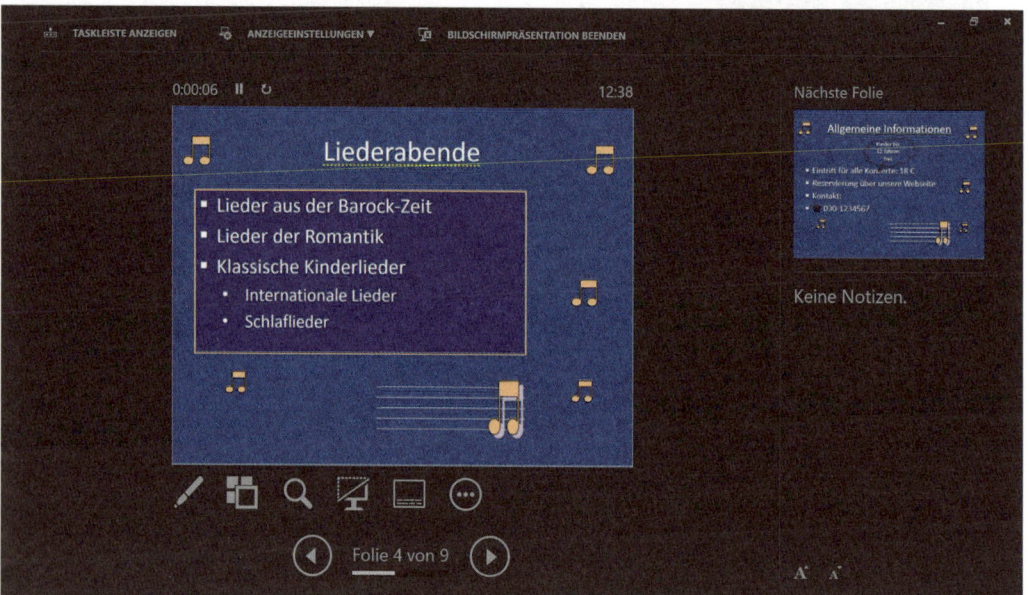

Abbildung 8.32 *Die Referentenansicht der PowerPoint-Präsentation*

Auch wenn Sie nun im Homeoffice keinen zweiten Monitor zur Verfügung haben, sondern einfach nur Ihren Laptop, können Sie die praktische Referentenansicht nutzen, und zwar aus einem einfachen Grund: Über die Freigabe wird nur die normale Bildschirmpräsentation im Vollbildmodus übertragen. So können Sie selbst die Vorteile der Referentenansicht nutzen.

Allerdings gibt es auch hier eine Schattenseite: Die QuickInfos und Menüs der Referentenansicht erscheinen wie aus dem Nichts zusammenhanglos auf dem übertragenen Bild. (Wir haben es auch mit der Deaktivierung der QuickInfos in den Optionen von PowerPoint probiert, aber ohne Erfolg; die QuickInfos der Steuersymbole am unteren Rand der Präsentation erschienen trotzdem.)

So wird's professionell: eine PowerPoint-Bildschirmpräsentation

Abbildung 8.33 *Die QuickInfo in Ihrer Referentenansicht*

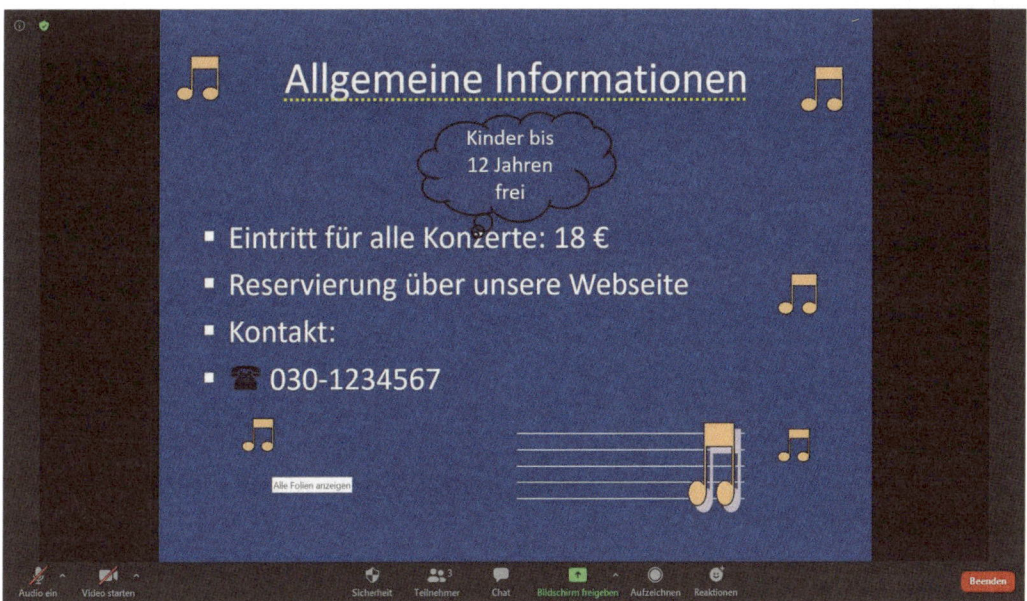

Abbildung 8.34 *Die QuickInfo bei Ihren Zuschauern*

Kapitel 8 So präsentieren Sie Ihr Projekt

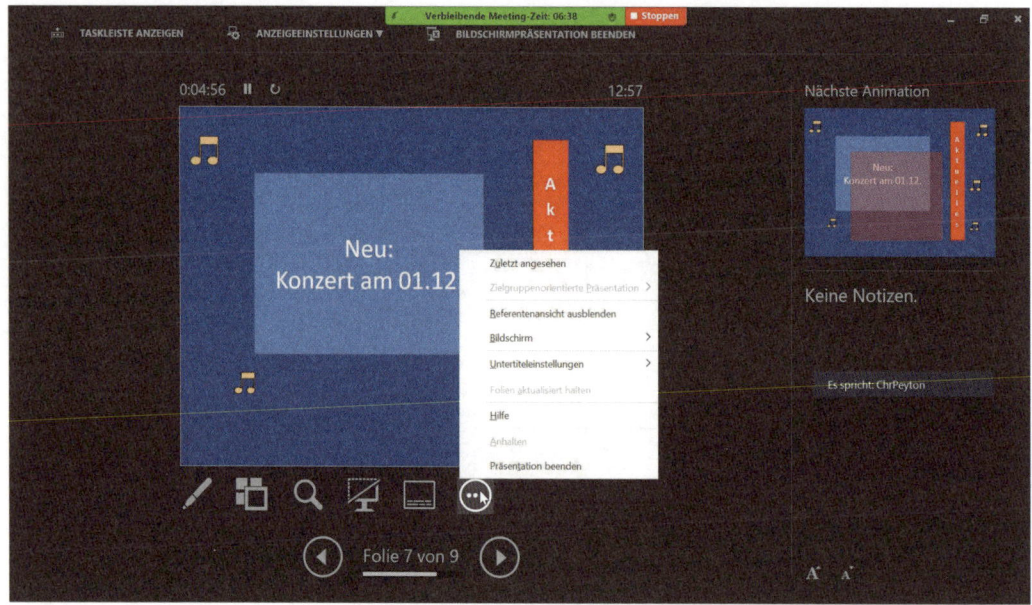

Abbildung 8.35 *Das Kontextmenü bei Ihnen*

Abbildung 8.36 *Das Kontextmenü bei Ihren Zuschauern*

Und wichtig zu wissen ist, dass nur der oben beschriebene zweite Weg zum Starten der Freigabe funktioniert, um die Referentenansicht zu nutzen. Sie müssen also erst die Freigabe mit der normalen PowerPoint-Datei starten, danach in die Bildschirmpräsentation wechseln und dann über das Kontextmenü oder das entsprechende Steuersymbol die Referentenansicht öffnen. Würden Sie dem ersten Weg folgen – also direkt die Bildschirmpräsentation freigeben –, würde die Referentenansicht an die Teilnehmer übertragen werden. Das ist nicht Sinn der Sache (es sei denn, Sie präsentieren, um gemeinsam mit den Kollegen an der Präsentation zu arbeiten).

Nun zur professionellsten Variante: Sie haben auch im Homeoffice mehrere Monitore zur Verfügung. Prima. Ihr Weg ist dann der folgende:

Sie öffnen die PowerPoint-Datei, wechseln in die Bildschirmpräsentation und rufen dann die Referentenansicht auf. Anschließend geben Sie das Fenster mit der Bildschirmpräsentation frei. Die Teilnehmer sehen auf ihren Bildschirmen Ihre schicke Präsentation. Sie selbst sehen auf dem einen Monitor auch Ihre Präsentation und können auf dem zweiten Monitor die Elemente und Vorteile der Referentenansicht nutzen, haben also die Folienvorschau, können alle Folien in der Folienübersicht einblenden, bequem navigieren, zum Stift greifen, mit der Lupe Ausschnitte vergrößern etc. Die Zuschauer sehen auf ihren Bildschirmen nur die jeweils gewollten Auswirkungen.

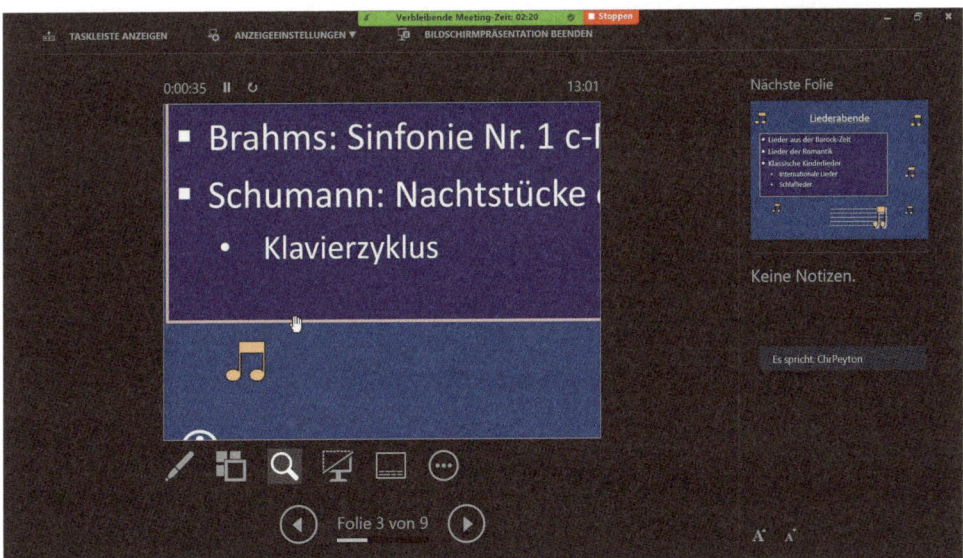

Abbildung 8.37 *Die Lupe bei Ihnen als Referent*

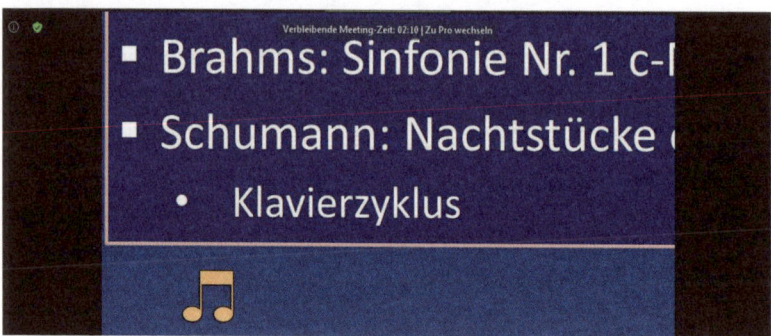

Abbildung 8.38 *Der Effekt der Lupe beim Zuschauer*

Wenn Sie in diesem Setting (zwei Monitore + Referentenmodus + Freigabe des Präsentationsfensters) während der laufenden Präsentation eine Folie bearbeiten wollen, blenden Sie mit der Schaltfläche **Taskleiste anzeigen** in der Referentenansicht die Taskleiste ein und wählen dann das Fenster der PowerPoint-Datei aus. Im PowerPoint-Fenster nehmen Sie die Bearbeitung/Korrektur vor, und dann rufen Sie über die Taskleiste wieder die Referentenansicht auf. Alle diese Schritte bleiben Ihren Zuschauern verborgen.

Abbildung 8.39 *Aus der Referentenansicht die Taskleiste aufrufen*

PowerPoint kann Untertitel

PowerPoint im Office-365-Verbund kann das gesprochene Wort direkt als Untertitel ausgeben und gegebenenfalls sogar simultan übersetzen. Die Ergebnisse sind bei deutlicher Aussprache erstaunlich gut. In der Referentenansicht klicken Sie auf das Symbol **Untertitel umschalten**. Die Spracheinstellungen nehmen Sie zuvor auf der Registerkarte **Bildschirmpräsentationen** in PowerPoint vor.

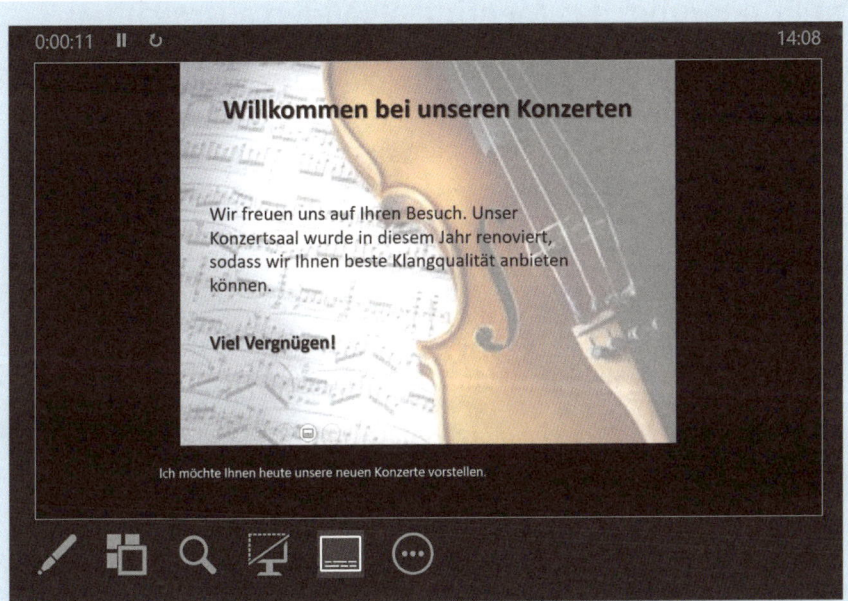

Abbildung 8.40 *Der deutsche, per Spracherkennung generierte Untertitel*

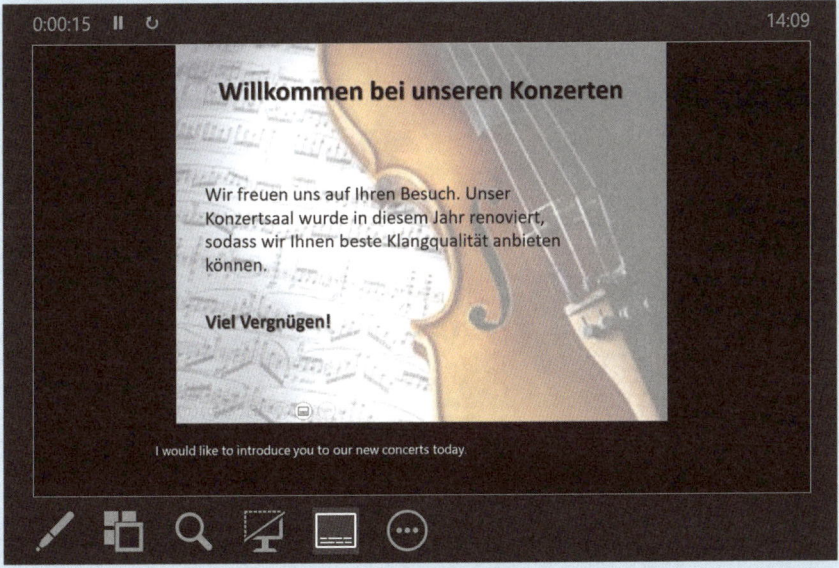

Abbildung 8.41 *Der automatisch ins Englische übersetzte Untertitel*

Zur Erinnerung: das Meeting als Video aufzeichnen

Eine Zoom-Konferenz kann lokal auf Ihrem Rechner aufgezeichnet werden. Das Resultat einer Aufzeichnung ist ein Video im MP4-Format. Wir beschreiben den Vorgang an dieser Stelle, also im Zusammenhang mit der Freigabe und Vorführung eines Projektes, weil es in der Praxis oft genau darum geht: Nicht ein x-beliebiges Meeting soll aufgezeichnet werden, sondern eine in der Konferenz gehaltene Präsentation. Selbstverständlich gibt es viele andere Gründe, ein Meeting aufzunehmen. Das können schlicht Dokumentationszwecke sein oder der Wunsch, das Video den Kollegen – oder Schülern/Studenten – zukommen zu lassen, die nicht dabei sein konnten.

Im Prinzip kann eine Aufzeichnung einfach mit einem Mausklick beginnen. Aber wenn Sie nicht als Host fungieren, sondern lediglich als Referent und Vorführer der Präsentation, muss der Host Ihnen das Recht zur lokalen Aufzeichnung gewähren. Anders als bei der Fernbedienung können Sie diese Anfrage nicht über einen Dialog stellen, sondern Sie müssen den Host ansprechen. Hat der Host Ihnen das Recht gewährt – Sie erhalten einen kleinen Hinweis (Abbildung 8.42) –, klicken Sie einfach auf der Kontrollleiste auf das Symbol **Aufzeichnen**.

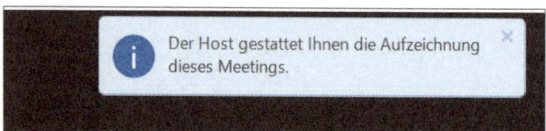

Abbildung 8.42 *Der Host gewährt Ihnen das Recht, einen lokalen Mitschnitt anzulegen.*

Abbildung 8.43 *Das Symbol »Aufzeichnen« zum Starten des lokalen Mitschnitts*

Wenn Sie die Aufzeichnung gestartet haben, werden auf dem Symbol **Aufzeichnen** zwei Schaltflächen eingeblendet, mit denen Sie die Aufzeichnung pausieren und beenden können. Außerdem wird im linken oberen Bereich des Zoom-Fensters ein weiterer Hinweis (**Aufzeichnung läuft**) mit den Steuerschaltflächen zum Anhalten und Stoppen eingeblendet. Diese Steuerschaltflächen tauchen nur auf, wenn auch die Kontrollleiste zu sehen ist. Wurde die Aufzeichnung angehalten, sehen Sie einen deutlichen Hinweis auf rotem Hintergrund (Abbildung 8.45).

Abbildung 8.44 *Die Aufzeichnung läuft.*

Abbildung 8.45 *Die angehaltene Aufzeichnung*

Nach dem der Start der Aufzeichnung erhalten alle Teilnehmer einen Hinweisdialog mit zwei Schaltflächen. Falls Ihre Kollegen mit der Aufnahme einverstanden sind, klicken sie auf die Schaltfläche **Fortfahren**, ansonsten bleibt ihnen nur die Möglichkeit, mit der anderen Schaltfläche das Meeting zu verlassen. Diese Zustimmungsdialoge erscheinen aber nur, wenn der Host die entsprechende Option im Meeting aktiviert hat. Sollte das nicht der Fall sein, gehört es zum guten Ton, dass Sie wenigstens verbal über die Aufzeichnungsabsicht informieren bzw. um Zustimmung bitten.

Alle anderen Teilnehmer sehen auf ihren Bildschirmen ebenfalls den Hinweis, dass eine Aufzeichnung läuft, aber ihnen stehen natürlich nicht die Schaltflächen zum Pausieren und Beenden zur Verfügung.

Abbildung 8.46 *Ihre Kollegen stimmen zu.*

Abbildung 8.47 *Der Hinweis, dass eine Aufzeichnung läuft*

Die Aufzeichnung wird nach Beendigung des Meetings automatisch – oder nachdem Sie das Meeting verlassen haben – in eine MP4-Datei konvertiert und bei Ihnen auf dem Rechner abgelegt. Planen Sie hierfür je nach Rechenleistung Ihres Computers und Länge der Aufzeichnung etwas Zeit ein.

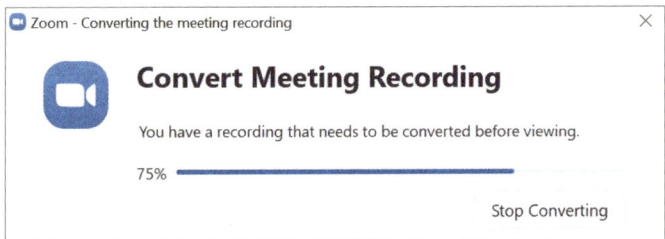

Abbildung 8.48 *Die Konvertierung läuft.*

Je nach Konfiguration von Zoom bestimmen Sie in einem Ordnerfenster nach Abschluss der Konvertierung, wo Sie die MP4-Dateien speichern möchten. In der Standardeinstellung werden diese Dateien in Ihrem *Dokumente*-Ordner und hier im Ordner *Zoom* gespeichert. In diesem wird ein Unterordner für jedes Meeting angelegt.

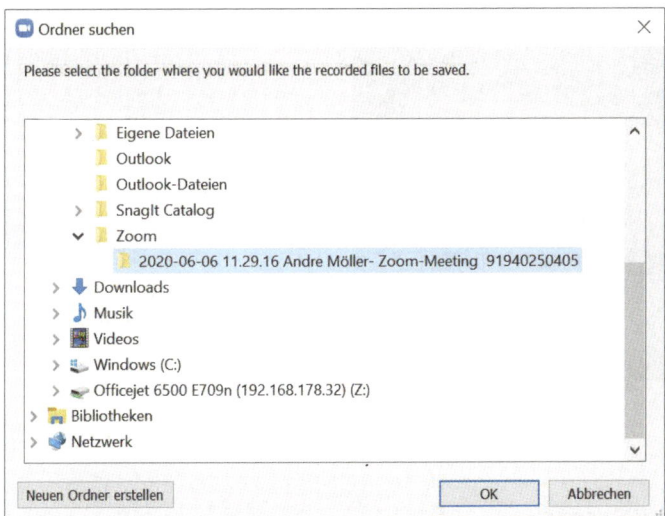

Abbildung 8.49 *Den Speicherort bestimmen*

Im angegebenen Ordner befinden sich dann je Aufzeichnung drei Dateien: die Videodatei (*zoom_0.mp4*) im MP4-Format, eine reine Tonspur (*audio_only.m4a*) im M4A-Format und eine Playlist-Datei, die hilfreich zum bequemen Abspielen ist. Falls Sie mehrere Aufzeichnungen gemacht haben, also eine Aufzeichnung in einem Meeting beendet (**Aufzeichnung anhalten**) und eine neue gestartet (**Aufzeichnen**) haben, werden die Audio- und Videodateien fortlaufend nummeriert (beginnend bei 0).

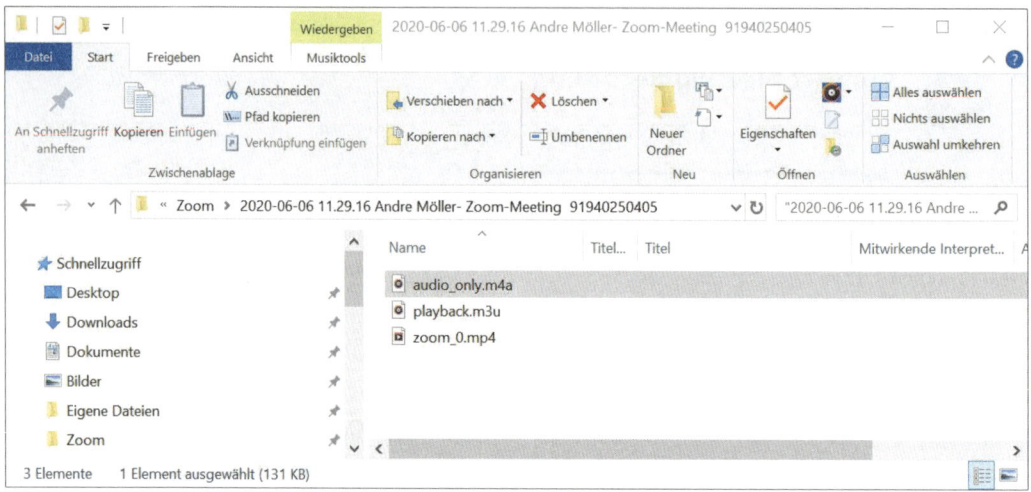

Abbildung 8.50 *Die gespeicherten Dateien im Windows-Explorer*

Abbildung 8.51 *Film ab: das Ergebnis der Aufzeichnung eines Meetings*

> **Weitere Dateien im Ordner**
> In diesen Ordner, sofern Sie nicht explizit einen anderen auswählen, finden Sie auch alle Screenshots des Whiteboards bzw. der Annotierungen und die Sicherungen der Chatverläufe.

So weit, so gut. Wenn Sie statt eines normalen Meetings eine Bildschirmfreigabe aufzeichnen, sieht die Sache etwas anders aus, ist aber in Ablauf und Bedienung identisch. Sie starten die Aufzeichnung dann im Menü der Schaltfläche **Mehr** auf der Kontrollleiste.

Abbildung 8.52 *Die Aufzeichnung bei einer Bildschirmfreigabe starten*

Als einzigen Hinweis, dass Sie aufzeichnen, entdecken Sie nun neben dem Hinweistext zur gemeinsamen Bildschirmnutzung ein kleines, leicht zu übersehendes Symbol mit einem roten Punkt.

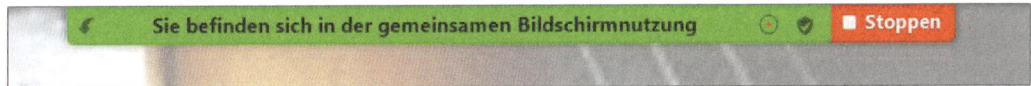

Abbildung 8.53 *Nur ein kleines Symbol mit rotem Punkt sagt, dass Sie aufzeichnen.*

Die Befehle zum Unterbrechen und Beenden der Aufzeichnung finden Sie nur im Menü der Schaltfläche **Mehr**. Grundsätzlich wird die eigene Zoomansicht aufgezeichnet, wobei auch das Videopanel im Bild ist; die Kontrollleiste und geöffnete Menüs bleiben verborgen. Die Aufzeichnungen zweier Teilnehmer können sich also voneinander unterscheiden, je nachdem, ob sie z. B. die Sprecher- oder Galerieansicht aktiviert haben.

Abbildung 8.54 *Die Befehle zum Steuern der Aufzeichnung bei einer Bildschirmfreigabe*

Bei der Aufzeichnung einer Bildschirmfreigabe bleibt die Freigabe immer im Mittelpunkt des Bildschirms, auch wenn Sie sich auf Ihrem Bildschirm gerade einen anderen Teilnehmer in der Spreneransicht anschauen.

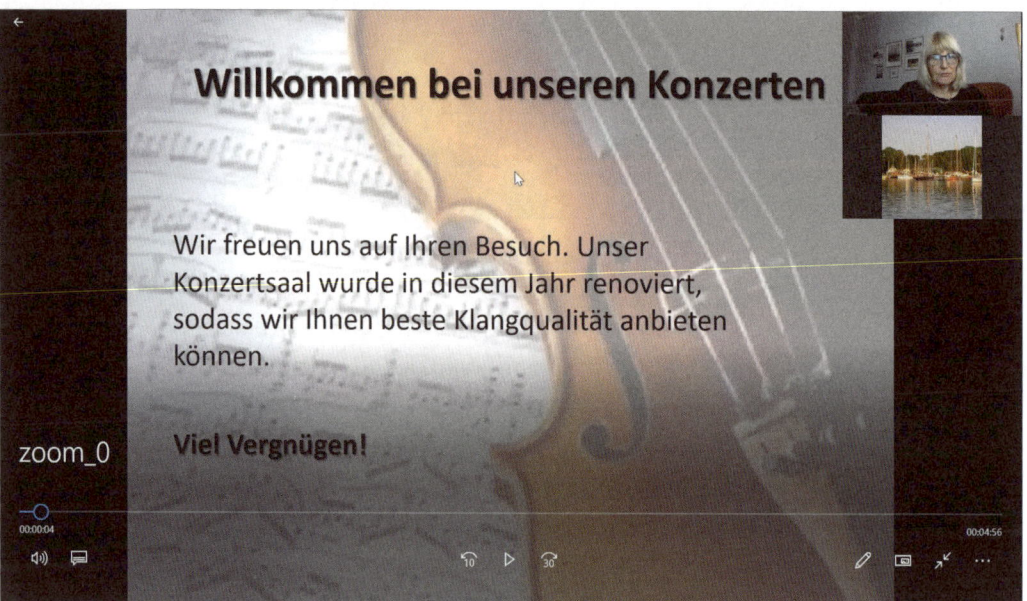

Abbildung 8.55 *Ein Standbild aus einem Mitschnitt einer Bildschirmfreigabe*

Wenn Sie Ihre Bildschirmfreigabe z. B. für eine PowerPoint-Präsentation selbst aufzeichnen, wird nur Ihr freigegebenes Fenster aufgezeichnet; hier ist das Videopanel immer im Bild, aber die Kontrollleiste mit Menüs nicht.

Weitere Freigabemöglichkeiten

Im Fenster, in dem Sie das freizugebende Fenster auswählen, gibt es neben der Registerkarte **Basic** auch noch die Registerkarte **Erweitert**. Hier finden Sie die Möglichkeit, nur einen Teilbereich Ihres Bildschirms auszuwählen und diesen Bereich dann freizugeben. Diese Option kann z. B. praktisch sein, wenn Sie nur bestimmte, für die Zuschauer relevante Spalten einer Excel-Datei zeigen möchten, aber manches nicht für die Augen der Teilnehmer gedacht ist. Klicken Sie im Freigabefenster auf die Kachel **Teil des Bildschirms**.

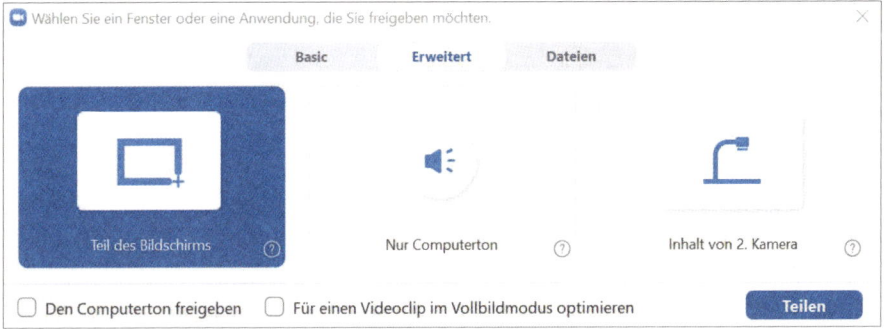

Abbildung 8.56 *So geben Sie einen Teilbereich des Bildschirms frei.*

Sowie Sie auf die Schaltfläche **Teilen** klicken, wird der zuletzt ausgewählte Bereich Ihres Bildschirms an die Zuschauer übertragen. Der Bereich wird mit einem grünen Rahmen markiert.

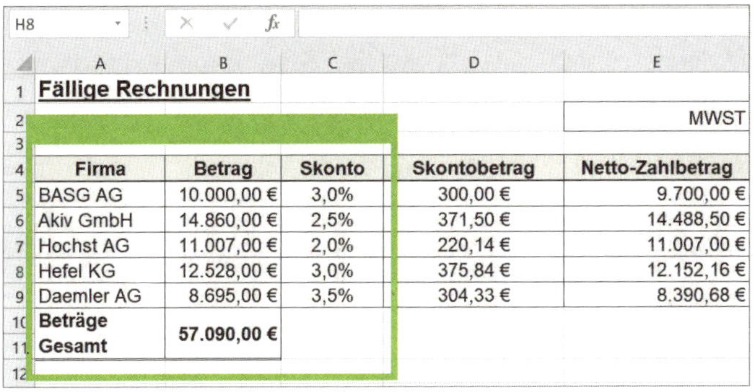

	A	B	C	D	E
1	**Fällige Rechnungen**				
2					MWST
3					
4	**Firma**	**Betrag**	**Skonto**	**Skontobetrag**	**Netto-Zahlbetrag**
5	BASG AG	10.000,00 €	3,0%	300,00 €	9.700,00 €
6	Akiv GmbH	14.860,00 €	2,5%	371,50 €	14.488,50 €
7	Hochst AG	11.007,00 €	2,0%	220,14 €	11.007,00 €
8	Hefel KG	12.528,00 €	3,0%	375,84 €	12.152,16 €
9	Daemler AG	8.695,00 €	3,5%	304,33 €	8.390,68 €
10/11	**Beträge Gesamt**	**57.090,00 €**			
12					

Abbildung 8.57 *Der grüne Rahmen zeigt den freigegebenen Bereich an.*

Sie können diesen Rahmen mit der Maus vergrößern und verschieben. Die Größe ändern Sie wie bei jedem Fenster durch Ziehen mit gedrückter Maustaste an einem der Ränder. Zum Verschieben klicken Sie den oberen, etwas dickeren Bereich mit der Maus an und bewegen den Rahmen mit gedrückter Maustaste an das Ziel. Während dieser Operationen wird der Rahmen orange, was anzeigt, dass die Freigabe kurz unterbrochen ist (einen entsprechenden Hinweis erhalten Sie auch oben am Bildschirm). Die Zuschauer sehen derweil den ursprünglich ausgewählten Bereich.

Abbildung 8.58 *Der orangefarbige Rahmen zeigt die Unterbrechung der Freigabe.*

Die beiden anderen Optionen im Freigabe-Fenster auf der Registerkarte **Erweitert** machen das, was ihre Namen versprechen. Sobald Sie den Ton freigegeben haben, taucht ein entsprechender Hinweis sowohl bei Ihnen als auch bei den Zuschauern auf.

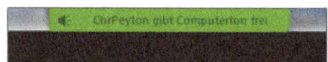

Abbildung 8.59 *Sie geben Ihren Computerton frei.*

Abbildung 8.60 *Die anderen Teilnehmer sehen, wer den Computerton freigibt.*

Wenn Sie die Tonfreigabe beenden wollen, klicken Sie auf **Stoppen**.

Mit dem dritten Symbol **Inhalt von 2. Kamera** können Sie mit einer Kamera, die nicht Ihre Webcam ist (z. B. einer Dokumentenkamera oder einer anderen USB-Kamera), eine Übertragung starten. Alternativ können Sie in einer laufenden Übertragung die Videokamera wechseln. Klicken Sie dazu auf der Kontrollleiste auf den Auswahlpfeil des Kamerasymbols, und wählen Sie dann im Menü die gewünschte Kamera.

> **Kamerawechsel**
> Je nach Situation können Sie auch ohne eine Freigabe, also in einem ganz normalen Meeting, die Kamera wechseln, sofern Sie mehrere haben.

Kapitel 9
Als Moderator eine Konferenz starten und leiten

Als Host sind Sie der Gastgeber. Sie laden die anderen Teilnehmer zum Meeting ein und starten es. In der Rolle als Host besitzen Sie weitreichende Rechte, ein Meeting zu steuern, und haben eine Fülle von Optionen, es nach Wunsch und Präferenz einzurichten. So können Sie beispielsweise alle Teilnehmer stumm schalten, Bildschirmfreigaben unterbinden, Annotationen generell untersagen und vieles mehr. Als Host mit Registrierung stehen Ihnen – je nach Abo-Modell – umfangreiche Zoom-Funktionen zur Verfügung.

Damit Sie zu Meetings einladen, sie planen und leiten können, beschreiben wir hier jetzt auch den Vorgang der Registrierung. In den bisherigen Beschreibungen stand die Teilnahme an Konferenzen aus dem Blickwinkel der Teilnehmer im Fokus. Eine Registrierung war nicht erforderlich, wäre aber auch nicht hinderlich gewesen.

Bei Zoom registrieren und die Software downloaden

Um sich bei Zoom zu registrieren, rufen Sie die Webseite von Zoom auf (unabhängig davon, ob Sie bereits an Konferenzen teilgenommen haben und die Software auf Ihrem Rechner bereits installiert ist). Dazu geben Sie *zoom.us* in die Adressleiste Ihres Browsers ein oder tragen einfach in das Suchfeld Ihrer Suchmaschine »Zoom« ein.

Denken Sie bitte daran, dass das Design und Layout von Webseiten oft geändert wird. Es ist also gut möglich, dass die folgenden Seiten bei Ihrer Registrierung etwas anders aussehen werden als in unseren Abbildungen. Bereits während des Schreibens dieses Buches sind wir von einem Tag auf den anderen über Veränderungen auf der Zoom-Webseite gestolpert.

Kapitel 9 Als Moderator eine Konferenz starten und leiten

1. Auf der Website von Zoom geben Sie Ihre (funktionierende) E-Mail-Adresse ein und klicken dann auf die orangefarbige Schaltfläche **Kostenlose Registrierung**.

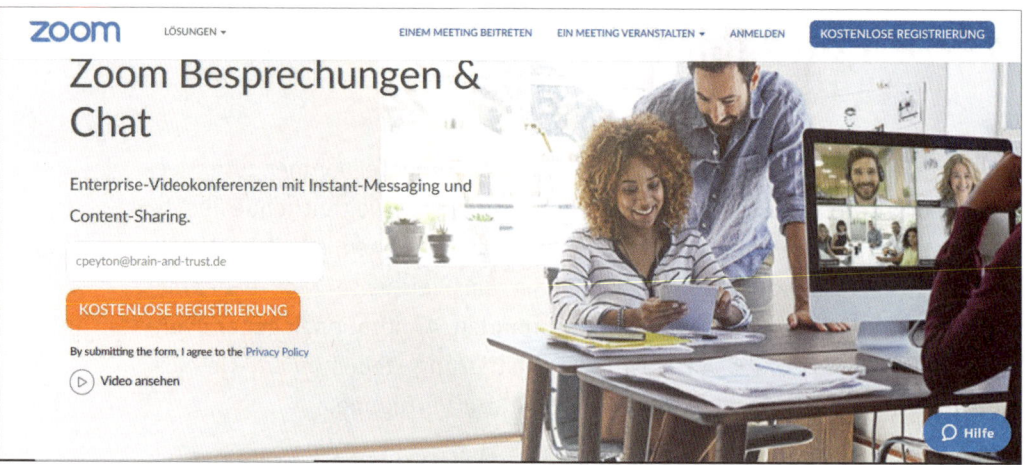

Abbildung 9.1 *Beginnen Sie die Registrierung.*

2. Füllen Sie auf der nächsten Seite die Felder aus – Sie müssen nicht ehrlich sein. Klicken Sie auf **Fortfahren**.

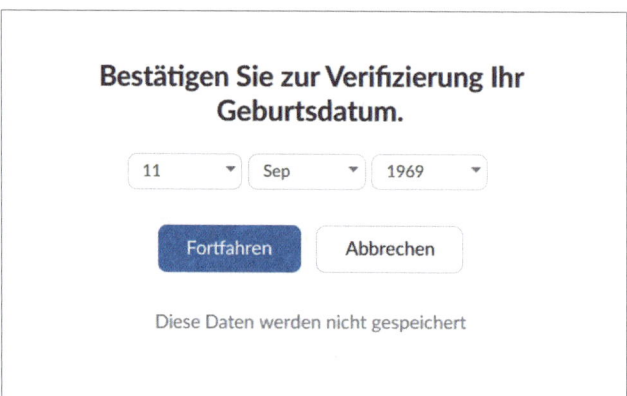

Abbildung 9.2 *Geben Sie die Daten ein.*

3. Als Nächstes werden Sie gebeten, Ihre E-Mail-Adresse zu bestätigen. Klicken Sie also auf **Bestätigen**.

162

Bei Zoom registrieren und die Software downloaden

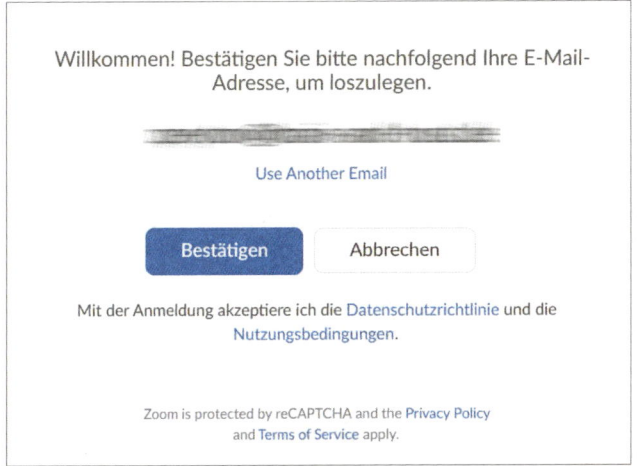

Abbildung 9.3 *Hier müssen Sie die E-Mail bestätigen.*

4. Auf der nachfolgenden Seite möchte Zoom sich die Erlaubnis zur Eigenwerbung einholen. Wenn Sie hier auf **Bestätigen** klicken, werden Sie per Mail Produktinformationen und Ähnliches erhalten. Da die meisten von uns ohnehin genug unerwünschte Mails bekommen, sollten Sie vielleicht besser die Möglichkeit nutzen, das zu unterbinden. Dazu klicken Sie auf den kleinen Link **Einstellungen festlegen**.

Abbildung 9.4 *Sie können den Informationen zustimmen oder Ihre Einstellungen festlegen.*

163

5. Treffen Sie auf der nächsten Seite Ihre Wahl, und klicken Sie dann auf **Absenden**. Danach werden Sie erneut von Zoom gebeten, sich für News und Informationen anzumelden. Dieses Fenster können Sie getrost schließen, es sei denn, Sie ändern Ihre Meinung.

> Zoom wird immer besser! Bleiben Sie auf dem Laufenden mit den neuesten Produktneuigkeiten, Videoanleitungen und hilfreichen Demos. Wie oft möchten Sie von uns hören?
>
> ○ Einmal in der Woche wäre gut
> ○ Nur einmal im Monat bitte
> ● Ich möchte ganz abgemeldet werden
>
> Absenden

Abbildung 9.5 *Entscheiden Sie, ob und wie oft Sie Informationen von Zoom erhalten möchten.*

6. Nun erhalten Sie die Seite mit der Meldung, dass eine E-Mail an Sie gesendet wurde.

Abbildung 9.6 *Die Mitteilung von Zoom, dass Sie Post erhalten haben*

7. Gehen Sie also in den Posteingang Ihres Mail-Programms, öffnen Sie die Mail von Zoom, und klicken Sie auf **Aktivieren Sie Ihr Konto**.

Bei Zoom registrieren und die Software downloaden

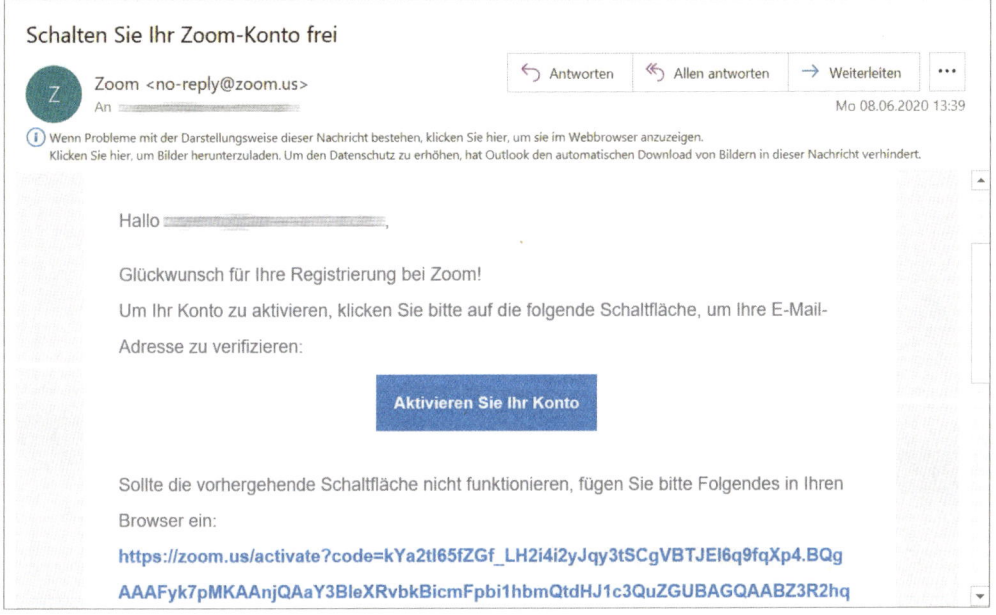

Abbildung 9.7 *Aktivieren Sie Ihr Konto.*

8. Kurz darauf werden Sie von Zoom begrüßt. Sie müssen nun die Registrierung fortsetzen. Tragen Sie die erforderlichen Daten ein, und beachten Sie die Richtlinien für das Kennwort.

Abbildung 9.8 *Wählen Sie ein Kennwort.*

9. Die nächste Seite gibt Ihnen die Möglichkeit, Kollegen zum Zoomen einzuladen. Tun Sie das, oder klicken Sie auf **Diesen Schritt überspringen**.

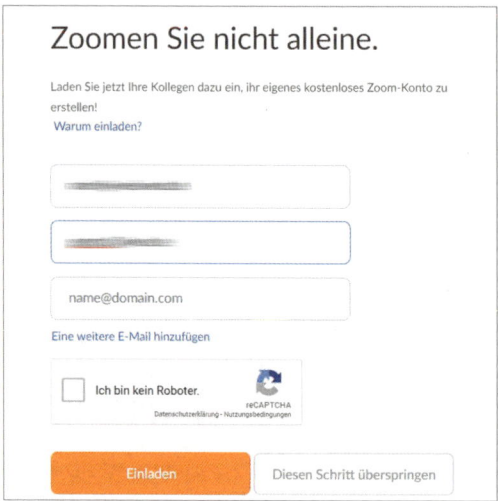

Abbildung 9.9 *Hier können Sie E-Mail-Adressen von Kollegen eintragen.*

10. Das war's im Prinzip. Sie dürfen jetzt ein Test-Meeting starten (**Meeting jetzt starten**). Das ist vermutlich eine gute Idee, weil Sie auf diese Weise überprüfen können, ob alles funktioniert hat und die zukünftigen Meetings klappen werden.

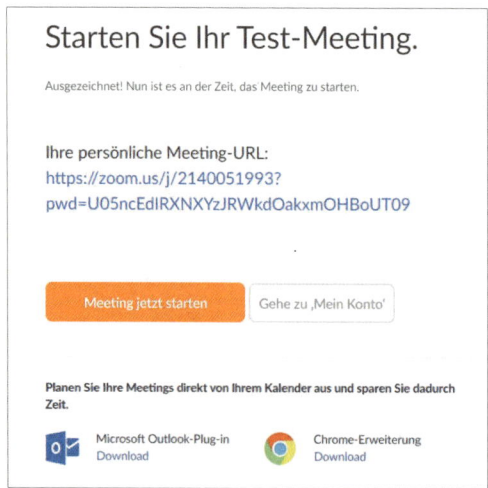

Abbildung 9.10 *Starten Sie ein Test-Meeting.*

11. Wenn Sie die Zoom-Software noch nicht installiert haben, dann werden Sie jetzt dazu aufgefordert. Folgen Sie dieser Aufforderung. Ansonsten klicken Sie im nächsten Fenster auf **Zoom Meetings öffnen**.

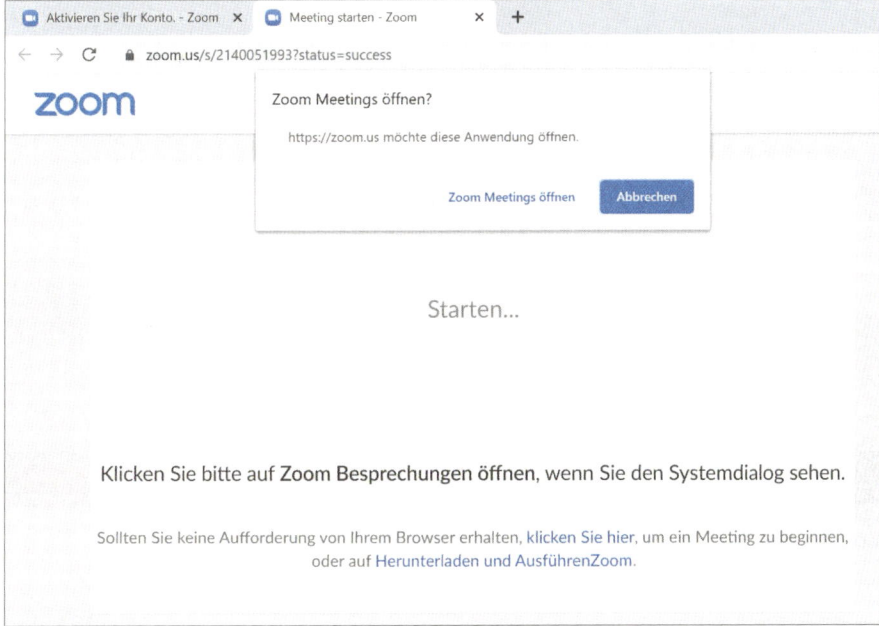

Abbildung 9.11 *Öffnen Sie das Meeting.*

Damit haben Sie ein Meeting gestartet. Sie könnten nun – wie Sie sehen – Teilnehmer einladen. Dazu klicken Sie auf das Symbol **Andere einladen**. Im nachfolgenden Dialog können Sie Ihre Zoom-Kontakte auswählen oder über den Bereich **E-Mail** vorgefertigte Mails an Ihre Bekannten verschicken. Näheres dazu finden Sie im nächsten Abschnitt.

Die untere Kontrollleiste erscheint, indem Sie mit der Maus in diesen Bereich fahren. Ihre Kamera ist deaktiviert; sobald Sie auf das Kamerasymbol klicken, wird Ihr Video angezeigt (und nicht mehr die Information zum Meeting mit den drei Symbolen). Durch Klick auf **Beenden** verabschieden Sie sich von Ihrem einsamen Meeting.

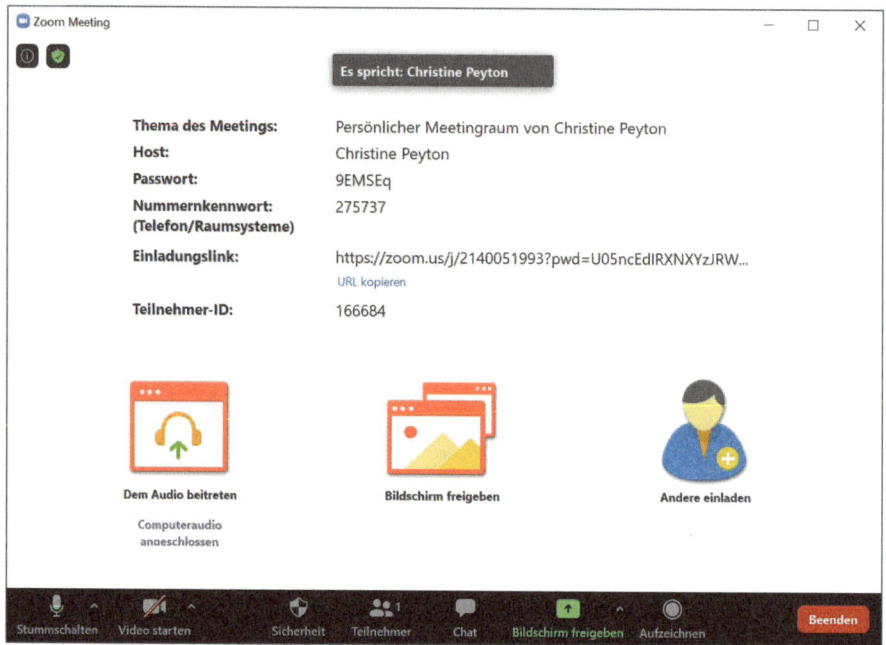

Abbildung 9.12 *Sie haben eine Konferenz geöffnet.*

Einladung zu einem Ad-hoc-Meeting

Als Host, der Kollegen oder andere Menschen in einem Online-Meeting versammeln möchte, warten Sie natürlich nicht auf einen Einladungslink, sondern ergreifen die Initiative. Das machen Sie, indem Sie Zoom aufrufen, auf **Anmelden** klicken und sich danach mit Ihrer E-Mail-Adresse und Ihrem Passwort anmelden.

Abbildung 9.13 *Anmelden bei Zoom*

Im nächsten Fenster klicken Sie auf **Neues Meeting**. Das Meeting wird normalerweise mit eingeschalteter Kamera beginnen.

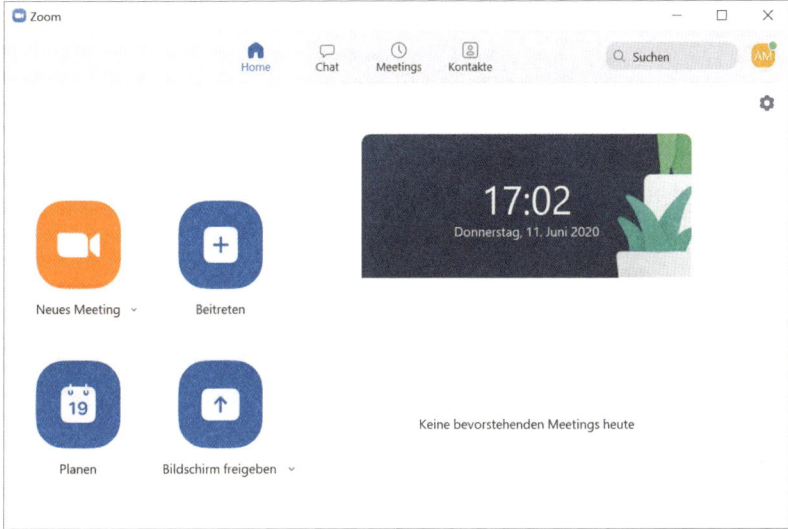

Abbildung 9.14 *Das Meeting starten*

Ohne Kamera starten

Wenn Sie das Meeting ohne Kamera starten möchten, klicken Sie in dem Fenster, das nach der Anmeldung erscheint (Abbildung 9.14) auf den Pfeil am Symbol **Neues Meeting** und deaktivieren die eingeschaltete Option **Mit Video starten**. Dann klicken Sie auf **Neues Meeting**. Das Fenster sieht nun aus wie in Ihrem Test-Meeting. Sie können nun nachträglich die Kamera einschalten.

Gleich darauf sehen Sie Ihr Video und die üblichen Dialoge bezüglich Ton und Kamera.

Planen und Bildschirm freigeben

Die Registerkarte **Home** der Software bietet drei weitere Symbole. Über die Planung eines Meetings lesen Sie im Abschnitt »So planen Sie eine zukünftige Konferenz« in diesem Kapitel. Wenn Sie das Symbol **Bildschirm freigeben** anklicken, starten Sie ein Meeting direkt mit der Freigabe eines geöffneten Fensters oder einer Anwendung.

Um nun die Teilnehmer einzuladen, blenden Sie über das Symbol **Teilnehmer** in der Kontrollleiste die Teilnehmerliste ein.

Abbildung 9.15 *Die Teilnehmerliste einblenden*

Hier entdecken Sie die Schaltfläche **Einladen**. Klicken Sie darauf. Denken Sie daran, dass Sie spätestens jetzt die E-Mail-Adresse der potenziellen Teilnehmer brauchen. Wenn Sie die nicht kennen, können Sie nicht einladen.

Abbildung 9.16 *Weitere Teilnehmer zum Meeting einladen*

Nun haben Sie ein Fenster mit zwei Registern vor Augen. Aktivieren Sie **E-Mail**, und wählen Sie dann Ihren E-Mail-Dienst bzw. **Standard-E-Mail** aus. (Für eine Einladung über den Punkt **Kontakte** brauchen Sie Unternehmenskontakte. Wie Sie Ihrem Konto solche Kontakte hinzufügen, lesen Sie im Abschnitt »Die Benutzerverwaltung: Wer gehört zu Ihnen?« in Kapitel 10.)

Tragen Sie die E-Mail-Adresse(n) ein. Den vorgefertigten Betreff und Einladungstext können Sie einfach übernehmen, beides aber auch verändern, wenn Sie möchten. Wichtig ist, dass Sie den Einladungslink nicht antasten.

Einladung zu einem Ad-hoc-Meeting

Abbildung 9.17 *Starten Sie Ihr Mailprogramm für die Einladungs-Mails.*

Mail im Postausgang
Wir haben erlebt, dass Outlook nach dem Klick auf **Senden** sofort wieder geschlossen wurde, wenn es zuvor nur für den Versand der Einladungs-Mail durch Zoom geöffnet wurde. Dies führt mitunter dazu, dass die Einladungs-Mails zwar in den Postausgang wandern, aber nicht versendet werden; achten Sie also darauf, dass die Mails tatsächlich rausgehen.

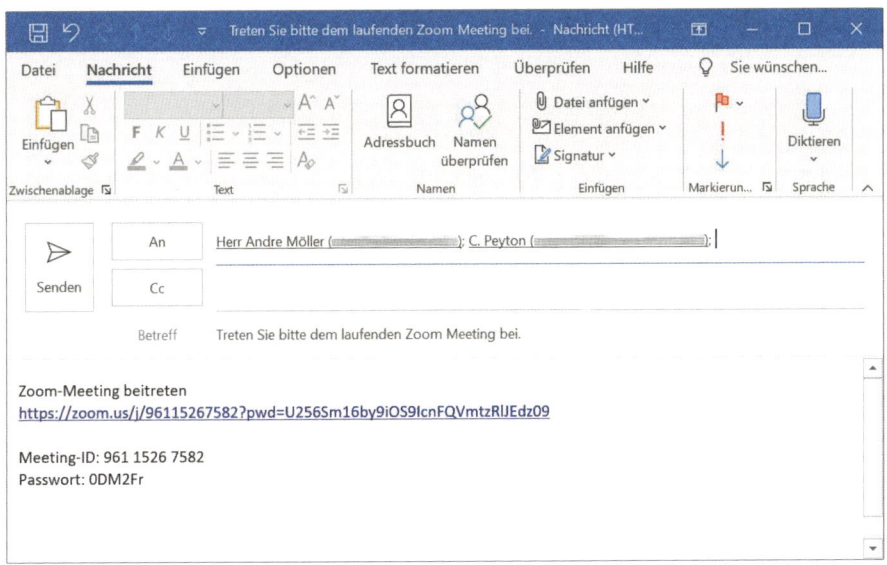

Abbildung 9.18 *Die Einladung verschicken*

171

Wenn die eingeladenen Personen auf den Link in der E-Mail klicken, betreten sie zunächst den Warteraum, bevor sie tatsächlich in das Meeting gelangen. Sie als Host müssen die Teilnehmer also eintreten lassen. Sie finden die zukünftigen Teilnehmer des Meetings in der Warteschleife (wie der Warteraum hier nun heißt) im Kopfbereich der Teilnehmerliste.

Bewegen Sie den Mauszeiger auf denjenigen, den Sie reinlassen wollen. Dann erscheint die Schaltfläche **Eintreten lassen** neben dem Namen. Klicken Sie – sofern Sie Ihre Meinung über den Teilnehmer nicht geändert haben – auf diese Schaltfläche; es dauert dann einen kleinen Moment für die Verbindung, bis der neue Teilnehmer im Meeting ist.

Abbildung 9.19 *Der Wartebereich der Teilnehmerliste*

Um dieses Prozedere abzukürzen, können Sie die Teilnehmer auch direkt eintreten lassen, den Warteraum also überspringen. Wenn Sie das möchten, klicken Sie in der Kontrollleiste auf das Symbol **Sicherheit**, und im Menü deaktivieren Sie die Option **Warteraumfreigabe**. Aber denken Sie daran, dass der Warteraum wie eine Schranke wirkt und damit ein zusätzlicher Schutz vor unerwünschten Besuchern ist.

Wenn Sie all Ihre Schäfchen versammelt haben, können Sie als Host nun bestimmen, dass keine weitere Person eintreten darf. Wir haben bereits beschrieben (siehe Kapitel 6), dass die Teilnehmer, die im Meeting sind, theoretisch auch einladen dürfen.

Einladung zu einem Ad-hoc-Meeting

Abbildung 9.20 *Den Warteraum deaktivieren*

Wenn Sie das Meeting dichtmachen, erhalten die Teilnehmer, die eine Einladung schicken möchten, sofort die Meldung, dass das Meeting vom Host gesperrt wurde. Um ein Meeting zu sperren, klicken Sie auf der Kontrollleiste auf **Sicherheit** und im Menü auf **Meeting sperren**. Ein Häkchen vor dieser Option zeigt an, dass das Meeting gesperrt ist.

Abbildung 9.21 *Das Meeting für weitere Personen sperren*

Jetzt können Sie mit Ihrem Meeting und den spannenden Diskussionen loslegen.

Richten Sie sich Ihr Meeting ein, bevor Sie einladen
Als Host können Sie auf die Schnelle einige Einstellungen für Ihr anstehendes Meeting festlegen. Klicken Sie dazu im Teilnehmerbereich auf die drei Punkte neben **Alle stummschalten**, und setzen Sie ein Häkchen vor den entsprechenden Optionen im Untermenü.

- **Beim Betreten stummschalten**: Die Mikrofone der Teilnehmer werden beim Beitritt zunächst deaktiviert.

- **Den Teilnehmern gestatten, Ihre Stummschaltung selbst aufzuheben**: Die Teilnehmer können in der Konferenz ihre Mikrofone nicht selbst aktivieren, sondern Sie als Host müssen sie auffordern.

- **Teilnehmern erlauben, sich umzubenennen**: Die Teilnehmer können ihren Namen, der z. B. in der Teilnehmerliste und auf den Videos angezeigt wird, während der Konferenz nicht ändern.

- **Eingangs-/Ausgangston abspielen**: Sowie ein neuer Teilnehmer hinzukommt oder jemand die Konferenz verlässt, erklingt ein kurzer Ton.

- **Warteraumfreigabe**: Sie regeln, ob die Teilnehmer direkt in die Konferenz oder zunächst nur in den Warteraum kommen.

Abbildung 9.22 *Optionen für Ihr anstehendes Meeting*

Wer darf was: die Rechte der Teilnehmer kontrollieren

Als Host, der das Meeting gestartet hat, haben Sie eine Menge Rechte. Über die Köpfe der Teilnehmer hinweg können Sie Berechtigungen steuern und wieder entziehen.

Eine der wichtigsten Funktionen, die Ihnen in diesem Zusammenhang zur Verfügung stehen, ist die Möglichkeit, Teilnehmer stumm zu schalten. Dies machen Sie im Teilnehmerbereich. Wenn Sie mit der Maus auf den Namen eines Teilnehmers fahren, erscheint – sofern er das Mikrofon eingeschaltet hat – dort die Schaltfläche **Stummschalten**. Sobald Sie darauf geklickt haben, ist das Mikrofon des Teilnehmers ausgeschaltet, und statt **Stummschalten** lesen Sie hier nun **Aufhebung der Stummschaltung anfordern** (der Teilnehmer erhält die Meldung, dass Sie um Aufhebung der Stummschaltung bitten; dieser Bitte kann er nachkommen oder sie ablehnen, wenn er partout keine Lust hat, das Wort zu ergreifen!).

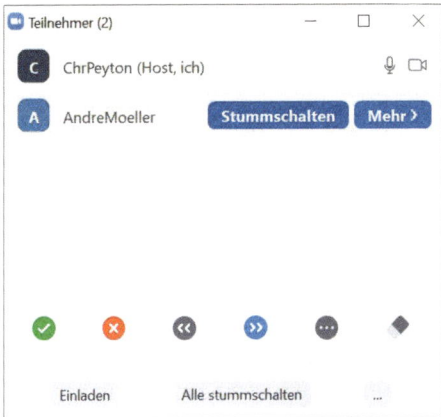

Abbildung 9.23 *Einen Teilnehmer stummschalten*

Abbildung 9.24 *Einem Teilnehmer das Wort erteilen*

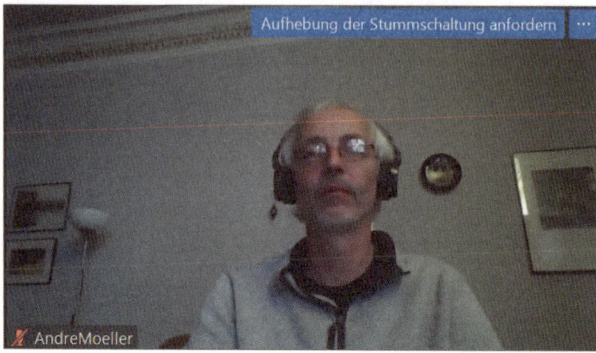

Abbildung 9.25 *Auch auf den Teilnehmer-Videos gibt es diese Option.*

In der Standardeinstellung dürfen die Teilnehmer selbst über ihr Mikrofon schalten und walten. Sie als Moderator können aber auch verbieten, dass sie sich selbst wieder aus der Stummschaltung befreien (die Teilnehmer können ihre Mikrofone natürlich immer ausschalten). Diese Restriktion steuern Sie mit der Option **Sich selbst die Stummschaltung aufheben** im Menü des Symbols **Sicherheit**.

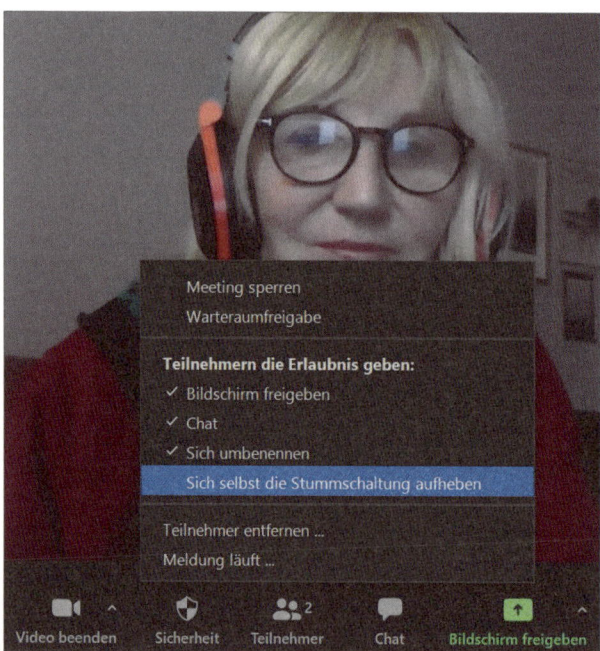

Abbildung 9.26 *Die Mikrofonsteuerung für die Teilnehmer einschränken*

Desgleichen können Sie alle Teilnehmer stumm schalten, was sehr hilfreich ist, wenn die Teilnehmer beginnen, durcheinander zu sprechen. Um diese Möglichkeit zu nutzen, muss die Teilnehmerliste ebenfalls eingeblendet sein. Dort klicken Sie dann auf **Alle stummschalten** und bestätigen den nachfolgenden Dialog.

Abbildung 9.27 *Alle Teilnehmer verstummen mit einem Klick.*

Wie wir in Kapitel 6 bereits geschrieben haben, können die Teilnehmer die Hand heben, um auf sich aufmerksam zu machen. Falls Sie ihnen das Recht entzogen haben, ihr Mikrofon selbsttätig einzuschalten, ist dies der naheliegende Weg, sich zu melden. Sie sehen das Handsymbol in den Videos der Teilnehmer und auf der Teilnehmerliste. Sie als Moderator können – Höflichkeit hin oder her – die Hand einfach wieder »runternehmen«, also entfernen, oder der Bitte nachkommen und die Stummschaltung aufheben, indem Sie den Teilnehmer auffordern, das Mikrofon anzuschalten.

Abbildung 9.28 *Ein Teilnehmer meldet sich (Galerieansicht).*

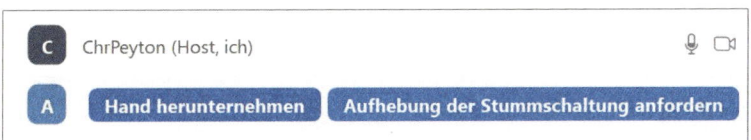

Abbildung 9.29 *Die Wortmeldung mit Reaktionsmöglichkeiten auf der Teilnehmerliste*

Abgesehen von dieser Stummschaltung dürfen Sie als Host eine Reihe weiterer Rechte ausüben, die sich auf einzelne Teilnehmer beziehen. Die meisten dieser Optionen verbergen sich im Teilnehmerbereich neben dem Namen eines Teilnehmers hinter der Schaltfläche **Mehr**.

Abbildung 9.30 *Ihre Sonderrechte als Host über den einzelnen Teilnehmer*

- **Video beenden**: Die Kamera des Teilnehmers wird sofort ausgeschaltet.
- **Video Start beantragen**: Der Teilnehmer erhält einen Hinweis, dass Sie ihn bitten, die Kamera anzuschalten.
- **Host erstellen**: Sie können an jeden beliebigen Teilnehmer die Host-Funktion abtreten; damit sind Sie alle Sorgen und Sonderrechte los.
- **Die Aufzeichnung gestatten**: Sie erteilen dem Teilnehmer das Recht, eine Aufzeichnung des Meetings zu machen, die nach dem Meeting lokal bei diesem Teilnehmer gespeichert wird.
- **Aufzeichnung untersagen**: Ein einmal gegebenes Recht zur Aufzeichnung können Sie widerrufen.
- **Umbenennen**: Sie können Teilnehmer umbenennen. Wenn Sie auf diese Option klicken, erhalten Sie einen kleinen Dialog zur Eingabe des neuen Screen-Namens.
- **In Warteraum stellen**: Sie können jemanden während eines Meetings in den Warteraum befördern. Der Teilnehmer »fliegt« temporär dann aus dem Meeting raus und muss warten, bis er wieder eintreten darf. Bis dahin sieht er lediglich eine entsprechende Meldung auf dem Bildschirm.

- **Entfernen**: Die Steigerung des Warteraums ist diese Option. Der Teilnehmer wird komplett aus dem Meeting geworfen und kann – sofern Zoom so eingestellt ist – das Meeting auch nicht wieder betreten. Diese schwerwiegende Entscheidung müssen Sie in einem Dialog bestätigen.
- **Spotlight-Video**: Der Teilnehmer, den Sie mit dieser Option ins Spotlight rücken, wird dauerhaft als Sprecher dargestellt, unabhängig davon, wer gerade das Wort ergreift. Bei allen Teilnehmern wird automatisch die Sprecheransicht aktiviert. Jeder Teilnehmer kann anschließend wieder in die Galerieansicht wechseln.
- **Das Spotlight-Video abbrechen**: Der Teilnehmer verliert sein Spotlight, und seine Sonderrolle ist beendet.

Befehle der Videokacheln

Die Befehle des beschriebenen Menüs finden Sie auch über einen Rechtsklick im Kontextmenü der Videokacheln (und zusätzlich über die drei Punkte – viele Wegen führen mal wieder nach Rom). Sie brauchen das Kontextmenü zwingend, wenn Sie als Host gerne im Spotlight stehen möchten, da die Teilnehmerliste diese Option für Sie nicht bereithält.

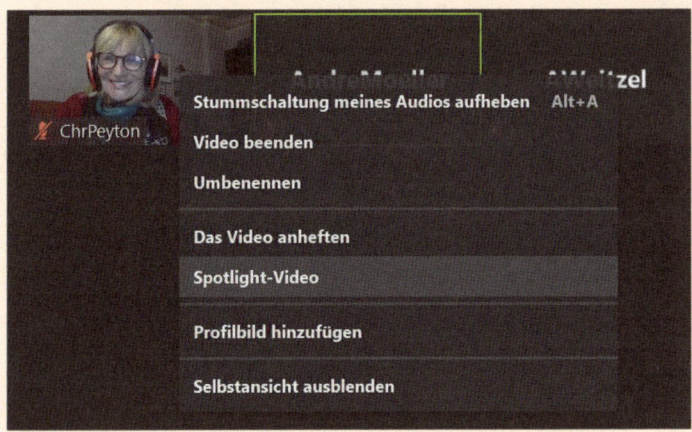

Abbildung 9.31 *Das Spotlight für den Host*

Zusätzlich zu diesen Einschränkungen können Sie verhindern, dass die Teilnehmer sich durch überflüssiges Chatten ablenken! Dazu klicken Sie im Chatbereich unten rechts auf die drei Punkte. Im Menü sehen Sie Ihre Optionen.

Die Einstellung in diesem Menü beeinflusst die Auswahlmöglichkeit im Feld **Versenden an** des Chatbereichs der Teilnehmer.

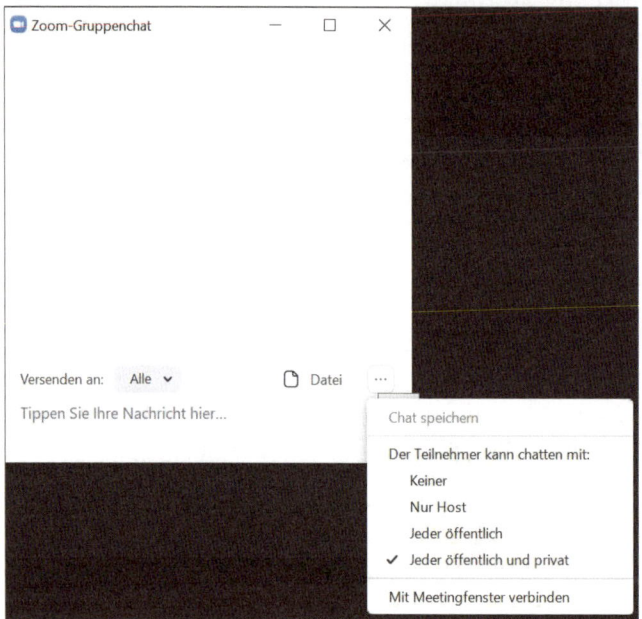

Abbildung 9.32 *Wer darf mit wem chatten?*

Abgesehen von diesen Restriktionen (bzw. der Aufhebung von Restriktionen) können Sie auch in diverser Hinsicht andere Aktionen erlauben. Im Menü des Symbols **Sicherheit** (auf der Kontrollleiste) finden Sie die entsprechenden Optionen. Die vermutlich wichtigste Option hier ist der Punkt **Bildschirm freigeben**. Wenn ansteht, dass im Meeting Teilnehmer eine Anwendung/Datei mit den anderen teilen sollen, muss hier ein Häkchen gesetzt werden. In der Rolle des Hosts können Sie Ihren Bildschirm immer freigeben.

Die Freigabe lässt sich nun noch differenzierter einrichten. Klicken Sie dazu auf der Kontrollleiste auf den Auswahlpfeil des Symbols **Bildschirm freigeben**. Über die beiden oberen Optionen steuern Sie, ob mehrere Teilnehmer gleichzeitig ihren Bildschirm freigeben dürfen oder nur einer. Mit dem Eintrag **Erweiterte Freigabeoptionen...** rufen Sie einen Dialog auf, in dem Sie genauer festlegen können, wer wann seinen Bildschirm freigeben darf.

Wer darf was: die Rechte der Teilnehmer kontrollieren

Abbildung 9.33 *Die Optionen im Menü »Sicherheit«*

Abbildung 9.34 *Die Bildschirmfreigabe regeln*

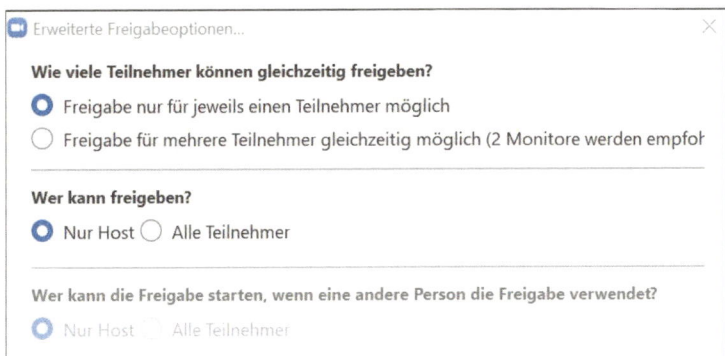

Abbildung 9.35 *Die erweiterten Freigabeoptionen*

Ansonsten sehen Sie, dass Sie im Menü **Sicherheit** (Abbildung 9.33) die Erlaubnis geben:

- den Chat zu benutzen
- sich umzubenennen
- die Stummschaltung selbst aufheben zu dürfen

Eine Sonderrolle haben Sie als Host auch hinsichtlich der Abstimmungssymbole (beschrieben in Kapitel 6), die in der Teilnehmerliste zu sehen sind. Allerdings sind diese Symbole leider nicht standardmäßig aktiviert, sie müssen extra eingeschaltet werden (Dies machen Sie in den generellen Einstellungen von Zoom). Wenn die Rückmeldungssymbole im Teilnehmerbereich vorhanden sind, können Sie und die Teilnehmer mit diesen Symbolen ihr Votum zu bestimmten Fragen abgeben. Für den Host zählt Zoom die Anzahl der abgegebenen Stimmen, die Zahl taucht über den Abstimmungssymbolen auf. Bei drei Teilnehmern wie in der Abbildung ist dies keine Meisterleistung, aber bei großen Veranstaltungen wirklich hilfreich.

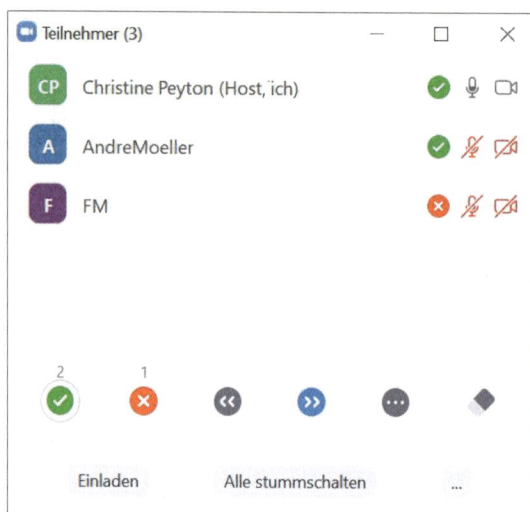

Abbildung 9.36 *Zoom zählt die Stimmen für Sie aus.*

Die Teilnehmer können ihre eigene Meinungsbekundung durch nochmaliges Anklicken zurücknehmen. Sie als Host können alle Stimmen auf einen Schlag zurücksetzen; klicken Sie dazu auf das Symbol **alles löschen** ganz rechts in der Reihe der Symbole.

Breakout-Room erstellen

In vielen Situationen ist die Arbeit in Kleingruppen besonders relevant und oft effektiver als in einem großen Plenum. Daher ist es ein sehr praktisches Feature, dass Sie ein Meeting in Gruppen aufteilen können (Zoom spricht hier von Breakout-Room). Um Breakout-Rooms nutzen zu können, müssen Sie diese in den Einstellungen aktivieren (siehe Kapitel 12).

Sie beginnen damit, dass Sie auf der Kontrollleiste auf **Mehr** klicken und dann auf **Breakout Session**.

Abbildung 9.37 *Auf zur Kleingruppenarbeit*

Im nächsten Dialog (Abbildung 9.38) legen Sie die Anzahl der Sessions (Gruppenräume) fest und ob Sie möchten, dass Zoom eine zufällige, automatische Zuordnung aller Teilnehmer zu diesen Räumen vornimmt. Wie Sie gleich sehen werden, können Sie diese Zuordnung anschließend korrigieren. Dann klicken Sie auf **Session erstellen**. Mit diesem Klick wird die Gruppenarbeit noch nicht gestartet, sondern die Räume werden vorbereitet, und Sie können im folgenden Fenster die Gruppen noch einteilen und vorbereiten.

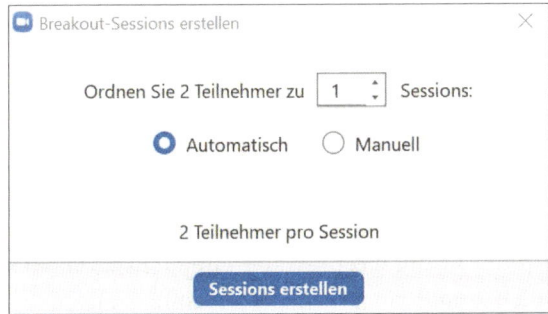

Abbildung 9.38 *Die Session starten*

Das nächste Fenster (Abbildung 9.39) informiert Sie über die – noch nicht begonnene – Session. Hier sehen Sie die angelegten Räume mit der Zuordnung der Teilnehmer.

Abbildung 9.39 *Breakout-Session einrichten*

Die Raumnamen können Sie ändern, indem Sie den Mauszeiger auf die Zeile der Session setzen und auf **Umbenennen** klicken. Geben Sie dann den neuen Namen ein.

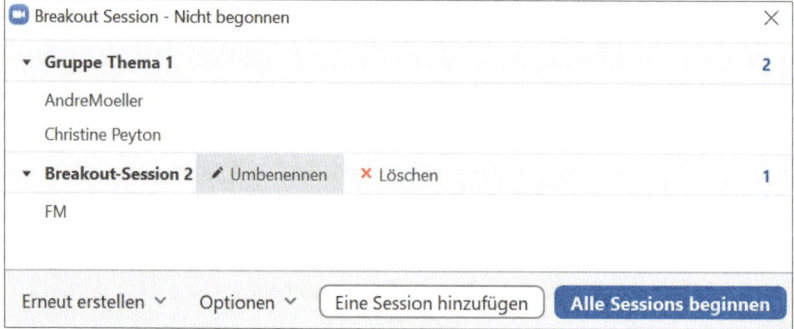

Abbildung 9.40 *Den Raum umbenennen*

Teilnehmer können Sie auf verschiedenen Wegen den Gruppen zuordnen oder sie zwischen den Räumen verschieben. Klicken Sie z. B. auf die Anzahl der Teilnehmer im Raum. Dann können Sie durch Entfernen der Häkchen Teilnehmer aus dem Raum entfernen oder andersherum durch Setzen von Häkchen Teilnehmer dem Raum zuordnen. In der Auswahlliste werden Ihnen alle Teilnehmer des Raumes und alle noch nicht zugeordneten Teilnehmer angezeigt.

Alternativ können Sie den Mauszeiger auf den Namen des Teilnehmers in einem Raum bewegen und dann auf **Verschieben nach** oder **Austausch** klicken. Im ersten Fall wählen Sie in einem Untermenü den gewünschten Raum aus, im zweiten Fall den Teilnehmer, mit dem der Platz getauscht werden soll.

Abbildung 9.41 *Teilnehmer einem Raum zuordnen*

Abbildung 9.42 *Einen Teilnehmer in einen anderen Raum verschieben*

Einen weiteren Raum erstellen Sie mit der Schaltfläche **Eine Session hinzufügen**.

Bevor Sie die Session starten, können Sie über **Optionen** ein Menü aufrufen, in dem Sie u. a. einstellen, ob die Teilnehmer ohne Ihr Zutun zur Hauptsitzung zurückkehren dürfen und wie viel Zeit vergeht (Countdown-Timer), wenn Sie als Host die Breakout-Rooms schließen (die Teilnehmer der Gruppe werden in einem Hinweis darüber in Kenntnis gesetzt, aber es ist sicherlich ein freundlicher Akt, wenn Sie das vorab mit den Teilnehmern besprechen). In der Abbildung 9.43 sehen Sie die Standardeinstellungen. Dann klicken Sie auf **Alle Sessions beginnen**.

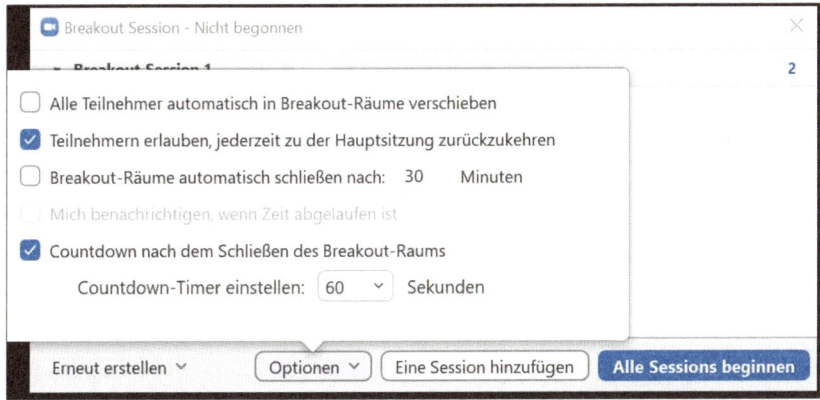

Abbildung 9.43 *Die Optionen der Breakout-Session*

Sie werden feststellen, dass die Teilnehmer, die Sie einer Gruppe zugeordnet haben und die nun logischerweise nicht mehr im Plenum, also in der Hauptsitzung sind, auch nicht mehr auf Ihrem Bildschirm auftauchen und ebenso wenig in Ihrer Teilnehmerliste. Sie haben den Raum verlassen und befinden sich hoffentlich in einer spannenden und konstruktiven Diskussion. Im Fenster **Breakout-Session** erhalten die Teilnehmer, die sich in dem ihnen zugewiesenen Raum befinden, einen grünen Punkt vorangestellt. Auch während einer laufenden Session können Sie die Teilnehmer von einem Raum in den anderen verschieben.

Abbildung 9.44 *Grüne Punkte zeigen die Anwesenheit der Teilnehmer.*

Eine Nachricht an alle Teilnehmer – unabhängig davon, in welcher Gruppe sie sind – schreiben Sie, indem Sie unten links im Dialog auf **An alle eine Nachricht senden** klicken. Schreiben Sie dann einfach Ihren Text, und schicken Sie ihn mit **Übertragung** ab. Diese Nachricht wird nicht im Chatbereich der Teilnehmer eingeblendet, sondern nur kurzfristig auf dem Zoom-Fenster angezeigt. Diese Anzeige ist nicht sehr auffällig und wird deswegen häufig übersehen.

Abbildung 9.45 *Eine Nachricht an alle*

Als Host haben Sie natürlich auch bei den Sessions das letzte Wort bzw. einige Rechte. Sie können:

- jedem Raum beitreten
- jeden Raum wieder verlassen
- Breakout-Sessions auch vorzeitig beenden

Für all diese Schritte klicken Sie erneut auf **Mehr • Breakout Session**. Im Dialog entdecken Sie oben rechts neben dem Namen der Session **Beitreten** (Abbildung 9.45). Sie werden noch einmal gefragt, ob Sie tatsächlich beitreten möchten, und sowie Sie das bestätigt haben, sind Sie Teil der Gruppe.

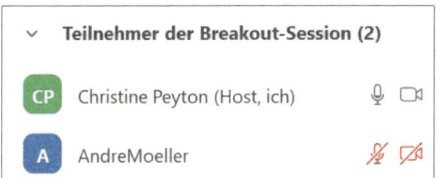

Abbildung 9.46 *Sie als Host sind Teil der Gruppe.*

Auf zwei Wegen können Sie sich von der Gruppe wieder verabschieden. Entweder Sie klicken in der Kontrollleiste auf **Raum verlassen** und dann auf **Konferenzraum verlassen**, oder Sie klicken in dem Dialog **Breakout-Session** auf **Verlassen**.

Abbildung 9.47 *Sie verlassen die Gruppe, aber nicht die Konferenz.*

Die Teilnehmer einer Session können Sie – wie in Kapitel 6 beschrieben – um Hilfe rufen. Bei Ihnen wird dann ein Dialog mit der Schaltfläche **Breakout-Raum betreten** eingeblendet.

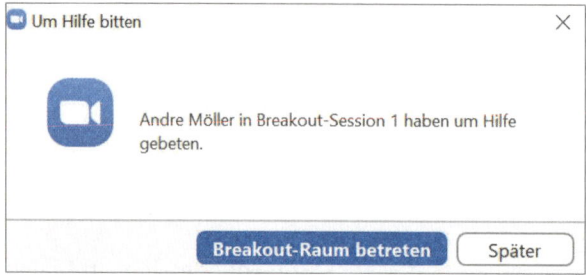

Abbildung 9.48 *Teilnehmer bitten um Ihre Hilfe.*

Um Sessions zu beenden, klicken Sie im Dialog **Breakout Session** auf **Alle Sessions stoppen**.

Wenn alle Sessions beendet sind, haben Sie wieder alle Teilnehmer-Videos auf Ihrem Bildschirm. Falls Sie erneut in die Gruppenarbeit einsteigen möchten, rufen Sie den Dialog **Breakout-Session** erneut auf. Alle alten Zuordnungen und Räume sind noch vorhanden. Wenn Sie eine andere Gruppenzusammensetzung wollen, können Sie die Teilnehmer entweder verschieben oder von Grund auf neu beginnen. Dazu klicken Sie auf die Schaltfläche **Erneut erstellen**. Im folgenden Dialog, der genauso aussieht und funktioniert wie beim erstmaligen Erstellen einer Session, klicken Sie, nachdem Sie Ihre Einstellungen vorgenommen haben, auf **Alle Sessions erneut erstellen**.

So planen Sie eine zukünftige Konferenz

Sicher gibt es im Berufsleben Besprechungen, die spontan stattfinden. Man stellt fest, dass es Diskussionsbedarf gibt, und trifft sich mit Kollegen. Aber in unserer termingeplagten Zeit sind die meisten Zusammenkünfte vorab geplant; dies gilt ohnehin für große Konferenzen, für Seminare etc.

Daher bietet Zoom natürlich auch die Möglichkeit, ein Meeting im Voraus zu planen. Dies macht in aller Regel der Moderator bzw. der Host, der das Meeting anberaumt und dazu einlädt.

Um also genau das zu tun, rufen Sie Ihre Zoom-Software auf. In dem Fenster, das Sie dann erhalten, gibt es auf der Registerkarte **Home** das Symbol **Planen**.

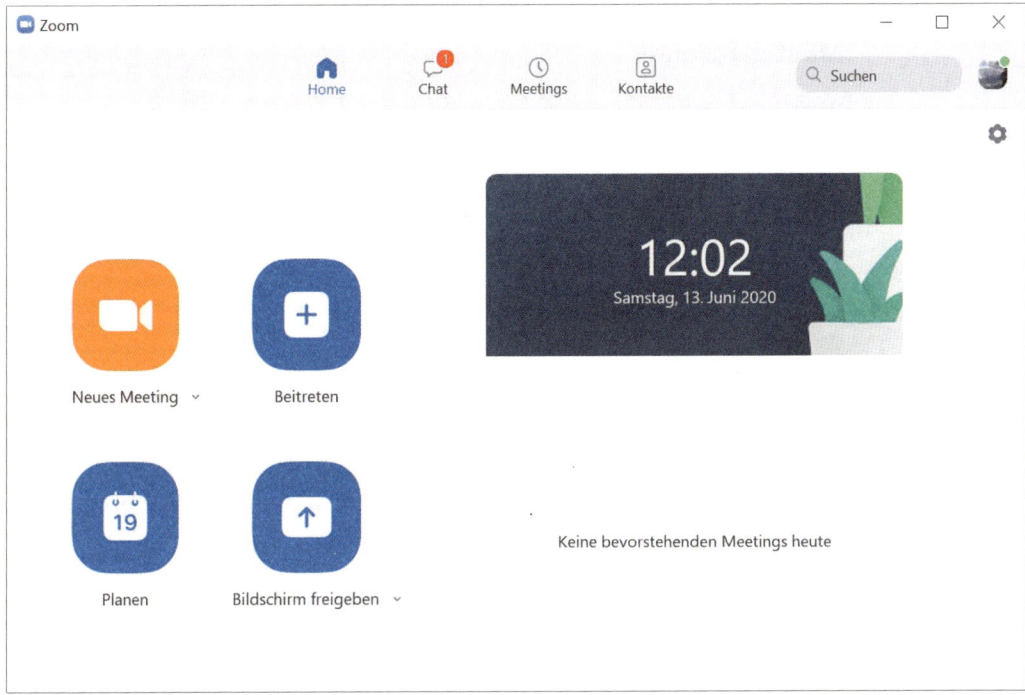

Abbildung 9.49 *Planen Sie Ihr Meeting.*

Ein Klick darauf öffnet den Dialog **Meeting planen**. Diese Felder, die im Wesentlichen selbsterklärend sind, füllen Sie nun aus. Aber einige kurze Erläuterungen zu den Punkten:

- **Video**: In diesem Bereich legen Sie fest, ob Sie als Host und die Teilnehmer dem Meeting mit eingeschalteter Kamera beitreten oder nicht.
- **Audio**: Hier legen Sie fest, welche Tonquellen für die Teilnehmer zulässig sind. Nur wenn Sie eine Option mit Telefon (**Telefon**, **Telefon und Computeraudio**) auswählen, sind die Einwahlnummern in der Einladung enthalten (siehe Kasten »Einige Pro-Features schnell erklärt«).
- **Kalender**: Bestimmen Sie, mit welcher Software bzw. mit welchem Dienst Sie den Termin für das Meeting verwalten möchten. Hier im Beispiel wählen wir Outlook.

Kapitel 9   Als Moderator eine Konferenz starten und leiten

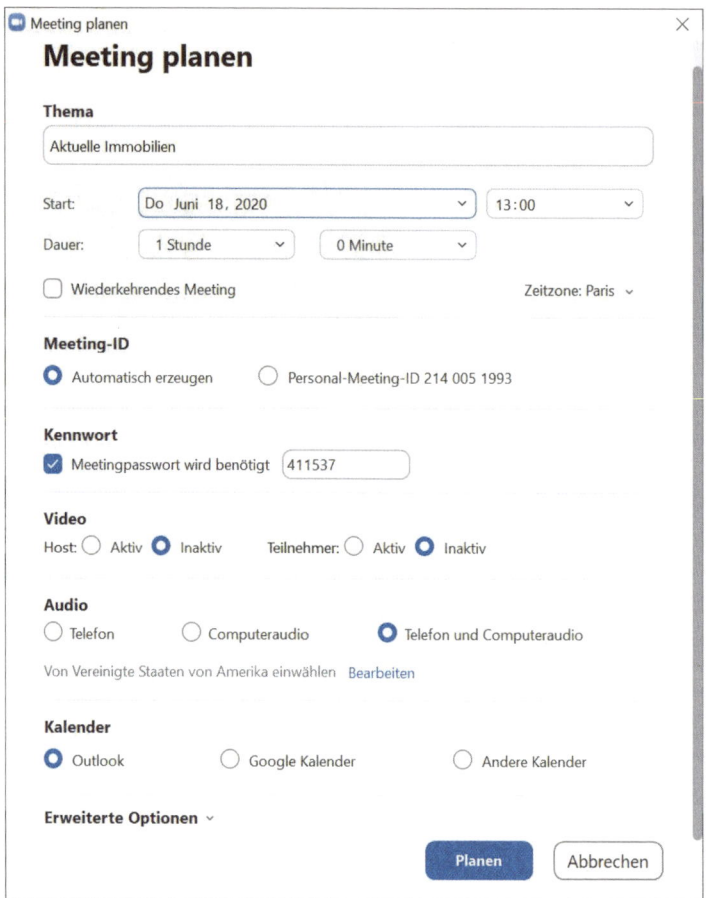

Abbildung 9.50 *Die Einstellungen für Ihr Meeting*

> **Einige Pro-Features schnell erklärt**
>
> Bei der Planung können Sie als Inhaber eines Pro-Abos (siehe Kapitel 10) im Bereich **Audio** bestimmen, ob Ihre Teilnehmer sich per Telefon einwählen dürfen oder nicht. Wenn Sie eine Telefoneinwahl zulassen, legen wir Ihnen dringend ans Herz, auch auf den kleinen Link **Bearbeiten** zu klicken. Im nachfolgenden Dialog können Sie Länder auswählen, für die die Einwahlnummern in der Einladungs-Mail enthalten sein werden.
>
> Das zweite Pro-Feature **Nur berechtigte Benutzer können teilnehmen** im Bereich **Erweiterte Optionen** bedeutet, dass bei Zoom nicht registrierte Teilnehmer an Ihrer Konferenz nicht partizipieren können.

Ganz unten sehen Sie **Erweiterte Optionen**. Wenn Sie diese öffnen, werden ein paar weitere Einstellungsmöglichkeiten für das Meeting angeboten, so z. B. die Stummschaltung aller Teilnehmer bei Eintritt oder die Erlaubnis, dass Teilnehmer vor dem Host in das Meeting eintreten dürfen. Mit der Option **Nur berechtigte Benutzer können teilnehmen** legen Sie fest, dass alle Teilnehmer Ihres Meetings bei Zoom registriert und angemeldet sein müssen.

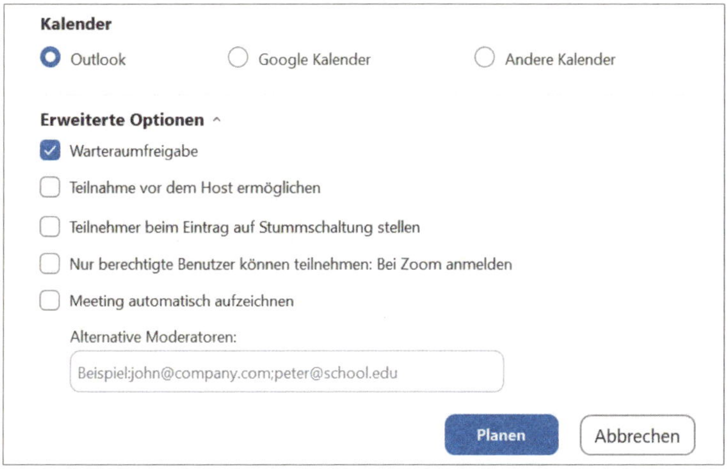

Abbildung 9.51 *Die erweiterten Optionen*

Zu guter Letzt klicken Sie auf **Planen**. Sofern Sie – wie im Beispiel – unter **Kalender** die Option **Outlook** aktiviert haben, wird automatisch eine Besprechung in Outlook angelegt, und das entsprechende Fenster wird geöffnet (oder blinkt in der Taskleiste). Hier tragen Sie nun im Feld **Erforderlich** (und gegebenenfalls im Feld **Optional**) die E-Mail-Adressen der Teilnehmer ein und könnten auch noch die Daten und den Einladungstext ändern (und sonstige Dinge machen, die Outlook im Besprechungsfenster bereithält).

> **Achtung Einbahnstraße!**
> Sie können in Outlook den anberaumten Termin verschieben oder beispielsweise einen Serientermin daraus machen, aber diese Änderungen bleiben in Outlook und werden nicht an Zoom zurückgegeben. In Ihrer Zoom-Software und auf der Zoom-Webseite bleibt der Termin wie in Zoom angesetzt. Dies ist kein Beinbruch, aber kann zu Verwirrung führen. Wichtig ist, dass Sie auch zu dem Zeitpunkt das Meeting starten, an dem die ein-

geladenen Teilnehmer das Meeting entsprechend ihrer Einladung betreten wollen, und dass Sie darauf achten, dass Sie das richtige Meeting mit der richtige Meeting-ID erwischen. Der Informationsaustausch zwischen Zoom und Outlook geht nur in Richtung Outlook und findet nur einmalig statt. Abhilfe schafft das *Microsoft-Outlook-Plug-in*. Hiermit können Sie die Planung Ihres Meetings in Outlook beginnen. Wenn Sie dies tun, werden nachträgliche Änderungen am Termin direkt an Zoom weitergereicht, was eine feine Sache ist. Im übernächsten Abschnitt »Zusammenspiel zwischen Outlook und Zoom« beschreiben wir das Plug-in ausführlicher.

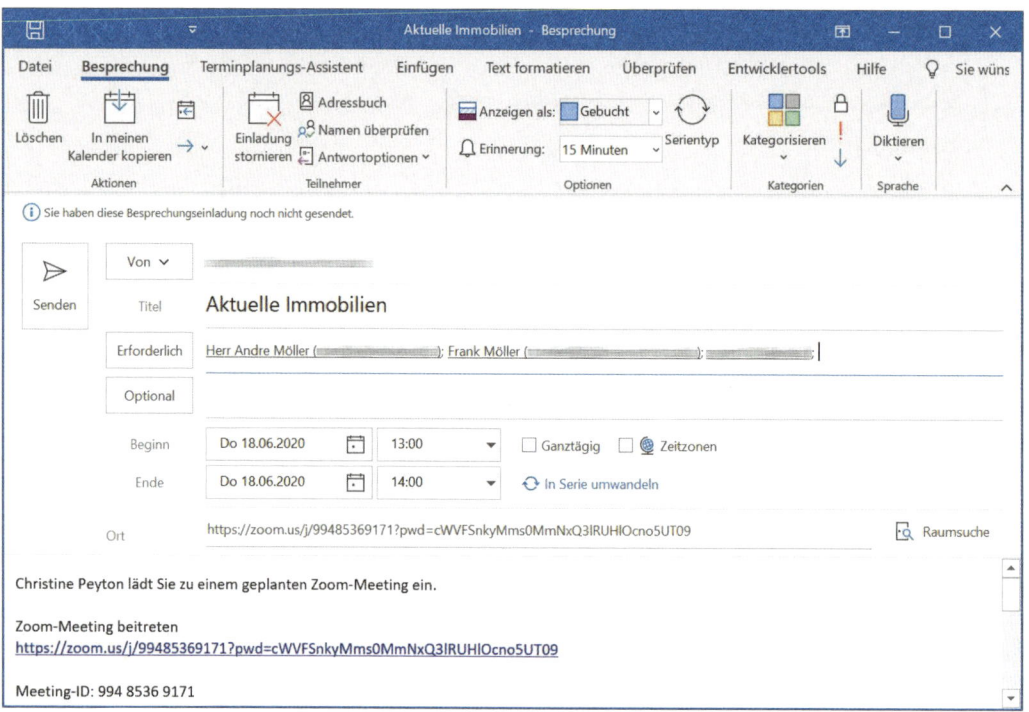

Abbildung 9.52 *Ihr Meeting als Outlook-Besprechung*

Dann klicken Sie auf **Senden**. Damit haben Sie Ihre Einladungen an die Teilnehmer verschickt.

Praktisch: Das angesetzte Meeting wird bei Ihnen in Outlook automatisch als Termin eingetragen, und die Zu- und Absagen der Teilnehmer werden automatisch gezählt.

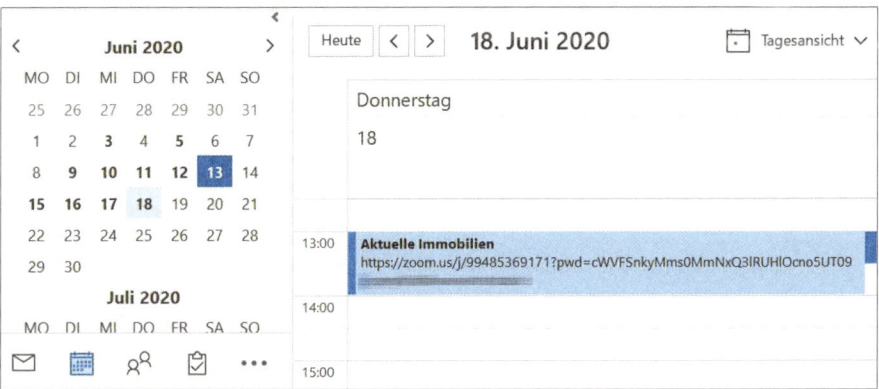

Abbildung 9.53 *Ihr Meeting im Kalender*

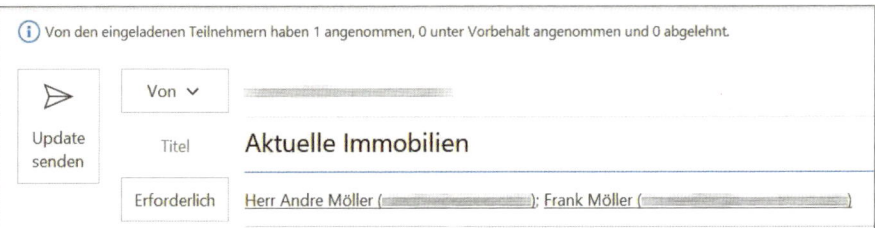

Abbildung 9.54 *Besprechungsanfrage mit Antworten*

In der Zoom-Software finden Sie den Eintrag des Meetings auf der Registerkarte **Meetings**, und hier starten Sie auch das geplante Meeting. Im linken Bereich sehen Sie alle anstehenden Meetings gelistet. In diesem Bereich wählen Sie das zu bearbeitende Meeting durch Anklicken aus. Es wird dann blau hinterlegt; zum Starten klicken Sie – suprise, surprise – auf die Schaltfläche **Starten**. Mit den anderen Optionen im mittleren Bereich können Sie die **Einladung kopieren** (das geht mit einem Mausklick; die kopierte Einladung könnten Sie z. B. über die Zwischenablage in eine neue Mail einfügen), das Meeting bearbeiten (ein Klick darauf öffnet einen Dialog, der identisch mit dem Dialog **Meeting planen** ist) oder den Termin löschen. Mit dem Link **Meeting-Einladung anzeigen** wird der Einladungstext mit den Details des Meetings eingeblendet.

Die Registerkarte bietet noch ein paar weitere Funktionen, die Sie mit Klick auf das Plus-Zeichen oben links angezeigt bekommen. Sie sehen, dass Sie auch hier die Planung eines Meetings starten können.

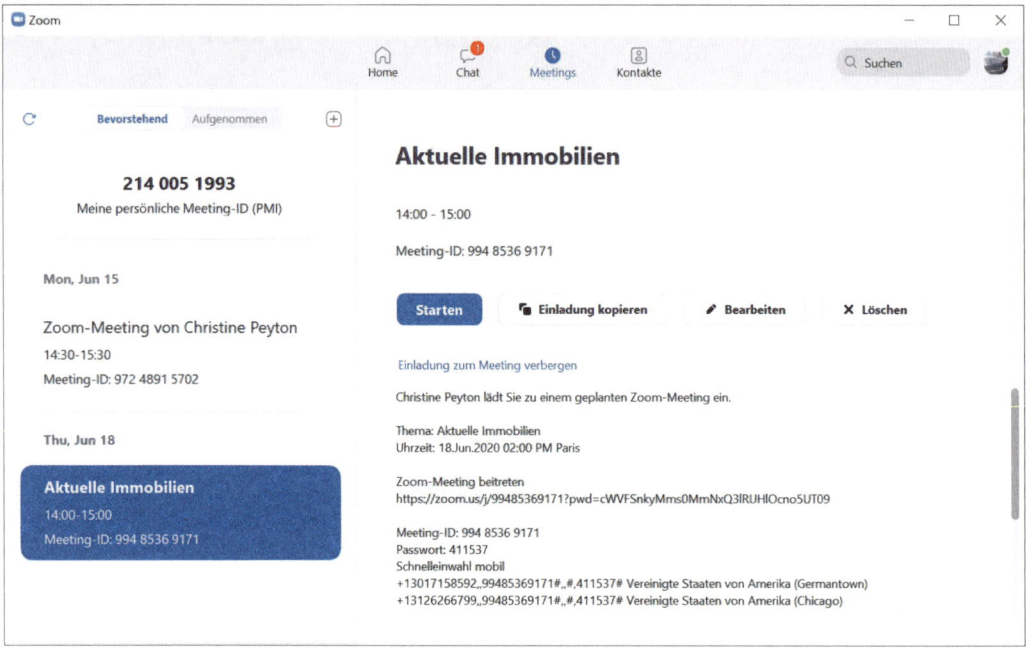

Abbildung 9.55 *Meetings in der Zoom-Software*

Mit der Option **Planung über Outlook** wird Ihnen das Besprechungsfenster von Outlook angezeigt, wo Sie zwar auch ein Meeting planen und die Einladung an die Empfänger versenden, aber natürlich nicht vorab Ihre Präferenzen für das Meeting einstellen können wie im Zoom-Fenster **Meeting planen** (Stummschaltung, Eintritt mit oder ohne Kamera und Ähnliches). Die direkt in Outlook geplanten Meetings tauchen nicht auf der Registerkarte auf.

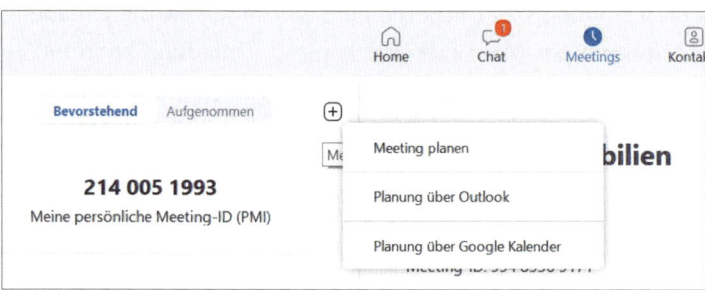

Abbildung 9.56 *Die Planung direkt in Outlook starten*

Meetings im Webportal planen und starten

Geplante Meetings verschieben

Wenn Sie ein geplantes Meeting verschieben möchten, rufen Sie den Dialog **Meeting bearbeiten** wie oben beschrieben auf und ändern einfach den Startzeitpunkt. Nachdem Sie auf **Speichern** geklickt haben, wird – im Beispiel – Outlook mit einer neuen Besprechungs-Mail geöffnet. Dies führt dazu, dass Outlook auch einen neuen Eintrag für das Meeting in Ihrem Kalender vornimmt. Sie finden also zwei Termineinträge für dieses Meeting in Ihrem Kalender, den ursprünglichen und den verschobenen.

Meetings im Webportal planen und starten

Wie Sie wissen, gibt es alle Zoom-Funktionen nicht nur in der Zoom-Software, sondern auch im Zoom-Webportal. Sie können auch hier Meetings starten oder Sitzungen planen. Darüber hinaus ist das Webportal der Ort, wo Sie Ihr Profil bearbeiten, die Benutzerverwaltung regeln, Ihr persönlicher Meetingraum auftaucht und vieles mehr (mehr dazu in Kapitel 10). Wir zeigen in diesem Abschnitt, wie Sie über das Web-Konto ein zukünftiges Meeting planen.

Abbildung 9.57 *Ein neues Meeting planen*

Rufen Sie *zoom.us* im Browser auf, und melden Sie sich an. Aktivieren Sie dann im linken Bereich die Kategorie **Meetings**, und klicken Sie hier im Register **Bevorstehende Meetings** auf den in feinem Deutsch geschriebenen Befehl **Planen Neue Sitzung**.

195

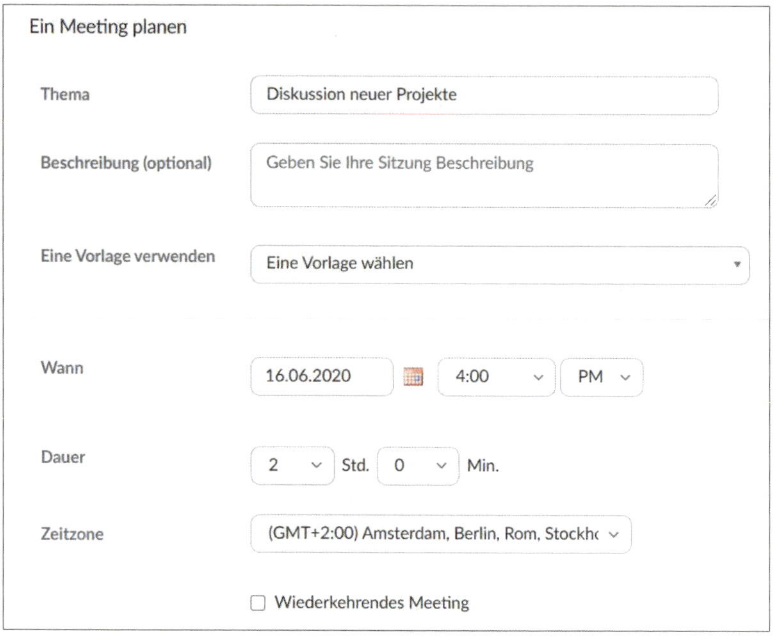

Abbildung 9.58 *Das Formular zum Planen von Meetings (Ausschnitt 1)*

Abbildung 9.59 *Das Formular zum Planen von Meetings (Ausschnitt 2)*

Auf der nächsten Seite tragen Sie die Daten für das geplante Meeting ein. Die Felder sind mehr oder minder identisch mit denen im Dialog **Meeting planen** in der Software, sodass wir hier nur auf einen Punkt eingehen, und zwar auf **Eine Vorlage verwenden**. Sofern Sie bereits eine Vorlage erstellt haben (siehe den Kasten »Vorlagen für Meetings«), könnten Sie diese hier auswählen und das Meeting auf Basis dieser Vorlage planen.

> **Features des Pro-Abos**
>
> Die Optionen **Registrierung** und **Vorauswahl des Breakout-Raums** stehen Ihnen nur als Besitzer eines Pro-Abos zur Verfügung. Der Registrierung widmen wir in Kapitel 10 einen ganzen Abschnitt, und wie Sie die Breakout-Räume vorplanen, zeigen wir ebenfalls in Kapitel 10 im Abschnitt »Die persönliche Meeting-ID und persönliche Meetingräume«.

Sobald Sie die Informationen gespeichert haben, wird das Meeting in der Rubrik **Bevorstehende Meetings** aufgelistet (und auch auf der Registerkarte **Meetings** der Software). Sie sehen hier u. a. den Namen des Meetings, das Datum und die Anfangszeit. Die Liste wird – zumindest standardmäßig – nach dem jeweiligen Datum des anstehenden Meetings sortiert, das als Nächstes stattfindende steht oben.

Rechts in der Zeile gibt es die Schaltflächen **Starten** (startet dieses Meeting also unmittelbar mit den gewählten Einstellungen) und **Löschen** (für den Fall, dass Sie das Meeting absagen durften!).

Abbildung 9.60 *Ihre Meetings in der Übersicht*

Um bestimmte Einstellungen und Daten des Meetings gegebenenfalls zu ändern, klicken Sie es in der Auflistung an, um seine Detailseite zu öffnen. Auf dieser Seite können Sie noch keine Angaben ändern, aber unten rechts finden Sie den Link **bearbeiten Sie diese Sitzung**, um in das Bearbeitungsformular zu gelangen.

> **Vorlagen für Meetings**
>
> Es gibt auf der Webseite zum Planen des Meetings ein Feld, das die Software nicht anbietet: **Eine Vorlage verwenden**. In diesem Feld könnten Sie für das neue Meeting also eine Vorlage auswählen, die die Einstellungen enthält, die auch für dieses Meeting gelten sollen. Um eine Vorlage zu erstellen, brauchen Sie ein bereits geplantes Meeting, zu sehen unter **Bevorstehende Meetings** oder **Vorherige Meetings**. Hier öffnen Sie per Klick das Meeting, das Sie als Vorlage verwenden möchten. Auf der Detailseite des Meetings gibt es ganz unten den Link **Als Meetingvorlage speichern**. Wenn Sie darauf klicken, wird ein Dialog angezeigt, in dem erklärt wird, dass die Einstellungen aus dem ursprünglichen Meeting kopiert werden. Sie können der Vorlage einen Namen geben und die Aktion dann mit **Als Vorlage speichern** abschließen.
>
>
>
> **Abbildung 9.61** *Eine Vorlage erstellen*
>
> Eine Auflistung vorhandener Vorlagen finden Sie unter **Meetings** im Register **Meetingvorlagen**. Wenn ein neues Meeting auf dieser Vorlage basieren soll, können Sie auch hier mit der Planung beginnen. Klicken Sie auf die Schaltfläche **Meetingplanug mit dieser Vorlage**. Dies öffnet dann wieder die Seite zum Planen eines Meetings, wobei eine Reihe von Informationen bereits eingetragen ist.

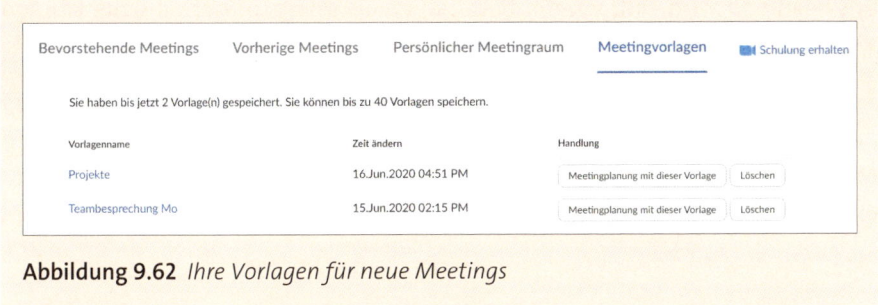

Abbildung 9.62 *Ihre Vorlagen für neue Meetings*

Ohne Einladungen würden geplante Meetings sehr einsam ablaufen. Rufen Sie die Detailseite des Meetings auf, zu dem Sie einladen möchten. Jetzt stehen Ihnen verschiedene Wege zur Auswahl.

Sie können das Meeting zu einem Ihrer vorhandenen Kalender hinzufügen und dann darüber einladen.

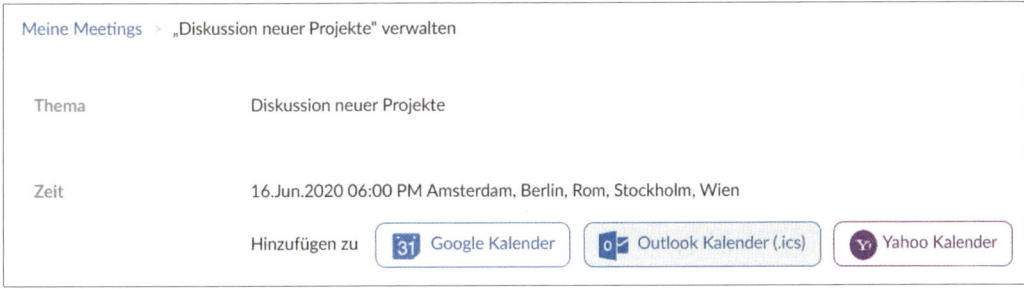

Abbildung 9.63 *Über Ihren Kalender einladen*

Klicken Sie dazu z. B. auf **Outlook Kalender**, sodass eine ICS-Datei heruntergeladen wird. Wenn der Download fertig ist, klicken Sie je nach Browser auf den Befehl, diesen Download zu öffnen.

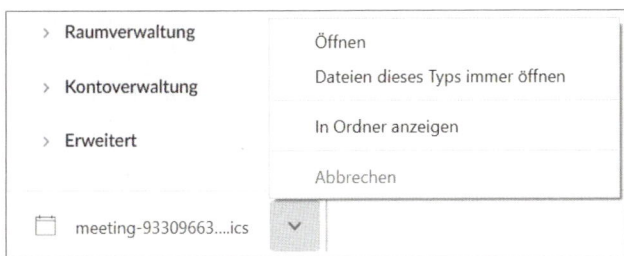

Abbildung 9.64 *Die Kalenderdatei herunterladen und öffnen*

Anschließend wird Outlook mit dem neuen Termin geöffnet, und Sie können wie in Outlook üblich Teilnehmer einladen.

Alternativ klicken Sie auf den Link **Die Einladung kopieren**, um die Einladung in die Zwischenablage zu kopieren (im folgenden Dialog klicken Sie erneut auf **Meeting-Einladung kopieren**); dann fügen Sie sie manuell in Ihr E-Mail-Programm ein und verschicken sie.

Abbildung 9.65 *Die Einladung kopieren*

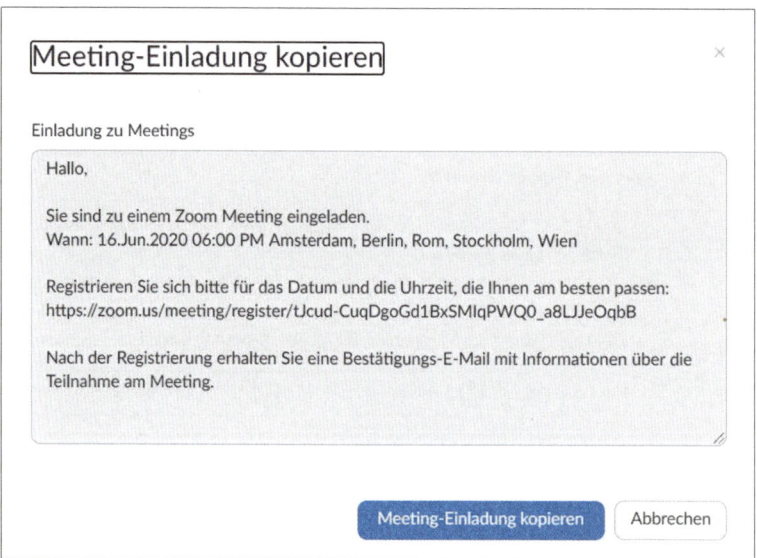

Abbildung 9.66 *Die Einladung in die Zwischenablage kopieren*

Ein Sofortmeeting – oder wie es bei Zoom heißt: Instant Meeting – starten Sie hier im Browser ebenfalls im Bereich **Meetings**; zeigen Sie mit der Maus auf den Link oben rechts **Ein Meeting veranstalten** und wählen Sie im Menü, ob Sie mit Video oder ohne Video starten möchten. Außerdem gibt es die Möglichkeit, direkt mit einer Bildschirmfreigabe zu starten (**Nur Bildschirmfreigabe**). Wenn Sie diese Option wählen, passiert genau das: Sofort werden die geöffneten Anwendungen und Fenster angezeigt, Sie wählen das Gewünschte aus, klicken dann auf **Teilen** und starten das Meeting mit der Freigabe.

Abbildung 9.67 *Ein Meeting schnell mal starten*

Zusammenspiel zwischen Outlook und Zoom

Wenn Sie Zoom durch das **Microsoft-Outlook-Plug-in** ergänzen, klappt das Zusammenspiel zwischen Zoom und Outlook sehr viel reibungsloser und effizienter als bisher beschrieben. Sie können dann Ihre Planung der Meetings komplett in Outlook durchführen. Auch Terminänderungen in Outlook werden an Zoom übergeben.

Um das Plug-in zu installieren, loggen Sie sich bei *zoom.us* ein und wechseln zu den **Meetings**. Auf der Seite der *Bevorstehenden Meetings* scrollen Sie ganz nach unten. Hier finden Sie den Download-Link für das Plug-in.

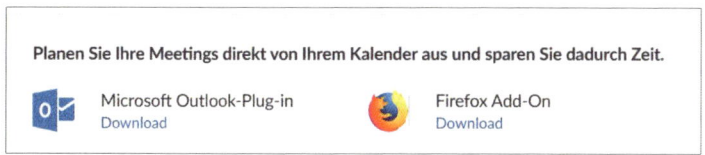

Abbildung 9.68 *Der Download für das Plug-in*

Speichern Sie das Plug-in auf Ihrem Rechner, und installieren Sie es anschließend. Sie können im Normalfall alle Voreinstellungen der Installation übernehmen. Starten Sie anschließend Outlook neu.

Sie finden jetzt zwei neue Symbole von Zoom auf der Registerkarte **Start**.

Abbildung 9.69 *Die neuen Symbole in Outlook*

Um ein neues Meeting zu planen, klicken Sie auf das entsprechende Symbol. Den folgenden Dialog kennen Sie schon von der Zoom-Software. Zwei neue **Erweiterte Optionen** tauchen auf:

- **Einladungslink in Ortsfeld übernehmen**
- **Einladung für Zoom-Meeting oberhalb des bestehenden Texts einfügen**

Beide Optionen machen das, was sie sagen.

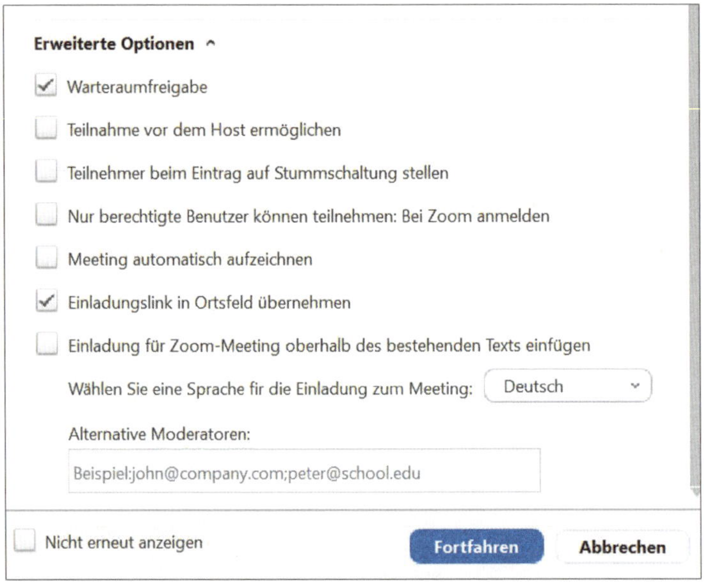

Abbildung 9.70 *Die »Erweiterten Optionen«*

Klicken Sie dann auf **Fortfahren**. Anschließend sehen Sie das bekannte, von Zoom vorausgefüllte Besprechungsfenster von Outlook. Planen Sie jetzt wie in Outlook üblich Ihren Termin oder Ihre Terminserie. Wenn Sie alles ausgefüllt haben, senden Sie die Einladung in die weite Welt (Symbol **Senden**), oder speichern Sie den Termin zunächst nur in Ihrem Outlook-Kalender (Symbol **In meinen Kalender kopieren**). Den neuen Termin finden Sie danach in Ihrem Outlook-Kalender wieder.

Auch in Zoom – sowohl in der Software als auch auf der Webseite – werden die angelegten Termine aufgelistet.

Zusammenspiel zwischen Outlook und Zoom

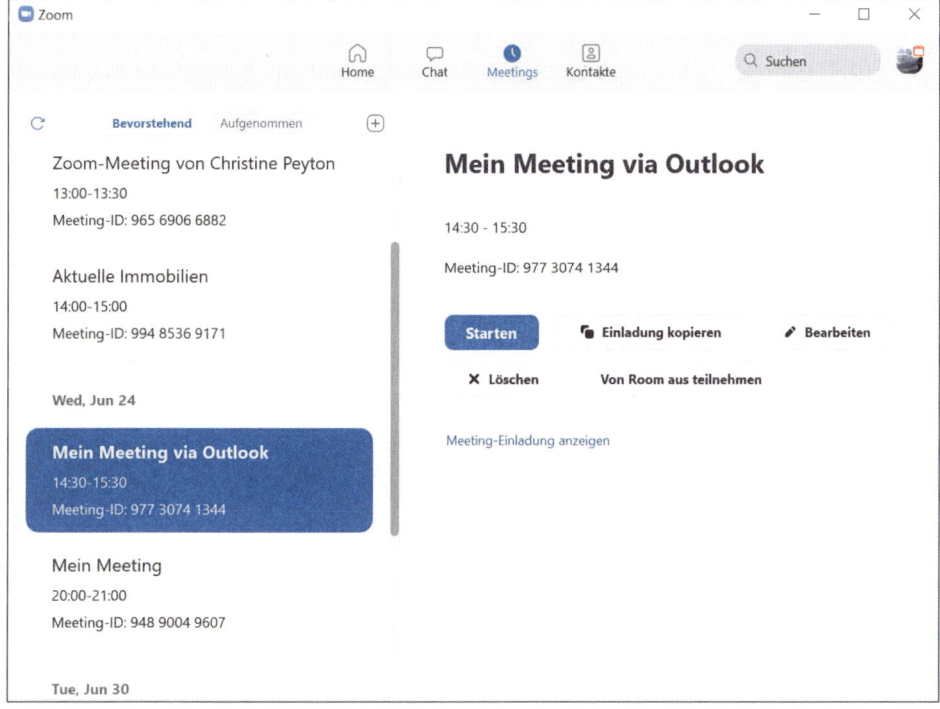

Abbildung 9.71 *Das in Outlook für den 24. Juni angelegte Meeting in Zoom*

Wenn Sie diesen Termin in Outlook öffnen und verschieben, wird die Änderung auch an Zoom übertragen, sowie Sie sie speichern oder versenden. Auch das Löschen eines Meetings wird von Outlook an Zoom weitergereicht.

Abbildung 9.72 *Der geänderte Besprechungstermin in Zoom, jetzt am 25. Juni*

203

Ihr Zoom-Profil mit einem individuellen Bild

Profilbilder sind äußerst beliebt. Wir kennen sie von allen möglichen Apps auf dem Smartphone, in denen sich die User mit kleinen Bildchen präsentieren. Auch für eine Zoom-Videokonferenz können Sie sich ein Profilbild zulegen, um eine Alternative zur Videoaufnahme zu haben. Zwei Wege führen zu einem solchen Profilbild:

- Sie können die Zoom-Software aufrufen und dort auf das Zahnrad (für die Einstellungen) klicken. Im Dialog aktivieren Sie den Punkt **Profil**. Damit öffnet sich das Zoom-Webportal mit der Kategorie **Profil**. Achten Sie dabei auf die Taskleiste, das Portal im Webbrowser meldet sich im Hintergrund.

- Sie rufen Zoom (*zoom.us*) im Browser auf und melden sich an. Im Web-Zoom klicken Sie im linken Bereich unter **Persönlich** auf **Profil**.

Abbildung 9.73 *So gelangen Sie zu Ihrem Profil.*

Auf dieser Seite sehen Sie die Daten zu Ihrem Profil. Rechts gibt es zu den einzelnen Einträgen jeweils den Link **Bearbeiten**. Darauf klicken Sie, wenn Sie etwas ändern möchten, z. B. Ihren Namen, Ihre Anmelde-E-Mail, die Sprache und Ihr Kennwort für die Anmeldung bei Zoom. Dann können Sie die Korrektur vornehmen und die Änderungen speichern (**Änderungen speichern**). Bei einigen Änderungen sind weitere Angaben notwendig, oder es wird eine Bestätigungs-Mail verschickt.

Ihr Zoom-Profil mit einem individuellen Bild

Die persönliche Meeting-ID

Sie sehen hier im Profil auch den Punkt **Persönliche Meeting-ID**. Darüber schreiben wir in Kapitel 10, in dem es um die Pro-Features von Zoom geht.

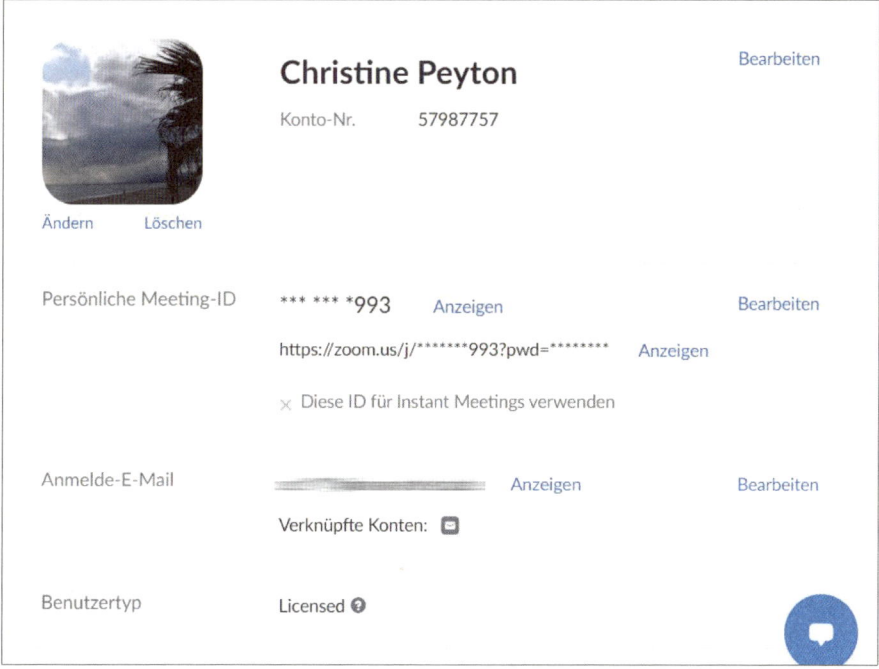

Abbildung 9.74 *Ihre Profilseite bei Zoom*

Um nun ein Profilbild festzulegen, klicken Sie unter der Gesichtsschablone (bzw. einem vorhandenen Profilbild) auf **Ändern**.

Im Dialog **Bild Ändern** klicken Sie auf **Hochladen** unten rechts. Achten Sie zuvor auf den Hinweis, dass die Größe des Bildes 2 MB nicht überschreiten darf und dass nur bestimmte Formate funktionieren.

Nun sind Sie im Dialog **Öffnen**, wo Sie zum Ordner wandern, in dem Ihr Wunschbild gespeichert ist; wählen Sie es aus, und klicken Sie dann auf **Öffnen**. (Es sei dahingestellt, ob es grundsätzlich eine gute Idee ist, ein Foto vom Hund oder vom Dreijährigen zu wählen; was Sie hier aussuchen, ist Ihr »Gesicht« im Meeting, wenn Sie die Kamera nicht einschalten.)

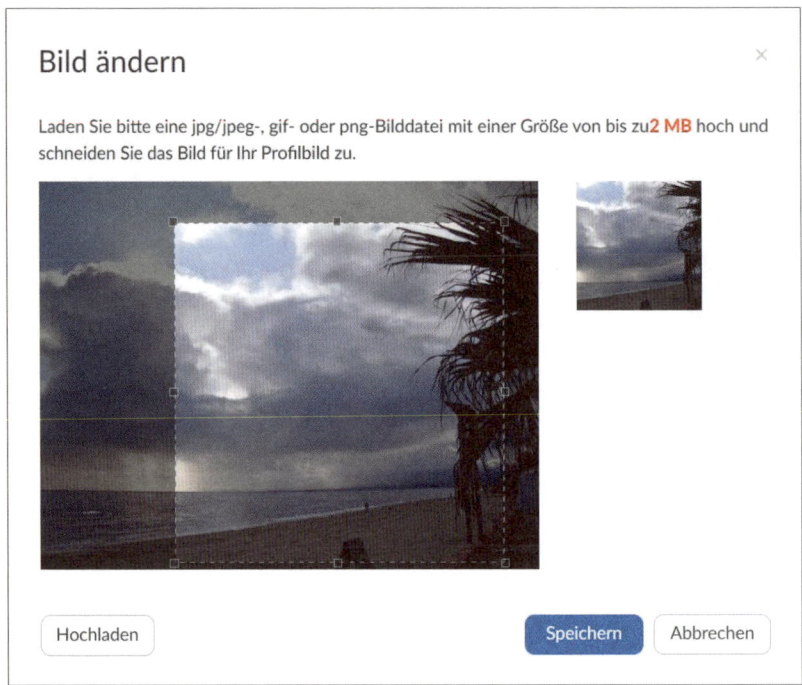

Abbildung 9.75 *Der Dialog »Bild ändern«*

Nach dem Hochladen können Sie das Foto mit den Ziehpunkten zuschneiden und mit dem Vierfach-Pfeil auf den gewünschten Ausschnitt verschieben. Dann klicken Sie auf **Speichern**. Gleich darauf taucht das Bild als Ihr Profilbild auf.

Wie Sie sehen, gibt es nun auch den Link **Löschen**. Wenn Sie hierauf klicken, erhalten Sie nur eine kurze Nachfrage, ob Sie Ihr Profilbild löschen möchten. Sie können mit **Ja** oder **Nein** antworten.

Das war's. Wenn Sie Ihre Kamera im Meeting ausschalten, wird nun Ihr Profilbild gezeigt und nicht der schwarze Kasten mit Ihrem Namen.

Wenn Sie Ihr Profilbild ändern möchten, rufen Sie Ihr Profil erneut auf und klicken unter dem Bild auf **Ändern**.

Kapitel 10
Werden Sie ein Pro

Die vorangehenden Kapitel haben gezeigt, dass Zoom in der kostenlosen Basic-Variante sehr gut zu nutzen ist und über eine Fülle von Funktionen verfügt, sowohl für die Teilnehmer als auch für den Host. Lediglich die Registrierung (siehe Kapitel 9) spielte in mancher Hinsicht eine Rolle. Allerdings haben wir in unseren bisherigen Beschreibungen einen Punkt bewusst ignoriert, und zwar die Zeitbeschränkung für ein Meeting. Wie Sie wissen, erlaubt die Basic-Variante lediglich Meetings von 40 Minuten. Sie als Host müssten also immer wieder ein neues Meeting starten, sofern die Diskussion noch nicht beendet werden kann. Das ist in der Praxis nicht realistisch oder kann höchstens im privaten Rahmen mit drei, vier Menschen so gehandhabt werden. Daher werden Sie letztendlich nicht umhinkommen, eine kostenpflichtige Version von Zoom zu erwerben.

Die entsprechenden Schritte beschreiben wir im nächsten Abschnitt; wir – als registrierte Nutzer – entscheiden uns für ein Upgrade auf das Pro-Abo. Abgesehen von dem Wegfallen des Zeitlimits gewinnen wir mit diesem Abo auch einige Funktionen hinzu, die zuvor nicht zur Verfügung standen. Relevant erscheinen uns vor allem vier Dinge: Benutzerverwaltung, Cloud-Aufzeichnung (siehe auch die Beschreibung lokaler Aufzeichnungen in Kapitel 8), die persönliche Meeting-ID und die Möglichkeit, Meetings mit registrierten Teilnehmern zu veranstalten.

Ein Upgrade durchführen

Zoom ist ein abobasierter Dienst, und Sie können monatliche oder jährliche Tarife abonnieren. Nachdem wir im vorherigen Kapitel gezeigt haben, wie Sie sich bei Zoom registrieren (ohne Kosten), schreiten wir nun zur Tat und entscheiden uns für ein Upgrade des Basic-Kontos auf die Pro-Version. Dies zeigen wir in den folgenden Schritten und Abbildungen.

1. Rufen Sie die Zoom-Software auf, und klicken Sie auf **Anmelden**.

2. Geben Sie Ihre Anmeldedaten ein, und klicken Sie erneut auf **Anmelden**. Wenn Sie sich diesen Schritt zukünftig sparen wollen, aktivieren Sie das Häkchen vor **Ich möchte angemeldet bleiben**.

3. Klicken Sie dann im Menü der Schaltfläche mit Ihrem Kürzel auf den letzten Eintrag **Upgrade auf Pro**.

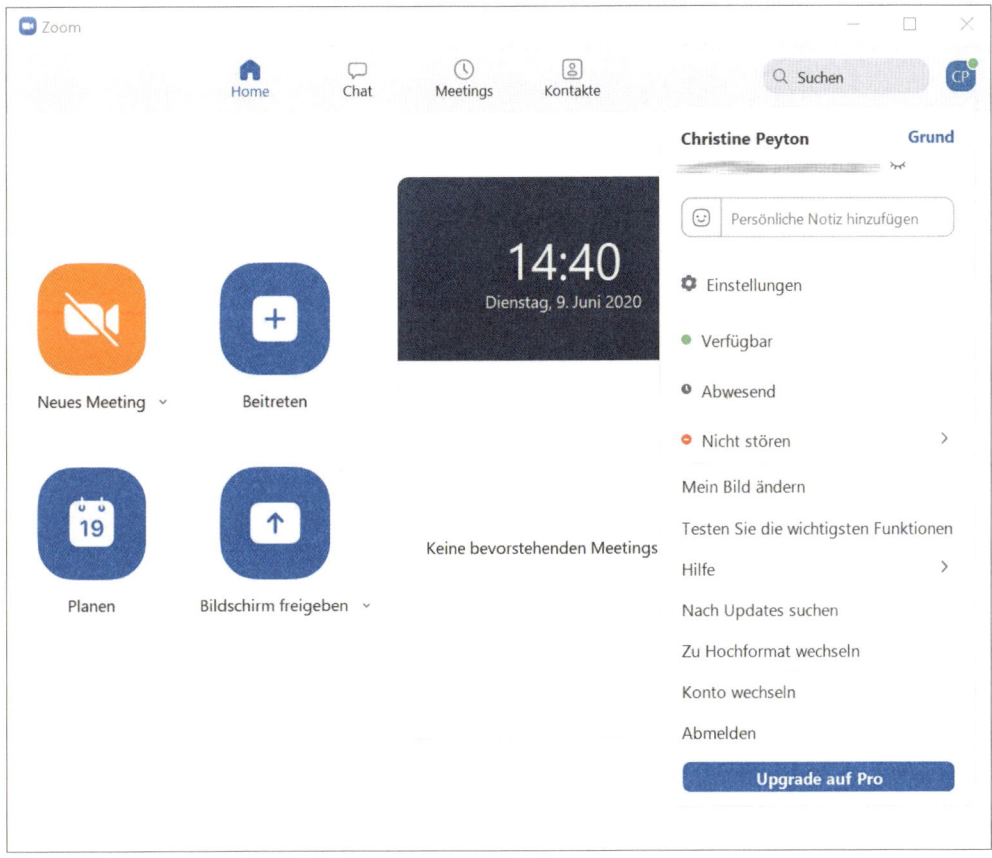

4. Die *Zoom.us*-Webseite wird geöffnet, bei der Sie sich eventuell erneut anmelden müssen.

Upgrade direkt auf der Webseite
Wenn Sie die Webseite *Zoom.us* direkt im Browser aufrufen, können Sie sich die Schritte 1–3 sparen. Sie machen dann mit Schritt 4 weiter, sind also direkt auf der Seite von *Zoom.us*, auf der Sie die **Kontoverwaltung** aufrufen.

5. Sie sind auf der Webseite mit der Verwaltung Ihres Zoom-Accounts. Hier klicken Sie im linken Bereich auf **Kontoverwaltung** und dann auf den Unterpunkt **Abrechnung**.

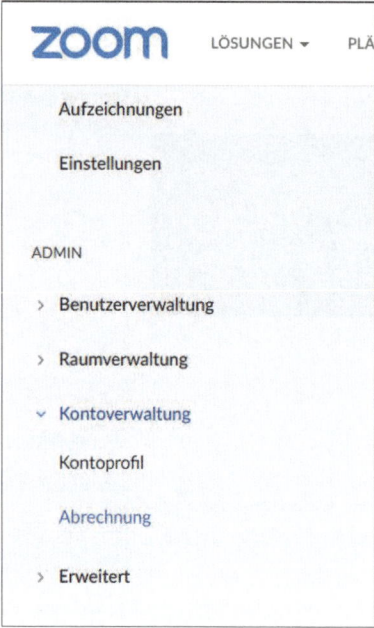

6. Sie werden daran erinnert, dass Sie »nur« einen Basis-Account haben. Klicken Sie also auf **Konto upgraden**.

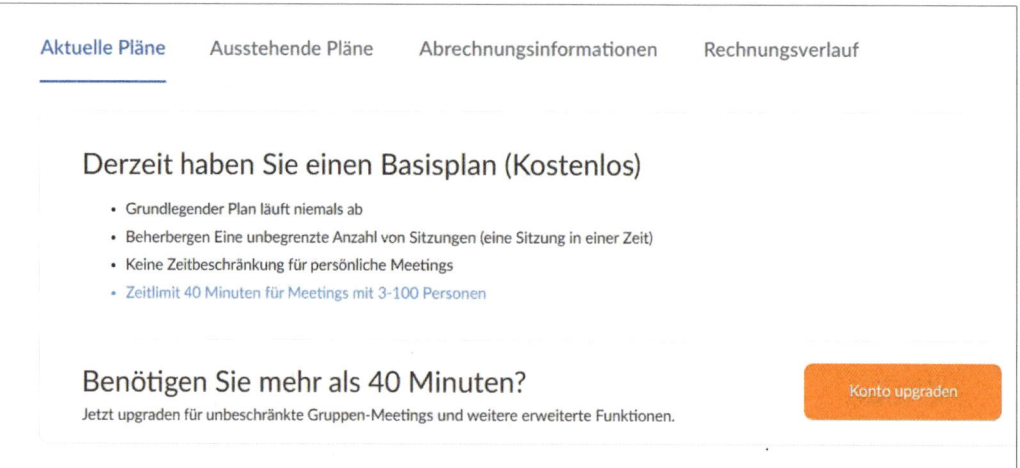

Ein Upgrade durchführen

7. Wählen Sie das gewünschte Abonnement aus – im Beispiel **Pro** –, und klicken Sie dann nochmals auf **Upgrade**.

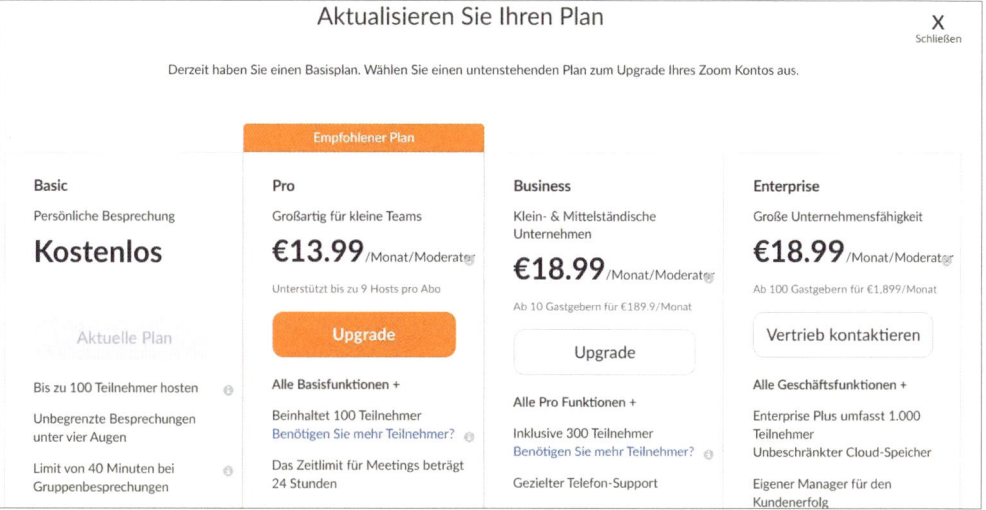

8. Bestimmen Sie die Anzahl der gewünschten Moderatoren. Je nach Anzahl der Moderatoren lassen sich mehrere Meetings parallel halten. Wenn das gewünscht wird, tragen Sie hier die gewünschte Moderatorenanzahl ein.

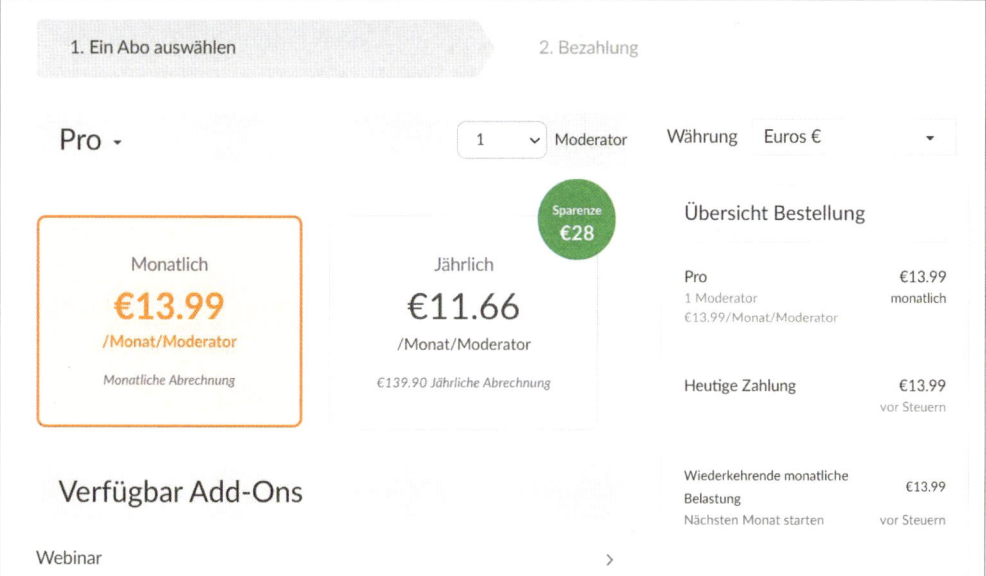

9. Wählen Sie Ihren gewünschten Zahlungszeitraum. Sie sehen, dass mit der jährlichen Zahlungsweise der monatliche Beitrag sinkt. Wenn Ihr Spiel mit Zoom nicht nur kurzes Intermezzo sein wird, entscheiden Sie sich am besten für diese Option. Klicken Sie dann auf **Fortfahren**.

10. Legen Sie jetzt die Rechnungsanschrift und Zahlungsweise fest. Klicken Sie dann auf **Jetzt upgraden**.

11. Vor der endgültigen Bestellung zeigt Zoom Ihnen eine Zusammenfassung. Klicken Sie hier auf **Bestätigen**, um den Einkauf abzuschließen. Nach einigen eingeblendeten Weiterleitungsfenstern erhalten Sie die Meldung, dass Ihr Konto erfolgreich erweitert wurde und dass Sie eine Mail von Zoom erhalten werden. Auf dieser Seite können Sie sich auch die Rechnung anzeigen lassen und dann speichern oder drucken. Rechnungen braucht man ja immer mal.

Pro kündigen – wieder Amateur werden

Während bei einigen Abos, die man im Laufe seines Lebens abschließt, die Kündigung einen ähnlichen Aufwand erfordert wie eine Scheidung nach 50 Ehejahren, ist sie bei Zoom vergleichsweise einfach. Loggen Sie sich auf der Webseite *zoom.us* mit Ihren Zugangsdaten ein.

In der linken Navigation klicken Sie im Bereich **Admin** auf **Kontoverwaltung** und dann auf **Abrechnung**.

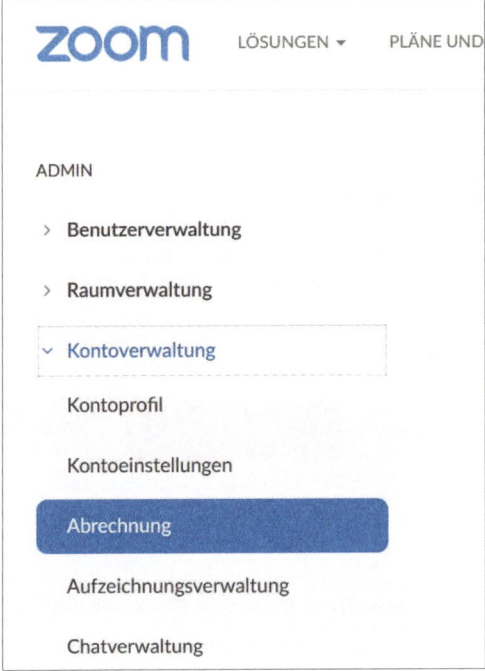

Abbildung 10.1 *Der Abrechnungsbereich*

Im mittleren Bereich sehen Sie Ihre sogenannten Pläne, also die Abos, die Sie bisher bei Zoom abgeschlossen haben. Etwas versteckt hat Zoom den Link zum Kündigen aber doch. Bei handelsüblichen Monitoren mit normaler HD-Auflösung müssen Sie nach rechts scrollen, um den Link **Abo kündigen** zu entdecken.

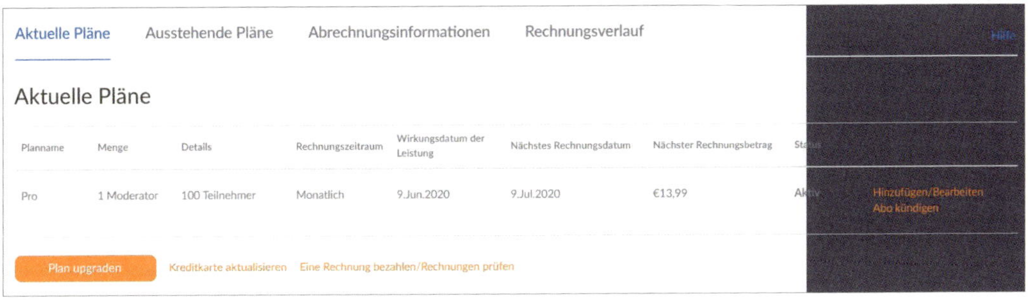

Abbildung 10.2 *Der Link zum Kündigen ist etwas rechts versteckt.*

Wenn Sie auf diesen Link klicken, wird's ernst. Zoom bedauert Ihr Vorhaben, und Sie können sich die Sache noch einmal überlegen. Bleiben Sie bei Ihrer Entscheidung, klicken Sie zur Bestätigung auf **Abo kündigen**.

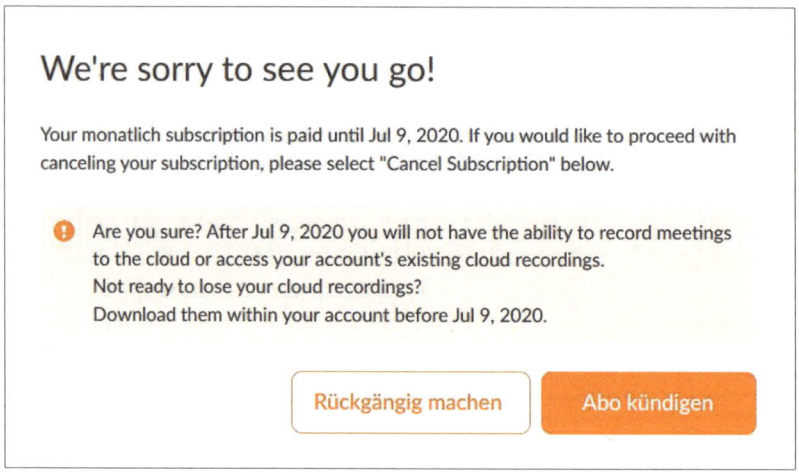

Abbildung 10.3 *Jetzt kündigen*

Wie immer gilt bei Beschreibungen von Webseiten, dass sich diese schnell ändern und daher der oben beschriebene Weg nur eine Momentaufnahme darstellt. Zur Zeit der Drucklegung dieses Buches läuft der Pro-Status noch so lange, wie er bereits bezahlt ist, und wird dann einfach nicht verlängert. Es gibt momentan keine Kündigungsfrist.

Die Benutzerverwaltung: Wer gehört zu Ihnen?

Wenn Sie den Pro-Status bei Zoom haben, können Sie Benutzer anlegen. Üblicherweise sind dies Personen Ihrer Firma oder Organisation und – wenn es sein muss – auch Ihrer Familie, also Menschen, mit denen Sie oft und unkompliziert in Kontakt treten wollen. Mit diesen Benutzern können Sie dann über die Zoom-Software schnell und unkompliziert chatten, Gruppenchats pflegen und Meetings starten. Besonders praktisch scheint die Möglichkeit, alle Teilnehmer eines Kanals (einer Gruppe) spontan mit einem Klick in ein Meeting zu rufen. In Kapitel 11 beschreiben wir dies ausführlich.

Die Benutzerverwaltung wird in Ihrer Firma wahrscheinlich von einem EDV-Beauftragten durchgeführt werden, sodass Sie mit diesem Teil von Zoom kaum in Berührung kommen; stattdessen erhalten Sie lediglich eine Aufforderung, Ihr Zoom-Konto zu aktivieren. Aber in einer kleinen Firma oder im privaten Kreis kann es Sie natürlich treffen, für die Verwaltung der Benutzer verantwortlich zu sein. Wir beschreiben in diesem Abschnitt beide Perspektiven.

Die Benutzerverwaltung von Zoom erledigen Sie auf der Webseite *zoom.us*. Rufen Sie diese Seite also auf, und loggen Sie sich ein.

In der linken Navigation im Bereich **Admin** klicken Sie auf **Benutzerverwaltung** und dann auf **Benutzer**.

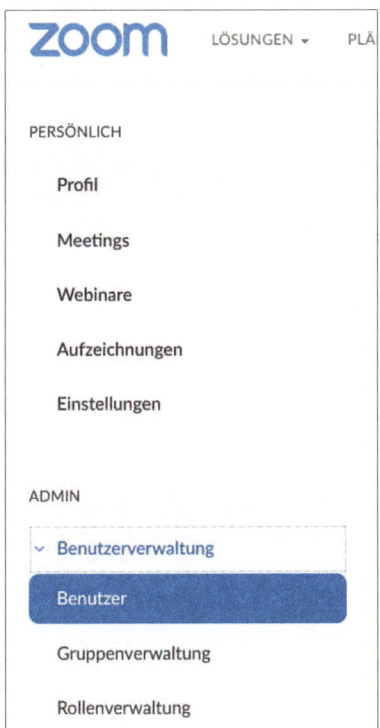

Abbildung 10.4 *Die Benutzerverwaltung aufrufen*

Im mittleren Bereich sehen Sie die bisher vorhandenen Benutzer. Wenn Sie gerade erst anfangen, mit der Pro-Version zu arbeiten, dürften hier nur Ihr Name und Ihre E-Mail-Adresse zu sehen sein, mit denen Sie sich angemeldet haben.

Abbildung 10.5 *Ihre Benutzer in Zoom*

Um einen neuen Benutzer hinzuzufügen, klicken Sie im rechten Bereich auf die Schaltfläche **Benutzer hinzufügen**. Im folgenden Dialog geben Sie die E-Mail-Adressen der neuen Benutzer durch Kommas getrennt ein. Ändern Sie den Benutzertyp in **Basic**, es sei denn, Sie haben so viele kostenpflichtige Moderatoren in Ihrem Pro-Plan, dass Sie weitere **Licensed**-Benutzer hinzufügen können. Die hinzugefügten Benutzer erhalten dann per Mail die Einladung, sich Ihrem Konto anzuschließen. Wenn sie diese Einladung annehmen und den Bestätigungslink anklicken, werden sie zukünftig bei Ihnen als Benutzer geführt.

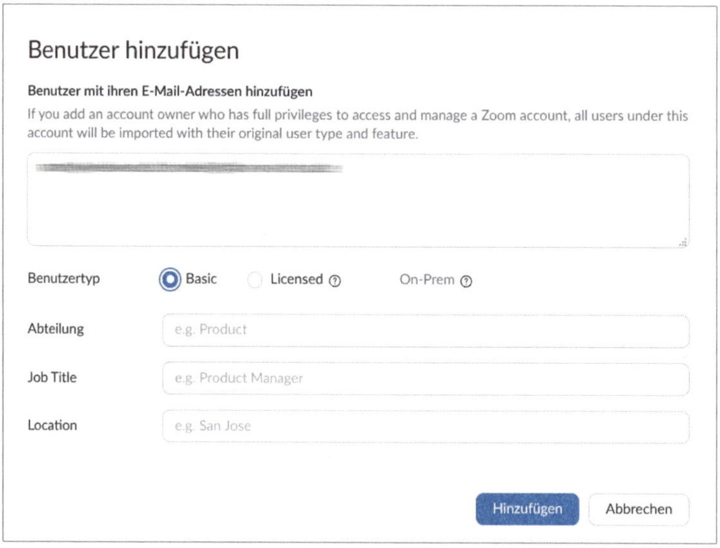

Abbildung 10.6 *Viele neue Benutzer einladen*

Die Benutzer erhalten die in Abbildung 10.7 gezeigte Einladung, Ihrem Konto beizutreten. Solange sie diesen Bestätigungslink nicht angeklickt haben, werden die Eingeladenen bei Ihnen noch in der Rubrik **Ausstehend** (Abbildung 10.8) geführt.

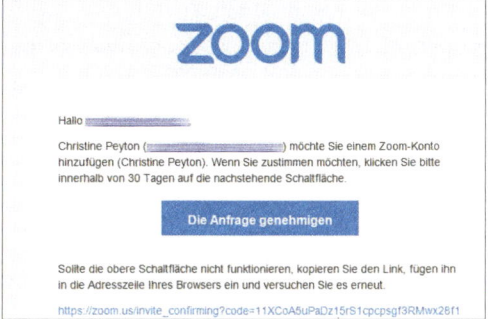

Abbildung 10.7 *Die Einladung, an Ihrem Konto teilzuhaben*

Die Einladung annehmen – und dann?
Wenn Sie zur Teilhabe an einem Konto eingeladen werden, reicht es nicht aus, schnell auf den Link zu klicken, sondern Sie müssen sich eventuell noch registrieren oder Ihr vorhandenes dem neuen Konto zuordnen. Dies beschreiben wir im nächsten Abschnitt.

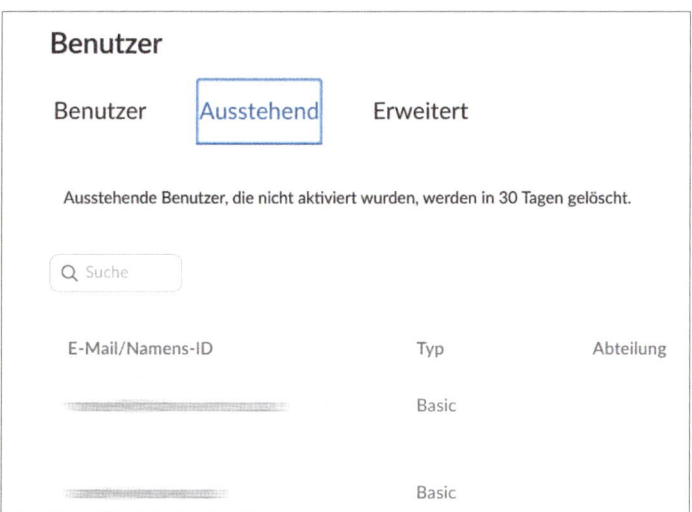

Abbildung 10.8 *Die ausstehenden Benutzer in Ihrer Benutzerverwaltung*

Wie Sie sicherlich auch schon leidvoll erfahren haben, landen E-Mails mit Links häufig im Spam-Ordner. Nicht nur deswegen können Sie bereits eingeladenen Benutzern den Einladungslink erneut zusenden. Klicken Sie dazu in der Rubrik **Ausstehend** in der Zeile des vermissten Benutzers auf **Erneut senden**.

Wenn ein Benutzer bereits auf den Link in der E-Mail geklickt hat, aber seine eventuell notwendige Registrierung noch nicht abgeschlossen ist, wird er bei Ihnen schon in der Rubrik **Benutzer** geführt, aber mit dem Vermerk **Warten auf Aktivierung**.

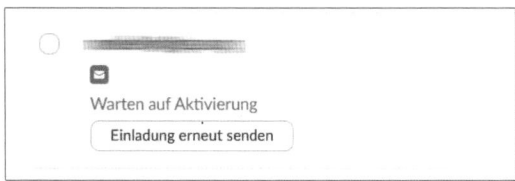

Abbildung 10.9 *Ein Benutzer ist noch nicht ganz dabei, haben Sie Geduld.*

> **Fallstricke beim Hinzufügen eines Benutzers**
>
> In der Theorie klappt das Hinzufügen von Benutzern problemlos. Leider haben wir schon feststellen müssen, dass die Eingeladenen nicht richtig dem Konto hinzugefügt wurden. Fehlgeschlagen ist dies bei uns z. B., wenn der Eingeladene bereits ein Konto bei Zoom mit seiner privaten E-Mail-Adresse hatte und er mit einer anderen (Arbeits-)E-Mail-Adresse als Benutzer hinzugefügt wurde. Stellen Sie sich als Benutzerverwalter in diesem Zusammenhang auf mögliche Probleme und mehrfaches Anlegen des Benutzers ein. Es kann helfen, wenn der Eingeladene sich vor der Genehmigung von Zoom abmeldet (private E-Mail), sowohl aus der Software als auch von der Zoom-Webseite, den Rechner neu startet und einmal um den Block läuft!

Alle Benutzer, die Sie Ihrem Konto hinzugefügt haben, finden Sie nicht nur in der Benutzerverwaltung, sondern auch in der Zoom-Software auf der Registerkarte **Kontakte** im Bereich **Unternehmenskontakte**. In der Abbildung sehen Sie unser kleines Familienimperium Peyton/Möller. Jeder der Benutzer hat alle anderen Benutzer Ihres Kontos hier als Unternehmenskontakt gelistet (In Kapitel 11 beschreiben wir die Kontakt- und Chatfunktion von Zoom im Detail).

Die Benutzerverwaltung: Wer gehört zu Ihnen?

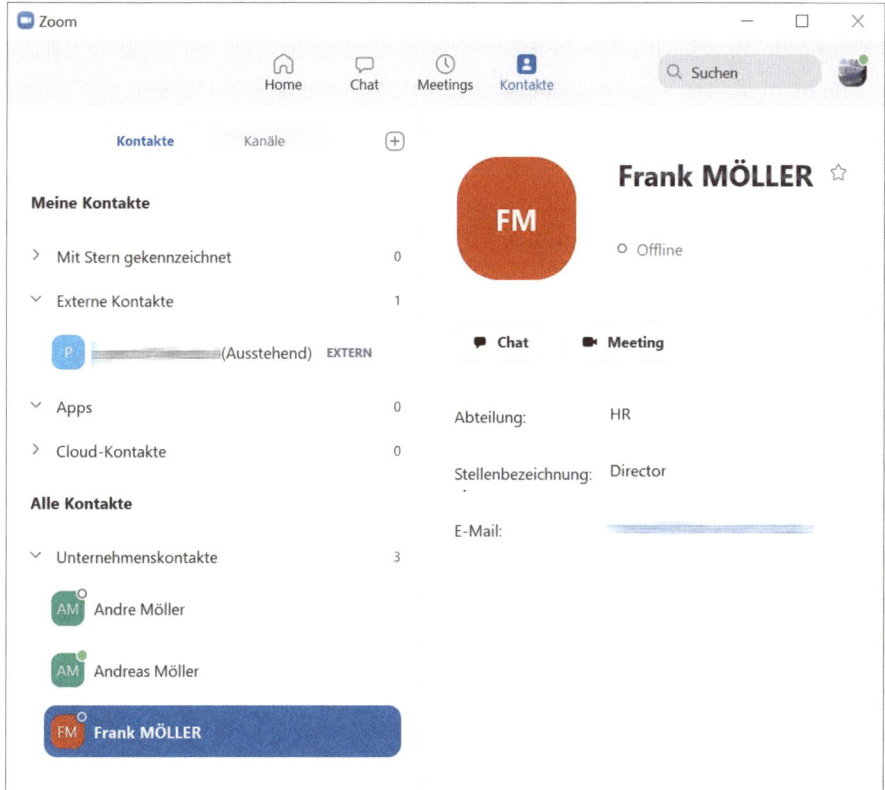

Abbildung 10.10 *Die Benutzer in der Zoom-Software*

Sie können nicht nur Benutzer hinzufügen, sondern sie auch wieder löschen, deaktivieren oder von Ihrem Konto abkoppeln. Dies geht ähnlich einfach wie das Hinzufügen.

- **Deaktivieren**: Der Benutzer wird ausgeloggt und kann sich nicht wieder einloggen, bis Sie ihn wieder freischalten. Alle Dateien und Einstellungen des Benutzers bleiben erhalten.
- **Freischalten**: Wenn Sie einen Benutzer deaktiviert haben, können Sie ihn wieder freischalten, und er kann sich wieder einloggen.
- **Link von Ihrem Konto trennen**: Der Benutzer wird aus Ihrem Konto entfernt, aber er behält sein Konto mit seinen Zugangsdaten, seinen Chats und externen Kontakten. Die Unternehmenskontakte fallen weg. Wenn Sie den Benutzer wieder in Ihr Konto aufnehmen möchten, müssen Sie ihn erneut mit der gleichen E-Mail-Adresse hinzufügen.

- **Löschen**: Löschen heißt löschen, der Benutzer wird aus der Benutzerverwaltung des gemeinsamen Kontos entfernt und taucht in der Zoom-Software nicht mehr als Unternehmenskontakt auf. Er selbst wird offline geschaltet und kann sich nicht erneut einloggen.

Wenn Sie einen Benutzer deaktivieren möchten, klicken Sie in der Zeile des Benutzers auf die drei Punkte und im Menü auf **Deaktivieren**.

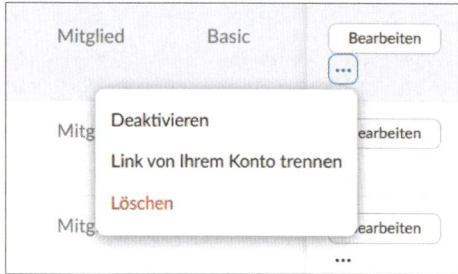

Abbildung 10.11 *Einen Benutzer deaktivieren*

Im folgenden Dialog, der Sie – in ausgefeiltem Deutsch! – auf die Konsequenzen Ihres Handelns hinweist, bestätigen Sie mit der Schaltfläche **Deaktivieren** Ihr Vorhaben.

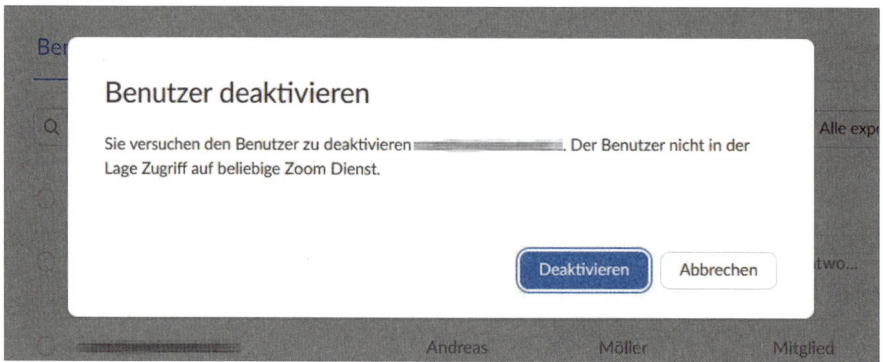

Abbildung 10.12 *Bestätigen Sie die Deaktivierung.*

Der Benutzer wird augenblicklich abgemeldet und erhält – sofern er die Zoom-Software geöffnet hat – einen entsprechenden Hinweis (Abbildung 10.13). Wenn der deaktivierte Benutzer versucht, sich erneut anzumelden, schlägt dies mit einer Fehlermeldung fehl.

Die Benutzerverwaltung: Wer gehört zu Ihnen?

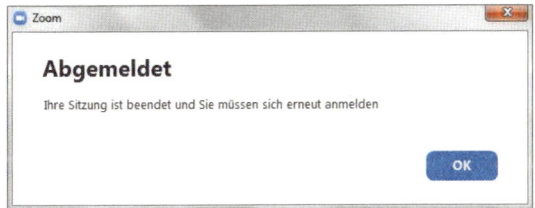

Abbildung 10.13 *Der Account bei Zoom wurde deaktiviert.*

Einen deaktivierten Benutzer können Sie in der Benutzerverwaltung schnell wieder zurück in Ihre Mitte holen. Klicken Sie in der Zeile des Benutzers auf die Schaltfläche **Freischalten**. Direkt anschließend kann der betreffende Benutzer sich mit seinen Log-in-Daten anmelden und findet in der Zoom-Software alle Chats, Kontakte etc. wieder vor.

Abbildung 10.14 *Einen Benutzer wieder freischalten*

Um einen Benutzer aus Ihrem Konto zu entfernen, ihm aber sein Konto mit seinen Zugangsdaten zu belassen, wählen Sie die Möglichkeit **Link von Ihrem Konto trennen**. Dazu klicken Sie in der Zeile des betreffenden Benutzers auf die drei Punkte und dann im Menü auf **Link von Ihrem Konto trennen**.

Im folgenden Dialog legen Sie fest, ob Sie die von dem Benutzer geplanten Besprechungen auf einen anderen Benutzer übertragen möchten. Wenn das geschehen soll, aktivieren Sie die betreffenden Optionen, und tragen Sie die E-Mail-Adresse des neuen zuständigen Benutzers ein.

Nachdem Sie die Trennung vollzogen haben, wird der alte Benutzer zwangsweise ausgeloggt. Er kann sich anschließend mit seinen Benutzerdaten bei Zoom wieder einloggen, ist aber kein Teil Ihres Kontos mehr.

Einen Benutzer löschen Sie, indem Sie in der Benutzerverwaltung im Menü der drei Punkte auf **Löschen** klicken. Der anschließende Dialog ist fast identisch mit dem Dialog zum Trennen von Benutzern. Klicken Sie hier auf die rote Schaltfläche **Jetzt löschen ohne Datenübernahme**.

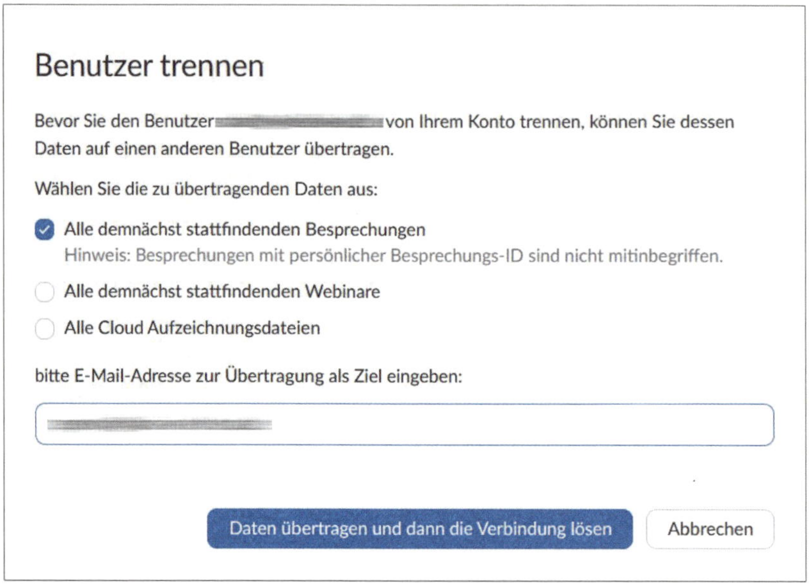

Benutzer trennen

Bevor Sie den Benutzer ▬▬▬▬▬ von Ihrem Konto trennen, können Sie dessen Daten auf einen anderen Benutzer übertragen.

Wählen Sie die zu übertragenden Daten aus:

- ☑ Alle demnächst stattfindenden Besprechungen
  Hinweis: Besprechungen mit persönlicher Besprechungs-ID sind nicht mitinbegriffen.
- ☐ Alle demnächst stattfindenden Webinare
- ☐ Alle Cloud Aufzeichnungsdateien

bitte E-Mail-Adresse zur Übertragung als Ziel eingeben:

[▬▬▬▬▬]

[Daten übertragen und dann die Verbindung lösen] [Abbrechen]

Abbildung 10.15 *Den Benutzer trennen und Daten übertragen*

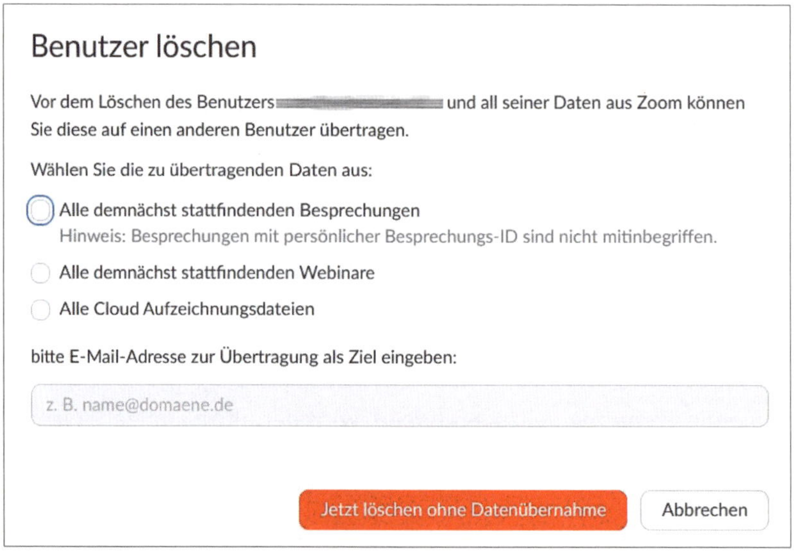

Benutzer löschen

Vor dem Löschen des Benutzers ▬▬▬▬▬ und all seiner Daten aus Zoom können Sie diese auf einen anderen Benutzer übertragen.

Wählen Sie die zu übertragenden Daten aus:

- ☐ Alle demnächst stattfindenden Besprechungen
  Hinweis: Besprechungen mit persönlicher Besprechungs-ID sind nicht mitinbegriffen.
- ☐ Alle demnächst stattfindenden Webinare
- ☐ Alle Cloud Aufzeichnungsdateien

bitte E-Mail-Adresse zur Übertragung als Ziel eingeben:

[z. B. name@domaene.de]

[Jetzt löschen ohne Datenübernahme] [Abbrechen]

Abbildung 10.16 *Einen Benutzer löschen*

So akzeptieren Sie die Einladung zu einem Zoom-Konto

Wenn Sie eine Anfrage zur Teilnahme an einem Zoom-Account erhalten, unterscheiden sich die nächsten Schritte, je nachdem, ob Sie bereits einen Zoom-Account haben oder nicht. In den folgenden Beschreibungen zeigen wir zunächst die Schritte ohne vorhandenes Zoom-Konto.

Abbildung 10.17 Die Aufforderung, an einem Zoom-Konto teilzuhaben

Klicken Sie also in der erhaltenen E-Mail auf die Schaltfläche **Zoom-Konto aktivieren**. Wenn Sie noch kein Zoom-Konto für Ihre E-Mail-Adresse registriert haben, folgt der Dialog, in dem Sie auswählen können, wie Sie sich bei Zoom anmelden möchten. Um von Grund auf zu starten, klicken Sie auf den Link **Mit einem Passwort anmelden**.

Abbildung 10.18 Bei Zoom anmelden

Jetzt können Sie Ihren Vornamen und Nachnamen eintragen sowie das gewünschte Kennwort festlegen; achten Sie auf die Regeln für das Kennwort.

Abbildung 10.19 Ihre Benutzerdaten festlegen, Teil 1

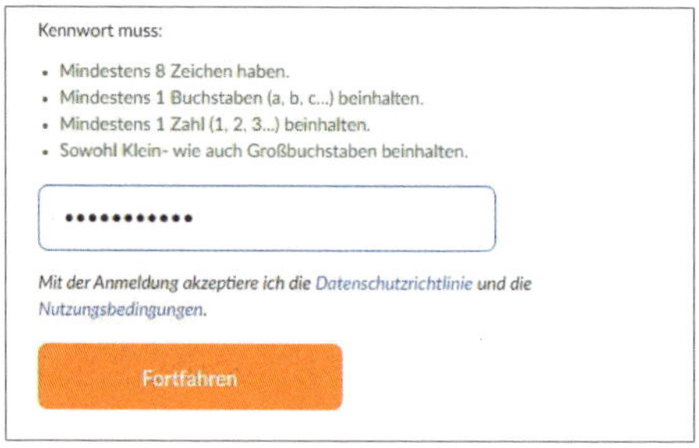

Abbildung 10.20 Ihre Benutzerdaten festlegen, Teil 2

Wenn Sie alle Felder ausgefüllt haben, klicken Sie auf die Schaltfläche **Fortfahren**.

Abbildung 10.21 Fertig – Ihr »Unterkonto« ist angelegt.

Sofern alle Angaben korrekt waren, sind Sie nun ein Teil von Zoom und können gleich mit einem Meeting starten, wenn Sie möchten, oder z. B. Ihre Zoom-Webseite aufrufen, um Ihr Profil zu bearbeiten.

Falls Sie mit Ihrer E-Mail-Adresse bereits ein Konto bei Zoom registriert haben, können Sie dieses unter die Fittiche des »Firmenkontos« packen. Auch für diesen Weg klicken Sie in der erhaltenen E-Mail auf **Die Anfrage genehmigen**.

Abbildung 10.22 *Die Anfrage in der E-Mail*

Zoom erkennt, dass für Ihre E-Mail-Adresse bereits ein Konto existiert, und fragt Sie, wie Sie verfahren möchten. Falls Sie der Zuordnung zustimmen, klicken Sie auf die Schaltfläche **Ich bestätige und möchte wechseln**.

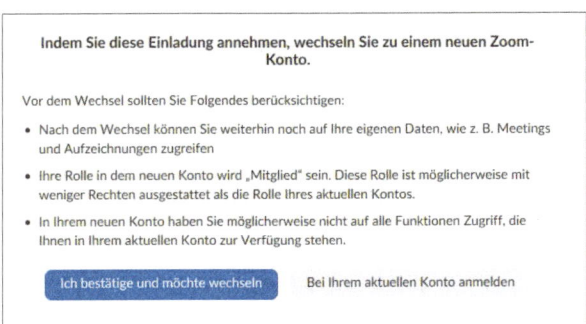

Abbildung 10.23 *Ihr Konto dem »Firmen«-Konto zuordnen*

Kurz darauf erhalten Sie die Bestätigung, dass Ihr Konto umgestellt und dem Hauptkonto zugeordnet wurde.

Abbildung 10.24 *Ihr Konto wurde umgestellt.*

Sie können sich jetzt mit Ihren gewohnten Zugangsdaten bei Zoom anmelden.

Abbildung 10.25 *Anmelden bei Zoom*

In der Zoom-Software werden Sie alle zuvor geplanten Meetings und bereits angelegten Kontakte wiederfinden. Zusätzlich gibt es neue Kontakte in der Kategorie **Unternehmenskontakte**.

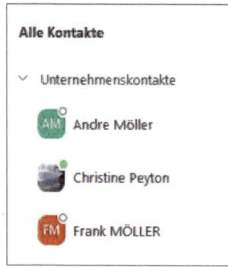

Abbildung 10.26 *Ihre neuen Unternehmenskontakte*

Wenn Sie bereits ein Zoom-Konto haben und mit einer weiteren E-Mail eingeladen werden, an einem Pro-Konto teilzuhaben, dann ist Vorsicht geboten. Bei dieser Konstellation sind wir häufiger auf Probleme gestoßen. Die Eingliederung in das Pro-Konto hat nicht sauber funktioniert. Mitunter hat es geholfen, sich vor dem Klicken auf den Genehmigungslink komplett aus Zoom abzumelden, sowohl von der Software als auch von der Website.

Cloud-Aufzeichnungen

Da wir in diesem Kapitel davon ausgehen, dass Sie Zoom mit einem Pro-Abo benutzen, können Sie nun auch die wunderbare Welt der Cloud-Aufzeichnung betreten (über lokal gespeicherte Aufzeichnungen lesen Sie in Kapitel 8).

Um diese Möglichkeit zu nutzen, klicken Sie in der Kontrollleiste des Meetings auf **Aufzeichnung**, und im Untermenü wählen Sie **In der Cloud aufzeichnen**.

Abbildung 10.27 *Die Aufzeichnung für die Cloud beginnen*

Die Aufzeichnung beginnt; das sehen Sie wie üblich an der Meldung oben links, nur dass jetzt ein Cloud-Symbol vorangestellt ist.

Nach Beendigung der Aufzeichnung erhalten Sie einen Hinweis, dass Sie eine E-Mail erhalten werden, wenn das Video in der Cloud parat steht.

Abbildung 10.28 *Am Ende der Aufzeichnung*

Nach dem Meeting erhalten Sie als Host die Mail von Zoom, mit der Sie informiert werden, dass Ihre Aufzeichnung verfügbar ist. In der Mail finden Sie einen Link, der Sie direkt zu der Detail-Webseite des Videos in Ihrem Zoom-Webportal führt (Abbildung 10.36). Hier können Sie das Video starten und anschauen, es downloaden und Einstellungen für die Freigabe des Videos festlegen.

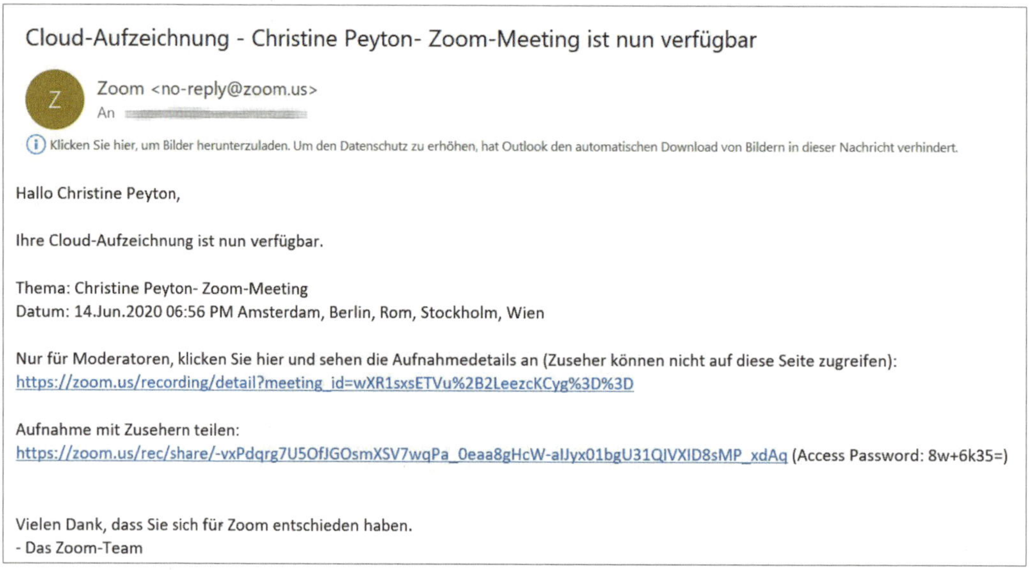
Cloud-Aufzeichnung - Christine Peyton- Zoom-Meeting ist nun verfügbar

Z Zoom <no-reply@zoom.us>
An

(i) Klicken Sie hier, um Bilder herunterzuladen. Um den Datenschutz zu erhöhen, hat Outlook den automatischen Download von Bildern in dieser Nachricht verhindert.

Hallo Christine Peyton,

Ihre Cloud-Aufzeichnung ist nun verfügbar.

Thema: Christine Peyton- Zoom-Meeting
Datum: 14.Jun.2020 06:56 PM Amsterdam, Berlin, Rom, Stockholm, Wien

Nur für Moderatoren, klicken Sie hier und sehen die Aufnahmedetails an (Zuseher können nicht auf diese Seite zugreifen):
https://zoom.us/recording/detail?meeting_id=wXR1sxsETVu%2B2LeezcKCyg%3D%3D

Aufnahme mit Zusehern teilen:
https://zoom.us/rec/share/-vxPdqrg7U5OfJGOsmXSV7wqPa_0eaa8gHcW-alJyx01bgU31QIVXID8sMP_xdAq (Access Password: 8w+6k35=)

Vielen Dank, dass Sie sich für Zoom entschieden haben.
- Das Zoom-Team

Abbildung 10.29 *Ihre Info-Mail über die Cloud-Aufzeichnung*

Wenn Sie das Video ohne weitere Bearbeitung anderen zur Verfügung stellen möchten, geben Sie den zweiten Link in dieser Mail weiter. Kopieren Sie ihn, und fügen Sie ihn z. B. in eine E-Mail ein. Beachten Sie aber, dass hinter dem Link in Klammern noch ein Passwort vermerkt ist. Ohne dieses Passwort endet der Versuch, den Film zu schauen, in einem frustrierenden Erlebnis, da der Zugriff nicht funktioniert.

Der Link führt die Zuschauer auf eine Anmeldeseite bei Zoom, auf der sie das Passwort eingeben müssen. Anschließend lässt sich das Video im Browser betrachten.

Sie selbst finden alle Cloud-Videos in Ihrem Zoom-Web-Konto. Loggen Sie sich bei *zoom.us* ein, und klicken Sie in der linken Navigation im Bereich **Persönlich** auf **Aufzeichnungen**. Im mittleren Bereich sehen Sie alle Ihre Meetings gelistet, für die es Cloud-Aufzeichnungen gibt.

Cloud-Aufzeichnungen

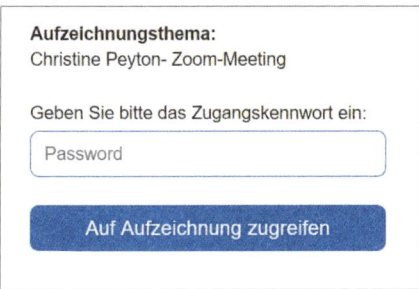

Abbildung 10.30 *Zuschauer müssen ein Kennwort für das Video eingeben.*

Aufzeichnungen in der Zoom-Software

Die Cloud-Aufzeichnungen – sowie lokale Aufzeichnungen – werden auch in der Software gesammelt. Sie finden sie auf der Registerkarte **Meetings** in der Rubrik **Aufgenommen**. Wenn Sie die Bezeichnung eines Meetings/einer Aufzeichnung markieren, sehen Sie rechts im Bereich den Speicherort (bei lokalen Aufzeichnungen den Pfad zum Zoom-Ordner, bei Cloud-Aufzeichnungen die Cloud-Adresse). Lokale Aufzeichnungen können Sie von hier aus mit **Wiedergeben** abspielen, bei Cloud-Aufzeichnungen führt ein Klick auf **Öffnen** naturgemäß zu der Seite mit der Aufzeichnung in Ihrem Zoom-Webportal.

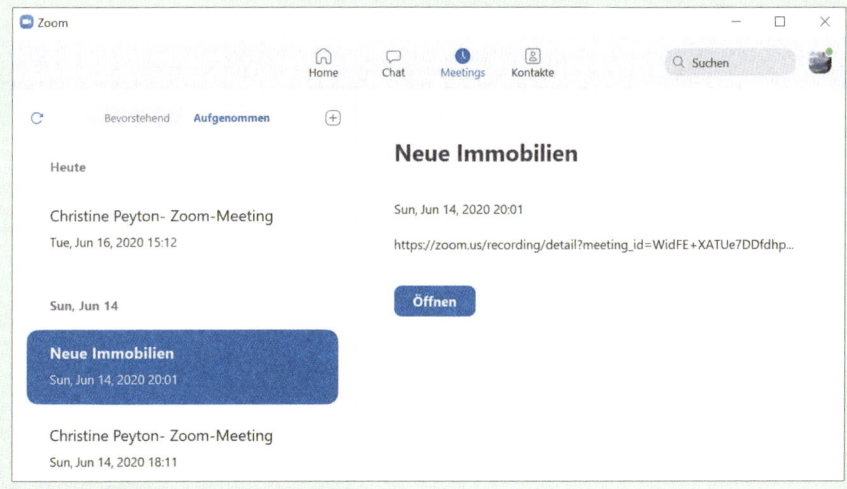

Abbildung 10.31 *Ihre Aufzeichnungen in der Zoom-Software*

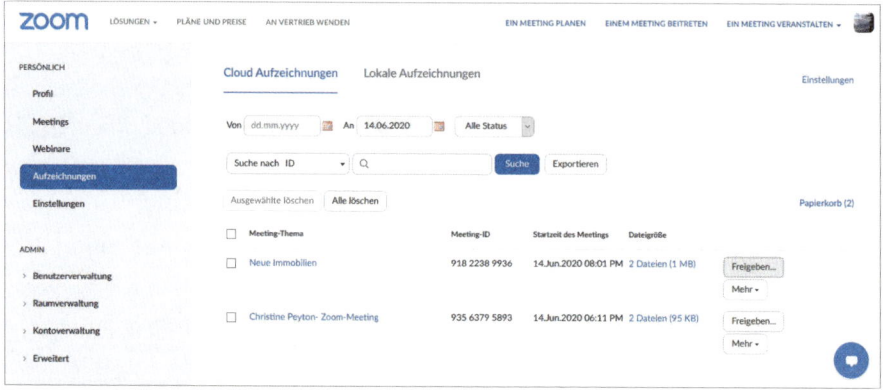

Abbildung 10.32 *Ihre Meetings mit Cloud-Videos*

Hier auf dieser Seite können Sie alle wichtigen Aufgaben im Zusammenhang mit Ihren Cloud-Videos durchführen. Nur wenn Sie das Video beschneiden möchten, brauchen Sie die Detailseite, weil Sie das Video logischerweise starten müssen (dazu weiter unten mehr).

Sie löschen die Aufzeichnungen eines Meetings, indem Sie auf die Schaltfläche **Mehr** und im Untermenü auf **Löschen** klicken. In diesem Menü finden Sie auch den Befehl zum Herunterladen der Video- und Tondateien.

> **Der Papierkorb**
>
> Auch Zoom kennt den Papierkorb. Wenn Sie eine Aufzeichnung voreilig gelöscht haben, klicken Sie auf den Link **Papierkorb**. Im Papierkorb können Sie alle noch vorhandene Aufzeichnungen wiederherstellen oder endgültig löschen.

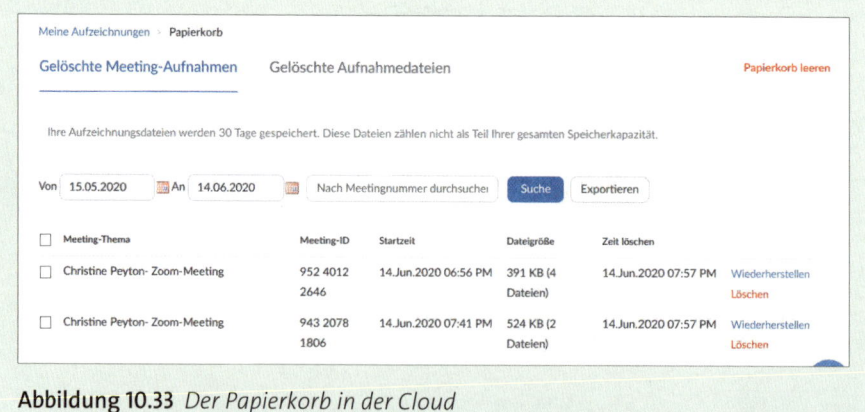

Abbildung 10.33 *Der Papierkorb in der Cloud*

Die wichtigsten Einstellungen für eine Aufzeichnungsfreigabe verbergen sich in dem Fenster **Diese Cloud Aufzeichnung freigeben**, das Sie über die Schaltfläche **Freigeben...** in der entsprechenden Zeile des Meetings aufrufen. In diesem Fenster wird eine ganze Reihe von wichtigen und weniger wichtigen Optionen angeboten, die Sie aktivieren oder deaktivieren können.

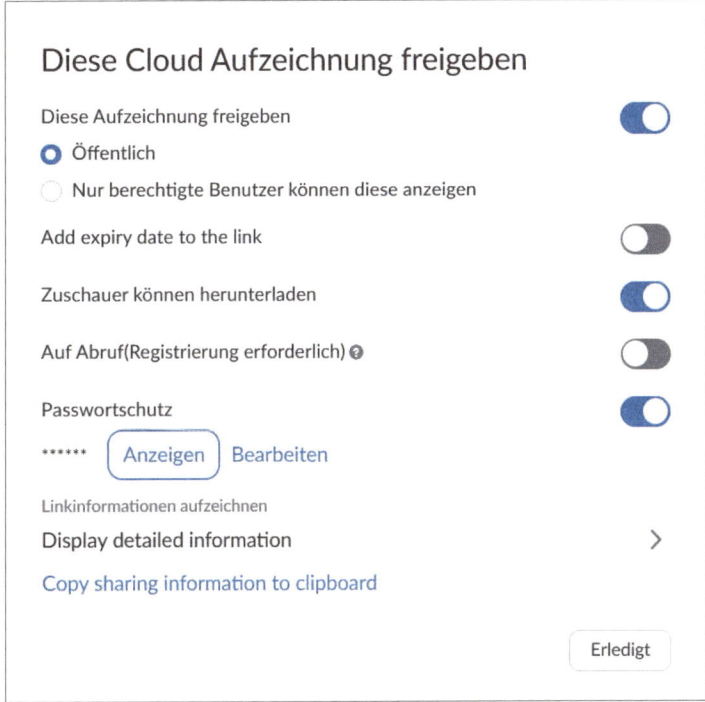

Abbildung 10.34 *Die Einstellungen für die Cloud-Freigabe*

- **Diese Aufzeichnung freigeben**: Hiermit schalten Sie die Freigabe komplett an oder aus.
- **Öffentlich**: Mit dieser Option kann jeder Zuschauer Ihr Video sehen, der den Link und das gültige Passwort hat.
- **Nur berechtigte Benutzer können diese anzeigen**: Nur Benutzer, die zu Ihrem Konto gehören, haben Zugriff.
- **Add expiry date to the link**: Wenn Sie diese Option einschalten, können Sie festlegen, wie viele Tage die Aufzeichnung betrachtet werden kann; alternativ können Sie ein Ablaufdatum festlegen (**Custom Date**).

- **Zuschauer können herunterladen**: Ist diese Option deaktiviert, dürfen die Zuschauer das Video nicht einfach herunterladen. Technisch lässt sich dies aber nicht vollständig verhindern.

- **Passwortschutz**: Ist diese Option aktiviert, müssen Zuschauer das Passwort vor Abruf des Videos eingeben. Sie können das vorhandene Passwort einblenden (**Anzeigen**) und ändern (**Bearbeiten**).

- **Display detailed Information**: Ein Klick auf diesen Link blendet Informationen zu dieser Freigabe ein. Hier sehen Sie z. B. den Link zum Video und das Zugangskennwort.

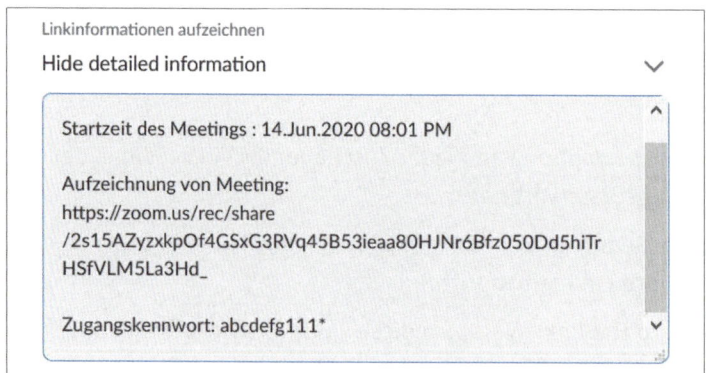

Abbildung 10.35 *Die Informationen zu der Freigabe*

Praktisch ist der letzte Link **Copy sharing information to clipboard**. Klicken Sie ihn an, wird der komplette Informationstext sofort in die Zwischenablage kopiert. Sie können diesen Text dann einfach in eine E-Mail einfügen. Der Empfänger hat damit alle notwendigen Informationen zum Abrufen des Videos.

Sie verlassen das Fenster mit **Erledigt**.

Um die Detailseite einer Aufzeichnung aufzurufen, klicken Sie auf den Namen des Meetings. (Diese Detailseite wird auch mit dem Link aufgerufen, den Sie mit der E-Mail erhalten haben, die Sie über die Fertigstellung des Videos informiert.)

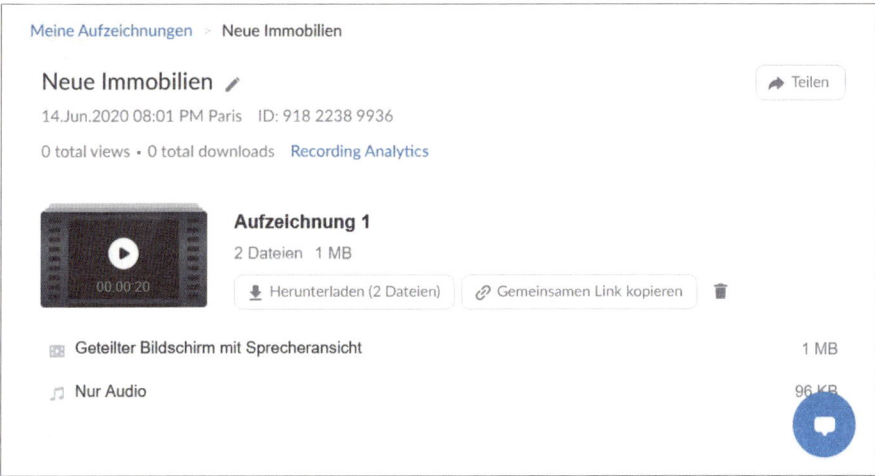

Abbildung 10.36 *Die Detailseite der Aufzeichnung*

> **Teilen ist nicht teilen!**
> Auf der Detailseite finden Sie die Schaltfläche **Teilen**. Entgegen der Erwartung rufen Sie mit dieser Schaltfläche wieder den Dialog **Diese Cloud Aufzeichnung freigeben** auf, deren Optionen wir oben beschrieben haben.

Wenn Sie sich das Video anschauen möchten, klicken Sie auf den Abspielpfeil auf dem angedeuteten 16-mm-Filmschnipsel. Das Video wird automatisch in einem neuen Fenster abgespielt. Hier finden Sie am unteren Rand die üblichen Steuerelemente eines Videoplayers. Eine Besonderheit ist die Schere (**Wiedergabebereich festlegen**). Mit diesem Tool können Sie die Länge des freigegebenen Videos verkleinern, aber keine einzelnen Teile herausschneiden.

Abbildung 10.37 *Die Steuerelemente des Videoplayers mit der Besonderheit »Schere«*

Um die Schere einzusetzen, klicken Sie auf das Symbol. Anschließend können Sie mit dem linken Schieberegler den Startpunkt und mit dem rechten den Endpunkt des Videos festlegen. Um diese Einstellung zu speichern, klicken Sie auf die Schaltfläche **Speichern**.

Abbildung 10.38 *Den Start- und Endpunkt des Videos festlegen*

Dieser Schnitt ist nicht für die Ewigkeit. Die abgeschnittenen Sequenzen werden nicht gelöscht, sondern nur für die Freigabe des Videos ausgeblendet; Sie können das Video also jederzeit wieder in voller Länge und Schönheit freigeben, wenn Sie möchten.

Abrufstatistiken

Für Neugierige unter Ihnen bietet Zoom eine Statistik an (**Recording Analytics**). Diese Statistik gibt Aufschluss über die Anzahl der Views und der Downloads in festzulegenden Zeiträumen.

Die persönliche Meeting-ID und persönliche Meetingräume

Mit der Pro-Version wird Ihnen eine individuelle persönliche Meeting-ID gegönnt und ein sogenannter persönlicher Meetingraum eingerichtet. In der Zoom-Software sehen Sie diese ID auf der Registerkarte **Meetings**, in Ihrem Zoom-Webportal im Bereich **Persönlich** in Ihrem Profil sowie unter **Meetings • Persönlicher Meetingraum**. In Ihrem Profil können Sie diese persönliche Meeting-ID auch ändern. Dazu klicken Sie in der Zeile **Persönliche Meeting-ID** auf **Bearbeiten**.

Die persönliche Meeting-ID und persönliche Meetingräume

Die persönliche Meeting-ID (kurz: PMI) kann an die Stelle der automatisch generierten Meeting-ID treten (wenn Sie das möchten), sodass der Einladungslink für alle Ihre Meetings identisch ist. Sie können damit Sofortmeetings starten oder auch bei der Planung eines Meetings festlegen, dass die PMI verwendet werden soll.

Lassen Sie uns klären, was es mit der PMI auf sich hat. Zwei Beispiele: Stellen Sie sich vor, Sie sind Dozent an einem Institut und bieten in Ihrem Besprechungsraum regelmäßige Sprechstunden an. Die Studenten wissen dann, dass Sie immer donnerstags um 15:00 Uhr vor Ort sind. Die Studenten können also ohne Einladung vorbeikommen und bei Ihnen anklopfen. Genau dieses Szenario können Sie mit Ihrer PMI nachspielen. Sie geben Ihren Studenten Ihren einmaligen und gleichbleibenden Einladungslink (den *Invite Link*, zu finden in Ihrem Zoom-Konto auf der Webseite **Persönlicher Meetingraum**) und teilen ihnen mit, wann Sie in Ihrem persönlichen Besprechungsraum sind (also immer donnerstags). Ihre Studenten können nun ohne vorherige nochmalige Einladung mit diesem Link am Donnerstag diesen Raum betreten bzw. zunächst in den Wartebereich kommen.

Eine andere mögliche Anwendung der PMI: Sie sind im Landmaschinenvertrieb tätig und wollen Ihren Bestandskunden im Zuge der Kundenbindung regelmäßigen Support und Erfahrungsaustausch anbieten. Auch für diesen Zweck können Sie an Ihre Kunden Ihren PMI-Einladungslink verschicken und regelmäßige Zeiten angeben, zu denen Sie in Ihrem persönlichen Meetingraum sein werden.

Je nach Konfiguration Ihres persönlichen Meetingraumes können Sie sogar zulassen, dass die Meetings ganz ohne Sie zu x-beliebiger Zeit stattfinden. Dies wäre im analogen Leben so, als ob Sie den Schlüssel zu Ihrem Besprechungsraum an alle Studenten oder Kunden gegeben hätten. Kann man machen, muss man aber nicht!

- Vorteile der PMI – kurz zusammengefasst: Da der persönliche Meetingraum immer mit derselben Meeting-ID und demselben persönlichen Link zu erreichen ist, brauchen Sie für wiederkehrende Meetings mit demselben Personenkreis nicht jedes Mal neue Einladungslinks verschicken.
- Nachteile der PMI – kurz zusammengefasst: Der Vorteil ist gleichzeitig auch der Nachteil! Der persönliche Meetingraum ist immer mit derselben persönlichen Meeting-ID und demselben Link zu erreichen. Jeder, der den Link hat, kann den Raum, also das Meeting, betreten; wird der Link – bewusst

oder unbewusst – weitergegeben, öffnet das unerwünschten Lauschern Tür und Tor, es sei denn, Sie sperren das Meeting und/oder verwenden die Funktion **Warteraum** zur individuellen Aufnahme der Teilnehmer.

Bevor Sie Ihre PMI gegebenenfalls an Ihre Leute weitergeben, empfiehlt es sich, die Einstellungen für ein solches Meeting zu kontrollieren und bei Bedarf zu ändern. Dazu gehen Sie in Ihrem Zoom-Webportal auf **Meetings** und aktivieren hier die Rubrik **Persönlicher Meetingraum**.

Um die voreingestellten Optionen zu ändern, klicken Sie unten auf **Bearbeiten Sie diese Sitzung**.

Abbildung 10.39 *Die Einstellungen Ihres persönlichen Meetingraums*

Dies sind die Optionen:

- **Persönliche Meeting-ID**: Lässt sich ändern, klicken Sie dazu auf **Ändern**.
- **Erforderliches Kennwort für Meeting**: Wenn Sie diesen Punkt aktivieren, können Sie selbst ein Kennwort eintragen.
- **Video**: Können Sie für den Moderator und die Teilnehmer ein- oder ausschalten. Die Option bezieht sich auf den Eintritt in das Meeting.
- **Audio**: Sie wählen die möglichen Tonquellen.
- **Beitritt vor Moderator aktivieren**: Wenn Sie diese Option aktivieren, können die Teilnehmer das Meeting betreten, auch wenn Sie als Host (noch) nicht im

Meeting sind. Achtung, sofern das erlaubt sein soll, muss zusätzlich die Option **Warteraum aktivieren** ausgeschaltet sein. Wenn die Optionen **Beitritt vor Moderator aktivieren** aktiviert und die Option **Warteraum** deaktiviert ist, ist es also möglich, dass sich Teilnehmer untereinander treffen, ohne dass Sie selbst mitmachen. Sie selbst können natürlich jederzeit beitreten.

- **Warteraum aktivieren**: Ist diese Option aktiviert, betreten die Teilnehmer zunächst nur den Warteraum, und Sie müssen sie einlassen.

- **Nur berechtigte Benutzer können teilnehmen**: Mit aktivierter Option sorgen Sie dafür, dass nur die Personen, die zu Ihrem Konto gehören, an den Meetings mit PMI teilnehmen dürfen. Andere sind gesperrt.

- **Vorauswahl der Breakout-Rooms**: Wenn Sie diese Option aktivieren, erscheint der Link **Räume erstellen**. Ein Klick darauf öffnet einen Dialog, in dem Sie Räume erstellen und Teilnehmer zuordnen, indem Sie deren E-Mails hinzufügen. Um einen Raum zu erstellen, klicken Sie auf das Plus-Zeichen, in dem Feld daneben geben Sie die E-Mail-Adressen ein.

- **Die Besprechung automatisch aufzeichnen**: Mit dieser Option beginnt sofort eine lokale Aufzeichnung des Meetings.

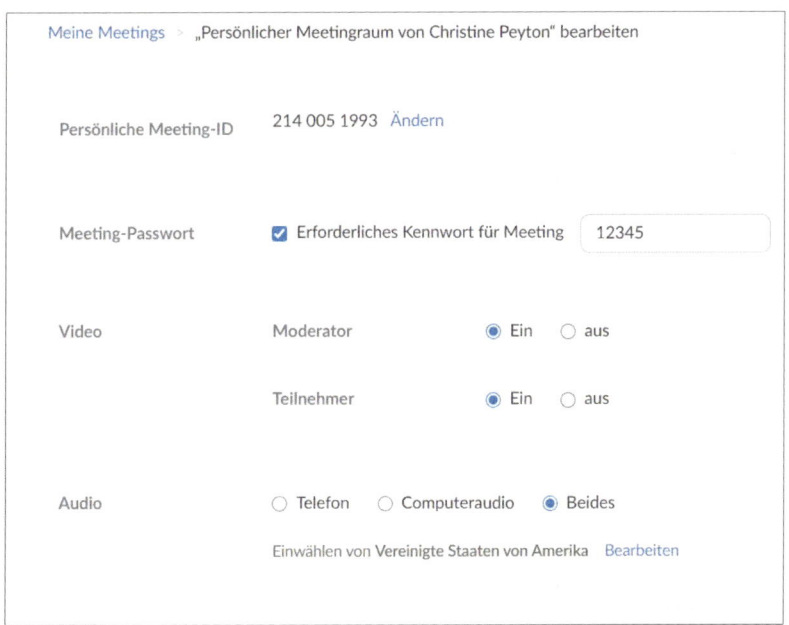

Abbildung 10.40 *Die Einstellungen Ihres persönlichen Meetingraums anpassen, Teil 1*

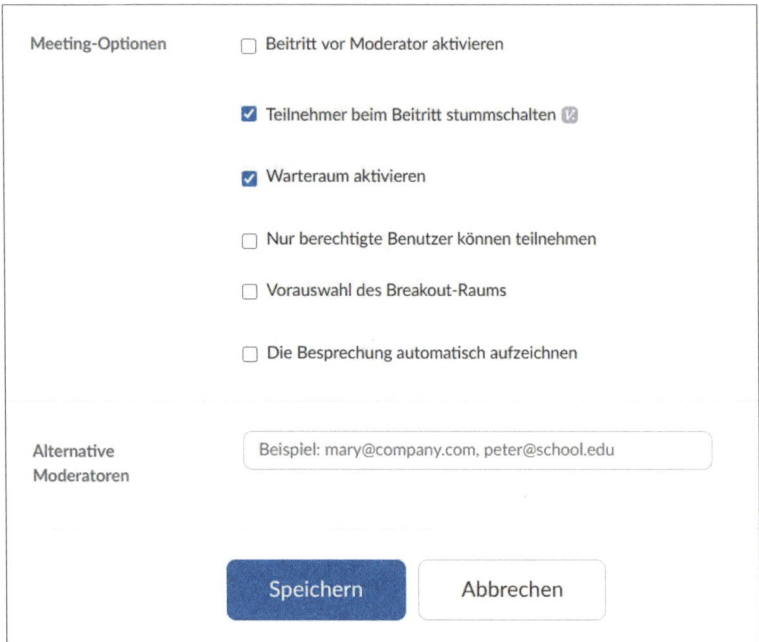

Abbildung 10.41 *Die Einstellungen Ihres persönlichen Meetingraums anpassen, Teil 2*

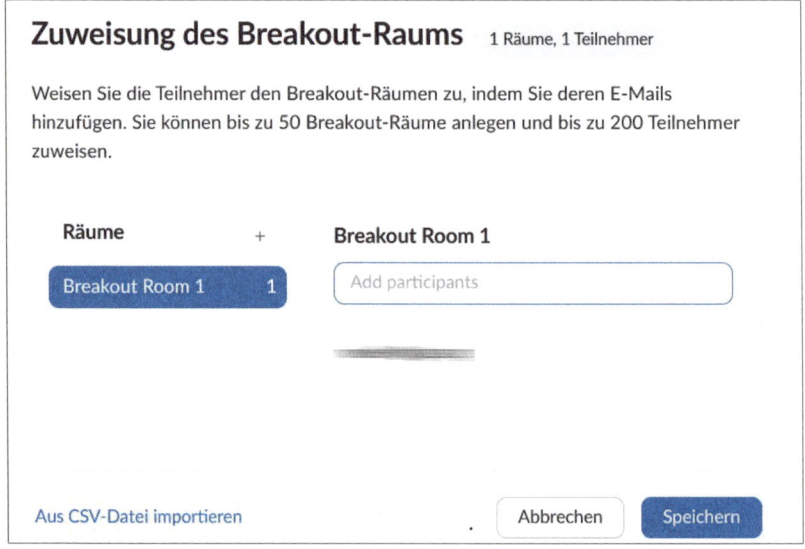

Abbildung 10.42 *Breakout-Raum für den persönlichen Meetingraum vorbereiten*

Zu guter Letzt bestätigen Sie Ihre gewählten Optionen mit **Speichern**.

Jedes Meeting unter Verwendung der PMI wird nun mit den eben festgelegten Einstellungen (die Sie auch wieder bearbeiten können) stattfinden. Wie erwähnt, müssen Sie den Teilnehmern dann keine Einladung schicken, sondern die Teilnehmer treten dem Meeting mit der von Ihnen erhaltenen PMI bzw. dem speziellen Einladungslink einfach bei. Der Einladungslink wird im Zoom-Portal auf der Seite **Persönlicher Meetingraum** neben **Invite Link** angezeigt (Abbildung 10.39). Sie können ihn hier einfach kopieren und dann denjenigen – und möglichst nur denjenigen – zur Verfügung stellen, die Ihren persönlichen Raum betreten dürfen.

Um in der Zoom-Software ein Ad-hoc-Meeting mit PMI zu starten, klicken Sie auf der Registerkarte **Home** auf den Pfeil am Symbol **Neues Meeting** und aktivieren dann **Meine Personal Meeting-ID verwenden**.

Abbildung 10.43 *Ihr persönliches Meeting aus der Zoom-Software starten*

Die PMI in der Software konfigurieren

Die Einstellungen für die PMI können Sie nicht nur im Webportal (wie eben beschrieben) vornehmen, sondern auch in der Zoom-Software. Dazu klicken Sie auf den Pfeil an **Neues Meeting** und zeigen im Menü auf Ihre PMI. Im Untermenü klicken Sie auf **PMI-Einstellungen**. Dies öffnet den Dialog **Einstellungen Persönliche Meeting-ID**.

Abbildung 10.44 *Die Einstellungen aus der Software aufrufen*

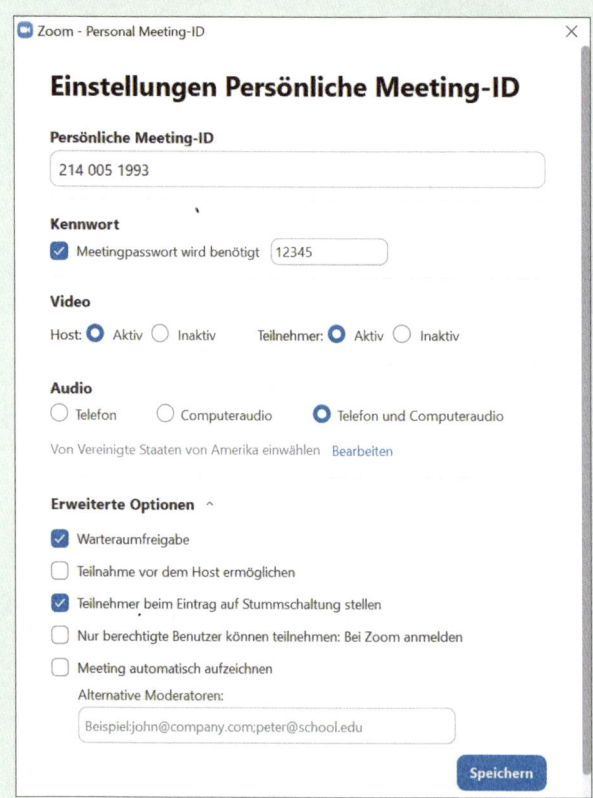

Abbildung 10.45 *Die Einstellungen Ihres persönlichen Meetings in der Zoom-Software*

Die persönliche Meeting-ID und persönliche Meetingräume

In Ihrem Zoom-Webportal regeln Sie die Einstellung, dass Sie Ad-hoc-Meetings mit PMI starten, im Bereich **Profil**. Klicken Sie in der Zeile **Persönliche Meeting-ID** auf **Bearbeiten**. Dann setzen Sie ein Häkchen vor der Option **Persönliche Meeting-ID für Sofortmeetings verwenden**. Solange Sie es bei dieser Einstellung belassen, wird die PMI für alle Meetings verwendet, die Sie über den Link **Ein Meeting veranstalten** beginnen, also für Sofortmeetings ohne vorherige Planung.

Abbildung 10.46 *Ihre persönliche Meeting-ID für Sofortmeetings aktivieren*

Auch beim Planen eines Meetings können Sie jeweils festlegen, ob die PMI verwendet werden soll oder nicht. In der Software rufen Sie über das Symbol **Planen** den Dialog **Meeting planen** auf und aktivieren die Option **Personal-Meeting-ID**.

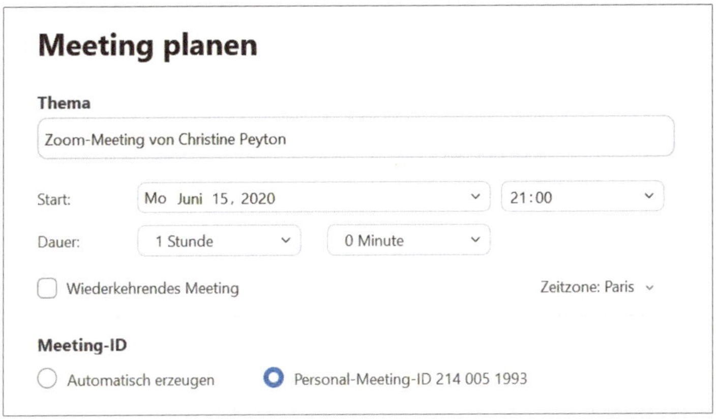

Abbildung 10.47 *Ein Meeting mit persönlicher Meeting-ID planen*

In Ihrem Webportal planen Sie ein Meeting im Bereich **Meetings** (Rubrik **Bevorstehende Meetings**), wo Sie auf **Planen Neue Sitzung** klicken und dann ebenfalls **Personal-Meeting-ID** aktivieren (Abbildung 10.47; siehe zum Planen eines Meetings auch Kapitel 9).

Veranstaltungen mit registrierten Benutzern

Zoom bietet als kostenpflichtigen Dienst auch sogenannte Webinare an, also ein Abo für Online-Veranstaltungen im großen Kreis (bis zu 100 Videoteilnehmer und 10.000 Zuschauer), die im realen Leben einem sehr gut besuchten Seminar oder fast einem Kongress ähneln. Dafür gibt es spezielle Tarife. Bei den Beschreibungen eines Webinars wird hervorgehoben, dass sich die potenziellen Teilnehmer mit persönlichen Daten registrieren können oder müssen und dass die Teilnahme am Meeting nur nach einer Genehmigung durch den Host möglich ist. Für die Durchführung eines Seminars ist das ein durchaus vernünftiges Vorgehen, und zwar aus zwei Gründen: Der Moderator (Dozent, Kursleiter o. Ä.) möchte wissen, wer teilnimmt, und/oder das Seminar ist kostenpflichtig, und die Genehmigung zur Teilnahme soll erst gewährt werden, nachdem bezahlt worden ist. Technisch wird dies über einen individuellen Link je Teilnehmer für den Beitritt zum Meeting gewährleistet. Der Link wird erst nach genehmigter Registrierung generiert und an die hinterlegte E-Mail-Adresse des Interessenten verschickt.

Unabhängig von einem zu bezahlenden Webinar-Abo können Sie auch mit einem normalen Pro-Abo (bis zu 100 Teilnehmer insgesamt) diese eben kurz skizzierten Funktionen nutzen. Dazu braucht es bei der Planung eines Meetings de facto nicht mehr als die Aktivierung einer Option: **Registrierung**.

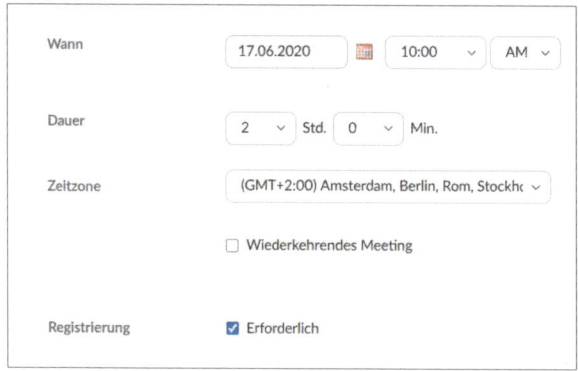

Abbildung 10.48 *Die alles entscheidende Option*

Sie machen auf der Webseite von Zoom nach der Anmeldung Folgendes: Klicken Sie im Bereich **Meetings** auf **Planen neue Sitzung**. Im nächsten Formular geben Sie wie üblich die Daten für das Meeting ein und aktivieren den Punkt **Registrierung**, setzen also ein Häkchen vor **Erforderlich**. Dann klicken Sie auf

Speichern. Nun wird Ihnen die Detailseite der geplanten Sitzung angezeigt. Wenn Sie hier nach unten wandern, sehen Sie, dass ein neuer Bereich mit drei Registern eingeblendet wird: **Registrierung, E-Mail-Einstellungen**, **Branding**.

Abbildung 10.49 *Der Bereich für die Registrierung*

Um die Registrierungsfunktion mit ihren Möglichkeiten nun einzusetzen und anzupassen, klicken Sie auf der Registerkarte **Registrierung** im Bereich **Registrierungsoptionen** auf **Bearbeiten** (Abbildung 10.49).

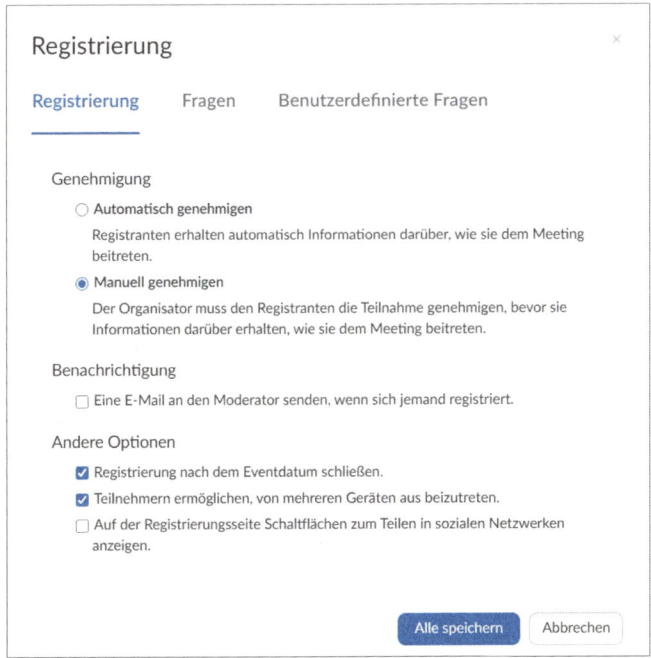

Abbildung 10.50 *Der Dialog »Registrierung«*

Im nächsten Dialog auf dem Register **Registrierung** legen Sie vor allem fest, wie die Genehmigung erteilt werden soll, manuell oder automatisch, und aktivieren oder deaktivieren die anderen gewünschten Optionen. In den meisten Fällen sind folgende Optionen sinnvoll bzw. zu bedenken:

- **Manuell genehmigen**: Diese Option erfordert von Ihnen später, dass Sie ein Häkchen vor jeden potenziellen Teilnehmer setzen, damit er seinen individuellen Teilnahmelink erhält. Mit der manuellen Genehmigung können Sie das Häkchen also noch an Bedingungen, etwa eine Bezahlung, knüpfen, oder zuvor beispielsweise prüfen, ob der Interessent die notwendigen Voraussetzungen mitbringt (erforderliche Seminarscheine oder Ähnliches).

- **Benachrichtigung**: Aktivieren Sie diese Option, wenn Sie nicht dauernd nachschauen wollen, ob sich neue Interessenten gemeldet haben, die Sie freischalten wollen/müssen.

- **Registrierung nach dem Eventdatum schliessen**: Die Registrierung wird deaktiviert, wenn das Meeting vorbei ist.

Klicken Sie im Dialog dann auf **Fragen**. Hier haken Sie an, welche (zusätzlichen) Daten Sie sich von den Menschen, die sich registrieren werden, wünschen. Sie werden informiert, dass Vorname und E-Mail-Adresse ohnehin erforderlich sind.

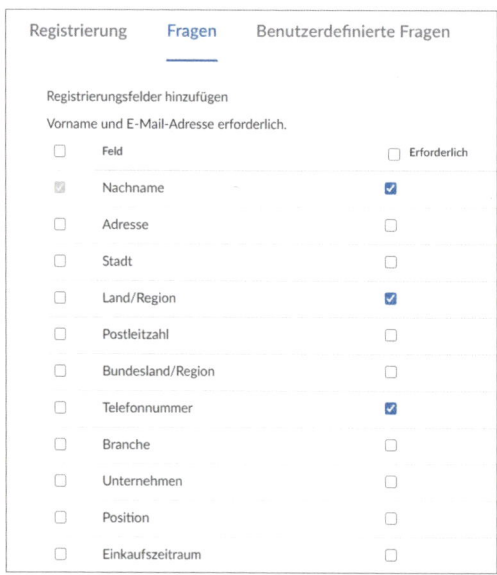

Abbildung 10.51 *Wählen Sie die Fragen für die Registrierung aus.*

Sofern Sie weitere Informationen erfragen möchten, klicken Sie auf das dritte Register **Benutzerdefinierte Fragen** und hier dann auf **Neue Frage**. Formulieren Sie nun eine Frage, die der »Registrant« beantworten muss (und kann!), aber es darf – wäre ja auch zu schön gewesen – nicht die Kreditkartennummer sein. Sie können nun auswählen zwischen **Kurzantwort** (die Frage wird vom Interessenten beantwortet) und **Eine einzige Antwort** (es gibt eine Frage mit vorgegebenen Antworten). Klicken Sie dann auf **Create**. Schließen Sie den Dialog mit **Alle speichern**.

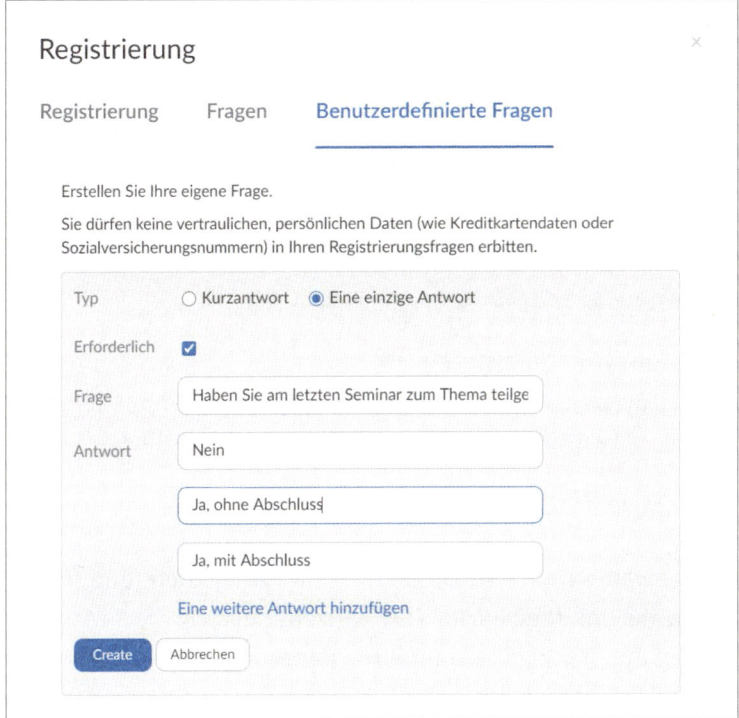

Abbildung 10.52 *Ihre eigenen Fragen an die Teilnehmer*

Sie sehen nun wieder den Registrierungsbereich. Um auch die E-Mail anzupassen, die an den Interessenten verschickt wird (nachdem die Registrierung genehmigt wurde), aktivieren Sie das Register **E-Mail-Einstellungen** und klicken dann auf **Bearbeiten**.

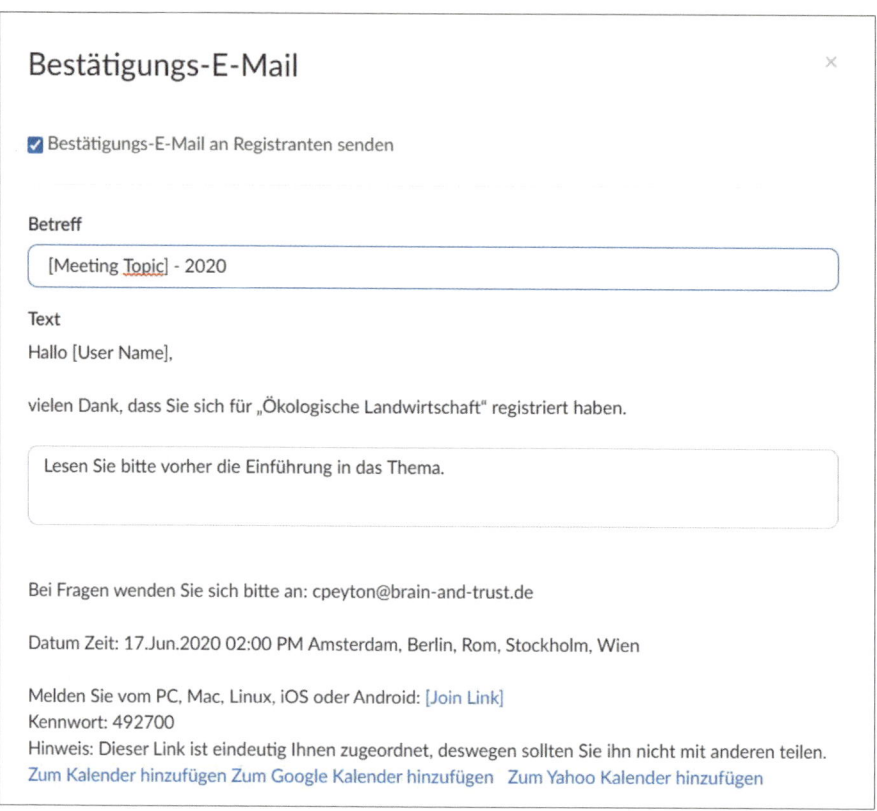

Abbildung 10.53 *Bearbeiten Sie die Bestätigungs-Mail*

Nun wird eine Vorschau auf die E-Mail geöffnet. In das mittlere und untere Textfeld können Sie hineinschreiben. Ihr Text wird zusätzlich in die E-Mail aufgenommen. Die Begriffe in eckigen Klammern – **[Meeting Topic]**, **[User Name]** und **[Join Link]** – sind Feldnamen, die in der E-Mail durch die richtigen Informationen ersetzt werden.

Wie Sie sehen, könnten Sie mit der obersten Option die Bestätigungs-E-Mail auch grundsätzlich deaktivieren, dann müssen Sie auf anderem Weg dafür sorgen, dass der registrierte Teilnehmer zu seinem Teilnahmelink gelangt. Klicken Sie abschließend auf **Speichern**.

Lieber international?
Achten Sie auch auf den kleinen Link **Deutsch**. Ein Klick hierauf öffnet ein Menü, in dem Sie andere Sprachen für die E-Mail auswählen können. Wenn Sie eine bunt gewürfelte Teilnehmerschaft erwarten, ist **Englisch** vermutlich die richtige Wahl.

Zu guter Letzt auch noch ein Wort zum Register **Branding** hier im Registrierungsbereich. Wenn Sie es aktivieren, sehen Sie, dass Sie die Möglichkeit haben, ein Banner oder ein Logo hochzuladen. Lesen Sie sich die Anforderungen für die Bilder durch, wenn Sie daran Interesse haben.

Das war die Vorbereitung für ein Meeting mit nur registrierten Teilnehmern.

Lassen Sie uns den Registrierungsablauf mit manueller Genehmigung einmal durchspielen:

1. Sie verteilen die **Registrierungs-URL** fleißig. Sie können die URL z. B. auf Ihrer Webseite einbauen, auf Facebook posten und/oder klassisch per E-Mail verteilen, sodass möglichst viele potenzielle Teilnehmer die URL erhalten, sehen und anklicken können. Ihrer Fantasie sind beim Verteilen der URL nur wenig – eigentlich nur rechtliche – Grenzen gesetzt. Die URL können Sie übrigens bequem über das Kontextmenü kopieren.

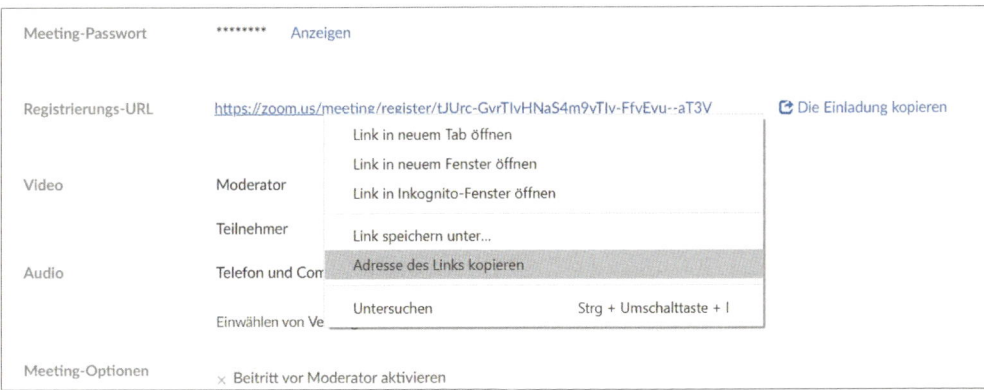

2. Die Interessenten, die sich für Ihre Veranstaltung anmelden wollen, klicken auf diese URL und gelangen dadurch zur Registrierungsseite Ihrer Veranstaltung auf dem Zoom-Server (*zoom.us*). Hier füllen sie alle erforderlichen Felder aus, beantworten die Fragen und schicken das Formular ab.

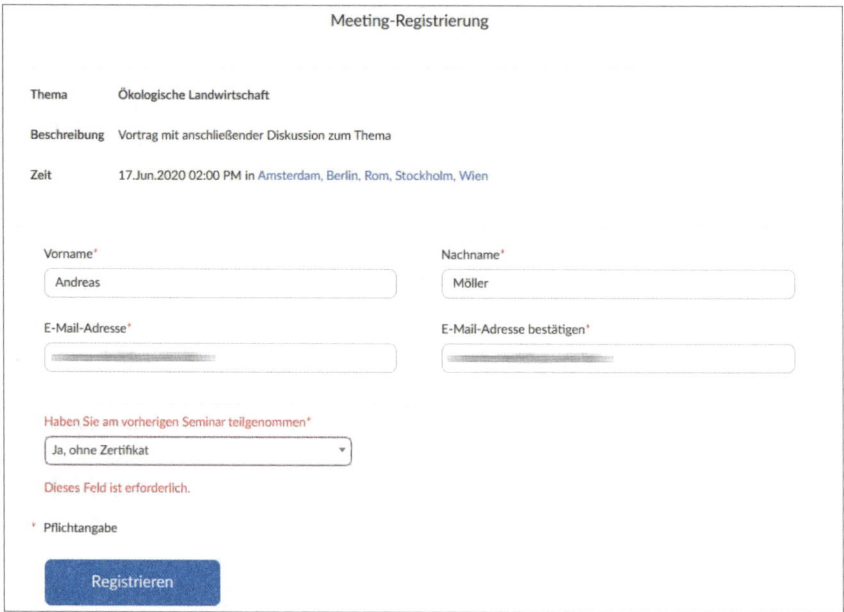

3. Nach der Registrierung erhalten die Interessenten eine Hinweis-Webseite, dass die Genehmigung ihrer Teilnahme noch aussteht.

4. Sie als Veranstalter finden die Anfrage im Registrierungsbereich des Meetings. Leider sehen Sie nicht direkt die Anzahl der zu genehmigenden Anfragen, sondern Sie müssen etwas kopfrechnen (Registranten − Genehmigt − Verweigert = Offene Anfragen). Klicken Sie bei Bedarf auf **Bearbeiten**, um die offenen Anfragen zu klären.

5. Auf der Registerkarte **Ausstehende Genehmigungen** markieren Sie den oder die Interessenten und klicken dann auf die Schaltfläche **Genehmigen**. Die Teilnehmer erhalten dann ihren individuellen Teilnehmerlink per E-Mail und wandern ad hoc in den Bereich **Genehmigt**.

6. Wenn Sie z. B. wissen möchten, wie der Teilnehmer Ihre Fragen beantwortet hat, klicken Sie auf den Namen, um die Details einzusehen.

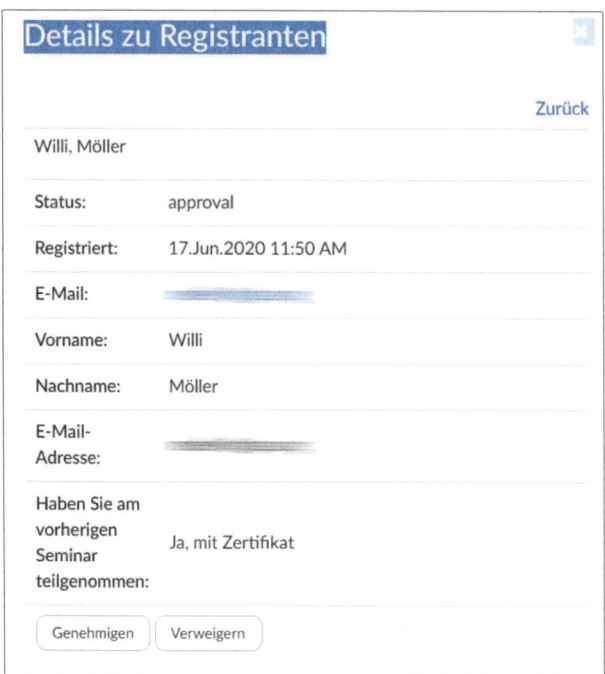

7. Auf dem Register **Genehmigt** finden Sie alle bisher akzeptierten Bewerber. Hier können Sie die einzelnen Registrierungen notfalls stornieren oder den Teilnehmerlink mit der Bestätigungs-Mail erneut versenden. Stornierte Teilnehmer finden Sie dann im Bereich **Verweigert**. Von hier aus können Sie sie dann immer noch für die Veranstaltung zulassen.

8. Die genehmigten Teilnehmer erhalten die Bestätigungs-E-Mail, in der der individuelle Teilnahmelink enthalten ist. Diesen Link müssen die Teilnehmer, wenn die Zeit gekommen ist und die Veranstaltung startet, dann anklicken, um Ihrer Veranstaltung beizutreten.

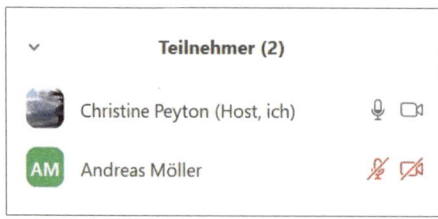

Abbildung 10.54 *Der registrierte Teilnehmer in Ihrer Veranstaltung*

```
ⓘ Klicken Sie hier, um Bilder herunterzuladen. Um den Datenschutz zu erhöhen, hat Outlook den automatischen Download von B
Von:      Christine Peyton <no-reply@zoom.us>
An:       Andreas Möller
Cc:
Betreff:  Ökologische Landwirtschaft - 2020

Hallo Andreas Möller,

vielen Dank, dass Sie sich für „Ökologische Landwirtschaft" registriert haben.

Lesen Sie bitte vorher die Einführung in das Thema.

Bei Fragen wenden Sie sich bitte an: ▇▇▇▇▇▇

Datum Zeit: 17.Jun.2020 02:00 PM Amsterdam, Berlin, Rom, Stockholm, Wien

Melden Sie vom PC, Mac, Linux, iOS oder Android: Zum Beitreten hier klicken
Kennwort: 492700
Hinweis: Dieser Link ist eindeutig Ihnen zugeordnet, deswegen sollten Sie ihn nicht mit anderen teilen.
```

Die E-Mail wird zur Schneckenpost

Bei unseren Tests ist aufgefallen, dass die Bestätigungs-E-Mails, die ja über *zoom.us* verschickt werden, mitunter lange gebraucht haben, um ihren Empfänger zu erreichen. Üben Sie sich also in Geduld, wenn sich der E-Mail-Austausch mit Ihren Interessenten verzögert. Falls es dringend ist, weil die Veranstaltung vor der Tür steht, verlassen Sie sich besser nicht auf *zoom.us*, sondern kopieren Sie die Einladung, und versenden Sie sie über Ihren eigenen Mail-Account.

Webinare

Wie wir schon am Anfang dieses Abschnitts geschrieben haben, bietet Zoom einen kostenpflichtigen Dienst für Webinare an. Dieser Service ist speziell auf sehr große Veranstaltungen zugeschnitten und bietet hilfreiche Features, sowohl bei der Registrierung als auch während des Meetings.

Sie können aber mit Ihrem Pro-Abo und den damit gebotenen Funktionen kleinere und auch größere Veranstaltungen gut bewältigen. Die Registrierung (oben für ein Pro-Abo gezeigt) ist das Hauptwerbeargument für die Webinare. Diese Funktion ist bei einem Webinar-Abo etwas ausgefeilter als eben beschrieben; so kann z. B. eine automatische Registrierung über Fragen mit Bedingungen verknüpft werden. Dieser Vorteil kommt aber nur bei wirklich großen Veranstaltungen zum Tragen. Auch die differenzierten Steuerungsmöglichkeiten über die Rechte der Teilnehmer während des

Meetings machen sich erst bei sehr vielen Zuschauern bemerkbar: So können Sie alle Teilnehmer in zwei Gruppen einteilen (eine Gruppe mit bis zu 100 Leuten, die sich aktiv beteiligen dürfen, und eine bis 10.000 Zuschauer mit wenigen Rechten, die sogenannten View-Only-Teilnehmer, denen aber das Recht zu sprechen erteilt werden kann).

Wenn Sie mit Tausenden von Teilnehmern rechnen, lässt Ihr Pro-Account Sie sowieso im Stich, Sie brauchen dann ein anderes Abo bzw. das Webinar-Add-on.

Wir wollen Ihnen den Webinar-Dienst mit seinen praktischen und hilfreichen Funktionen keineswegs ausreden, aber der oft vermittelte Eindruck, dass Veranstaltungen mit Registrierung nur mit diesem Dienst möglich sind, ist irreführend (wie wir oben gezeigt haben).

Veranstaltungen mit registrierten Benutzern

```
Von:        Christine Peyton <no-reply@zoom.us>
An:         Andreas Möller
Cc:
Betreff:    Ökologische Landwirtschaft - 2020

Hallo Andreas Möller,

vielen Dank, dass Sie sich für „Ökologische Landwirtschaft" registriert haben.

Lesen Sie bitte vorher die Einführung in das Thema.

Bei Fragen wenden Sie sich bitte an:

Datum Zeit: 17.Jun.2020 02:00 PM Amsterdam, Berlin, Rom, Stockholm, Wien

Melden Sie vom PC, Mac, Linux, iOS oder Android: Zum Beitreten hier klicken
Kennwort: 492700
Hinweis: Dieser Link ist eindeutig Ihnen zugeordnet, deswegen sollten Sie ihn nicht mit anderen teilen.
```

Die E-Mail wird zur Schneckenpost

Bei unseren Tests ist aufgefallen, dass die Bestätigungs-E-Mails, die ja über *zoom.us* verschickt werden, mitunter lange gebraucht haben, um ihren Empfänger zu erreichen. Üben Sie sich also in Geduld, wenn sich der E-Mail-Austausch mit Ihren Interessenten verzögert. Falls es dringend ist, weil die Veranstaltung vor der Tür steht, verlassen Sie sich besser nicht auf *zoom.us*, sondern kopieren Sie die Einladung, und versenden Sie sie über Ihren eigenen Mail-Account.

Webinare

Wie wir schon am Anfang dieses Abschnitts geschrieben haben, bietet Zoom einen kostenpflichtigen Dienst für Webinare an. Dieser Service ist speziell auf sehr große Veranstaltungen zugeschnitten und bietet hilfreiche Features, sowohl bei der Registrierung als auch während des Meetings.

Sie können aber mit Ihrem Pro-Abo und den damit gebotenen Funktionen kleinere und auch größere Veranstaltungen gut bewältigen. Die Registrierung (oben für ein Pro-Abo gezeigt) ist das Hauptwerbeargument für die Webinare. Diese Funktion ist bei einem Webinar-Abo etwas ausgefeilter als eben beschrieben; so kann z. B. eine automatische Registrierung über Fragen mit Bedingungen verknüpft werden. Dieser Vorteil kommt aber nur bei wirklich großen Veranstaltungen zum Tragen. Auch die differenzierten Steuerungsmöglichkeiten über die Rechte der Teilnehmer während des

Meetings machen sich erst bei sehr vielen Zuschauern bemerkbar: So können Sie alle Teilnehmer in zwei Gruppen einteilen (eine Gruppe mit bis zu 100 Leuten, die sich aktiv beteiligen dürfen, und eine bis 10.000 Zuschauer mit wenigen Rechten, die sogenannten View-Only-Teilnehmer, denen aber das Recht zu sprechen erteilt werden kann).

Wenn Sie mit Tausenden von Teilnehmern rechnen, lässt Ihr Pro-Account Sie sowieso im Stich, Sie brauchen dann ein anderes Abo bzw. das Webinar-Add-on.

Wir wollen Ihnen den Webinar-Dienst mit seinen praktischen und hilfreichen Funktionen keineswegs ausreden, aber der oft vermittelte Eindruck, dass Veranstaltungen mit Registrierung nur mit diesem Dienst möglich sind, ist irreführend (wie wir oben gezeigt haben).

Kapitel 11
Kontakte pflegen und chatten mit Zoom

Als Software bzw. Plattform für Videokonferenzen ist Zoom mittlerweile in aller Munde. Weniger bekannt ist, dass Zoom auch (nur) zum Chatten gut geeignet ist und dafür eine ganze Reihe nützlicher und bequemer Funktionen anbietet. Sie können also völlig unabhängig von Videokonferenzen mit Kollegen, Kunden, Schülern, mit Freund und Feind über die Chatfunktion in Kontakt treten und kommunizieren. Die einzige Voraussetzung ist, dass Sie bei Zoom registriert sind und die Software installiert haben und dass auch der Partner, mit dem Sie chatten möchten, Zoom installiert hat und bereit ist, sich zu registrieren und Ihre Kontaktanfrage anzunehmen.

Allerdings unterscheidet Zoom zwei Arten von Kontakten: externe Kontakte und Unternehmenskontakte. Unternehmenskontakte sind automatisch all die, die zu Ihrem Benutzerkonto gehören (siehe Kapitel 10). Und die Sache funktioniert auch andersherum: Sie gehören ebenfalls automatisch zu den Unternehmenskontakten bei den anderen Menschen, die zu diesem Konto gehören. Während Sie mit diesen Kontakten sofort und ohne weitere Einladung oder Ähnliches kommunizieren können, müssen externe Partner explizit hinzugefügt werden.

Der Chat und der Kontaktbereich von Zoom dienen in erster Linie der internen Unternehmenskommunikation – zumal Sie hier auch Ad-hoc-Meetings starten können, bequem Einladungen zu Meetings verschicken, Dateien teilen etc. –, aber Sie können diese Features eben auch für allgemeines Chatten mit anderen Menschen nutzen.

Um Zoom als Chat-Plattform zu nutzen, rufen Sie die Software auf und aktivieren als Erstes die Registerkarte **Kontakte**.

Sofern also auf der Registerkarte **Kontakte** unter **Unternehmenskontakte** bereits Namen auftauchen, sind dies Mitbenutzer Ihres Kontos (die eventuell nicht Sie, sondern der Administrator, der Zoom eingerichtet hat, dem Konto hinzugefügt hat). Mit diesen Kontakten könnten Sie sofort einen Chat beginnen.

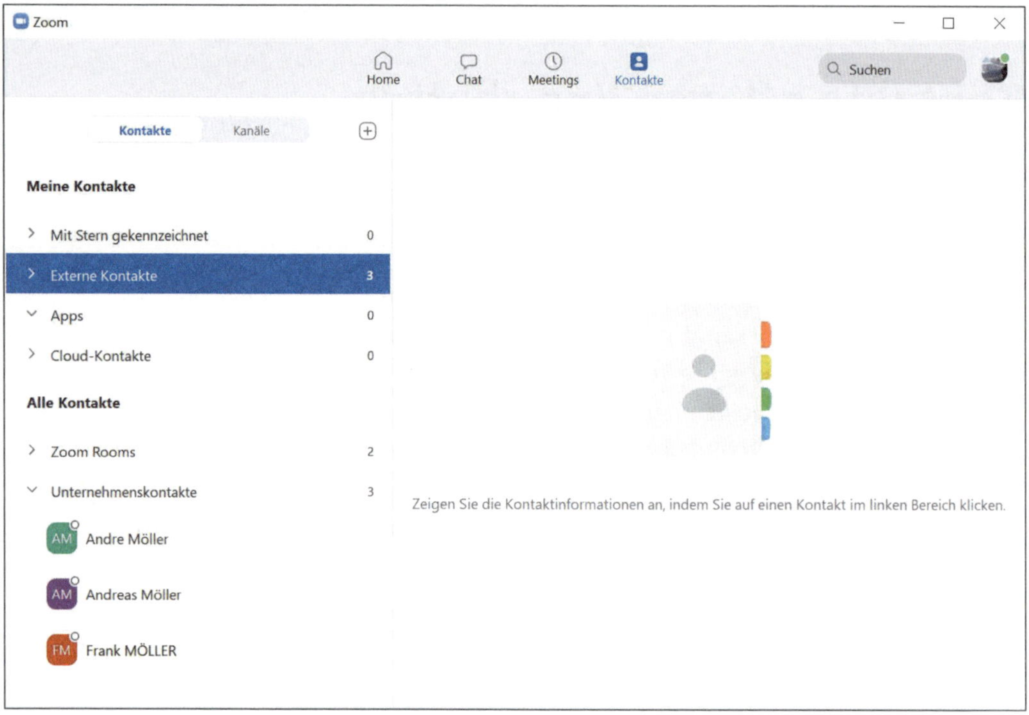

Kapitel 11 Kontakte pflegen und chatten mit Zoom

Abbildung 11.1 *Die Registerkarte »Kontakte« in der Zoom-Software*

Wir fügen zunächst einen externen Kontakt hinzu, damit wir auch dieses Prozedere einmal durchspielen. Klicken Sie auf das Pluszeichen oben im Bereich der Kontakte und im Menü auf **Einen Kontakt hinzufügen**.

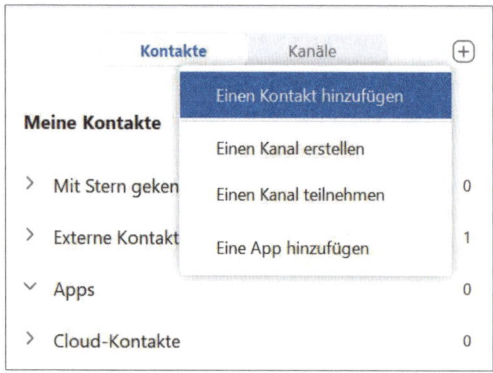

Abbildung 11.2 *Einen Kontakt hinzufügen*

Dies öffnet einen kleinen Dialog, in dem Sie die E-Mail-Adresse des neuen Kontaktes eintragen und dann auf **Kontakt hinzufügen** klicken. Sie erhalten einen Hinweis, der bestätigt, dass die Einladung verschickt wurde.

Abbildung 11.3 *Zum Chatten einladen*

Den eingeladenen Kontakt finden Sie nun unter der Überschrift **Externe Kontakte** wieder. Wenn Sie die Liste per Klick ausklappen, sehen Sie den Adresseintrag und dahinter die Meldung **Ausstehend**. Dieser Vermerk verschwindet erst, nachdem die Einladung akzeptiert wurde und der Eingeladene sich bei Zoom registriert hat. Und erst dann können Sie einen Chat mit der eingeladenen Person beginnen.

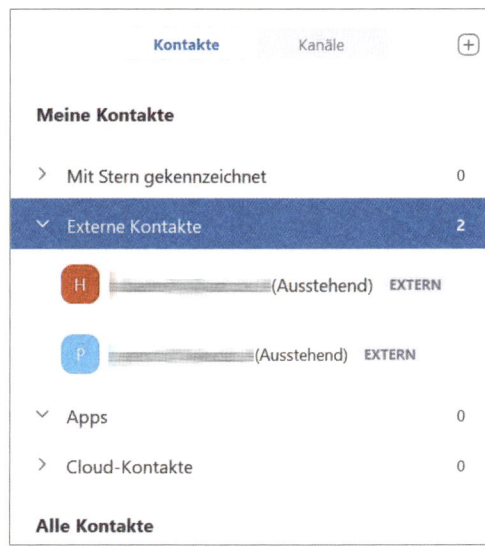

Abbildung 11.4 *Ausstehende Kontakte*

Wenn Sie einen Kontakt markieren, sehen Sie rechts im Bereich die Details zum Kontakt, bei externen Kontakten nur die E-Mail-Adresse und bei den Unternehmenskontakten die Informationen, die im Profil des Benutzers eingetragen wurden. Außerdem tauchen neben dem Namen drei kleine Symbole auf: eine Sprechblase (**Chat**), eine Kamera (**Treffen mit Video**) und die drei Punkte (**Mehr**).

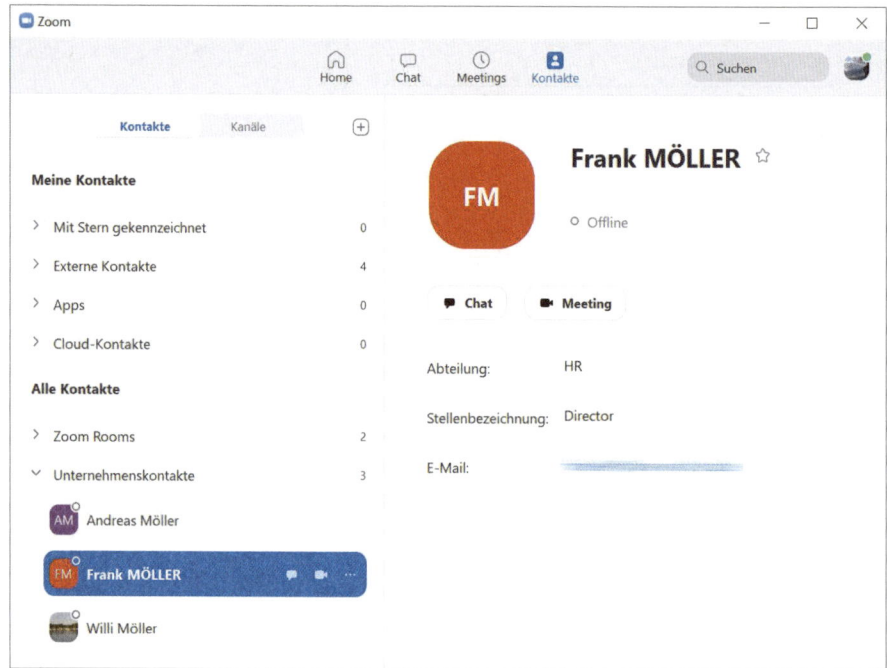

Abbildung 11.5 *Die Details des Kontaktes*

Mit einem Klick auf das Symbol **Chat** wird automatisch die Registerkarte **Chat** angezeigt, wo Sie Ihre Nachricht in das Textfeld im unteren Bereich des Fensters – Sie lesen dort **Nachricht [Name des Kontaktes]** (bzw. der Gruppe) – an den Kontakt schreiben und dann mit der ⏎-Taste auf den Weg schicken. Die Nachricht rutscht in den Chatbereich, und der Empfänger kann antworten.

> **Welche Einladungen wurden angenommen?**
> Über die aktuellen Kontaktanfragen und den jeweiligen Status können Sie sich auf einen Blick informieren, indem Sie auf der Registerkarte **Chat** die Rubrik **Systembenachrichtigungen** aktivieren.

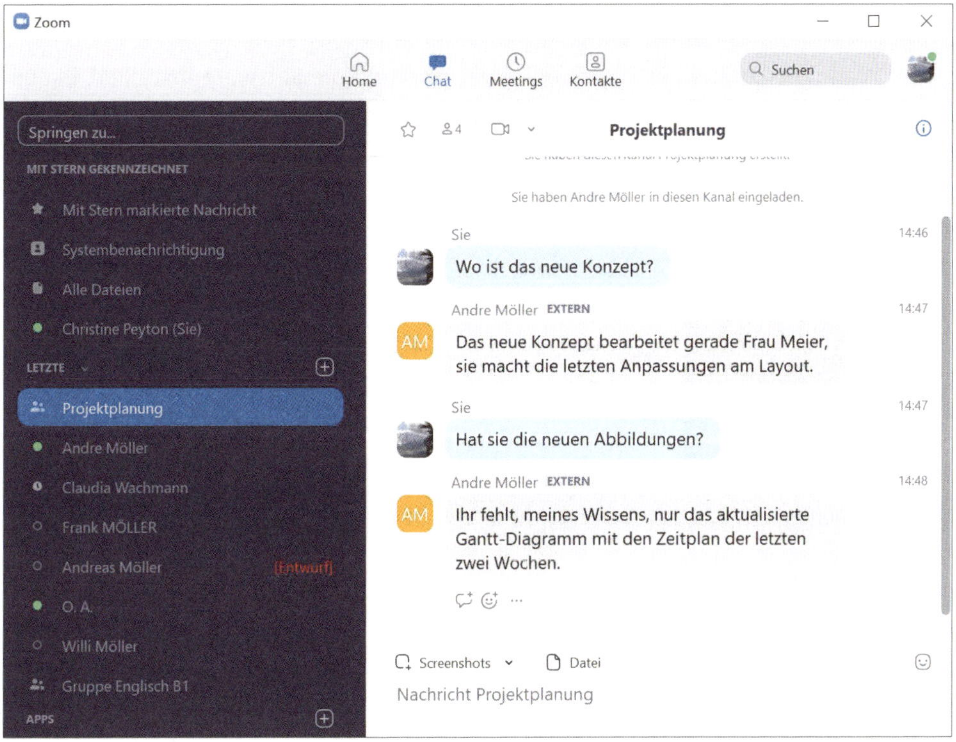

Kontakte pflegen und chatten mit Zoom

Abbildung 11.6 Nachrichten im Chat

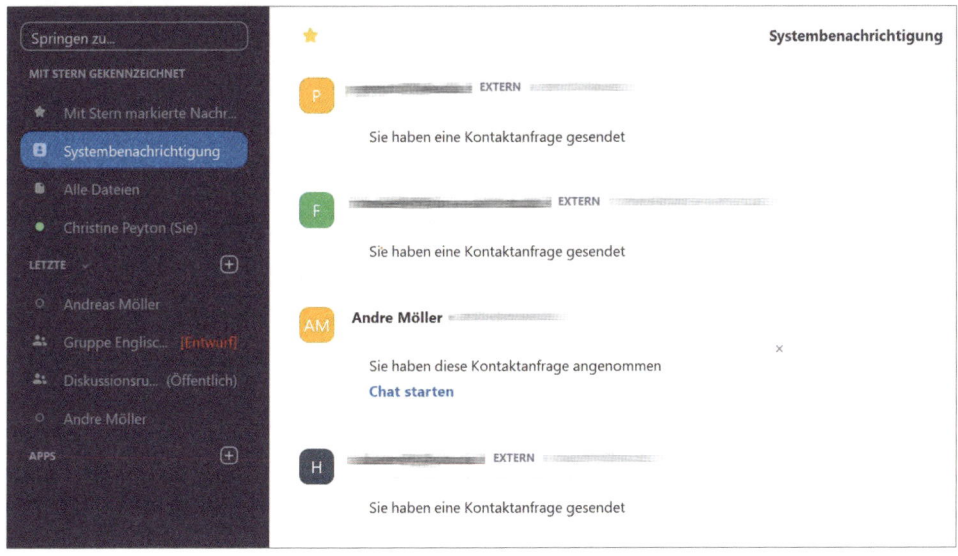

Abbildung 11.7 Antworten auf Kontaktanfragen in der Systembenachrichtigung

Kontaktanfragen beantworten

Wenn Sie bereits bei Zoom registriert sind und die Software installiert haben, finden Sie an Sie gerichtete Kontaktanfragen im **Chat** im Bereich **Systembenachrichtigung** (je nach Software-Version heißt es, wie in der Abbildung, auch **Kontaktanfragen**).

Abbildung 11.8 *Eine Kontaktanfrage im Chat*

Hier klicken Sie einfach auf **Annehmen**.

Abbildung 11.9 *Die Kontaktanfrage ist angenommen.*

Gleich darauf werden Sie darüber informiert, dass Sie die Kontaktanfrage angenommen haben. Derjenige, der Sie eingeladen hat, gehört nun auch zu Ihren Kontakten, Sie sehen ihn unter **Kontakte** im Bereich **Externe Kontakte**.

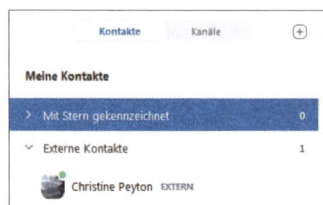

Abbildung 11.10 *Der neue Kontakt ist da.*

Falls Sie noch nicht bei Zoom registriert sein sollten, ist der Vorgang etwas langwieriger. In diesem Fall erhalten Sie eine E-Mail in Ihrem Mail-Account mit einem Link zum Annehmen der Einladung.

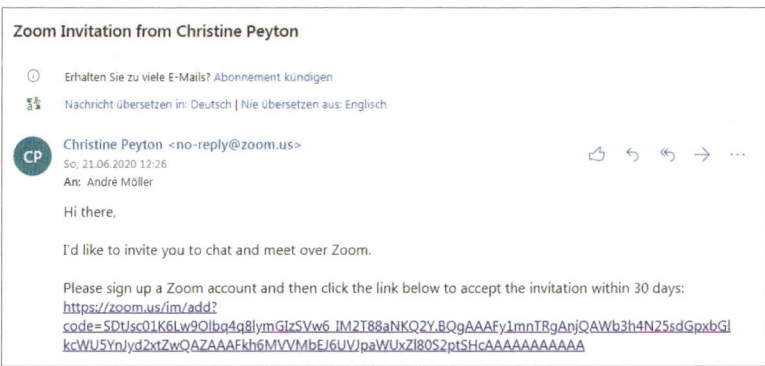

Abbildung 11.11 *Die Einladung per Mail*

Sie können auf diesen Link klicken und gelangen damit aber zunächst zur *zoom.us*-Webseite, da Sie noch nicht registriert sind. Klicken Sie also auf die Schaltfläche **Kostenlose Registrierung**. Den Registrierungsvorgang beschreiben wir in Kapitel 9. Nachdem Sie sich erfolgreich registriert und angemeldet haben, klicken Sie erneut auf den Link in der E-Mail und können dann die Einladung annehmen.

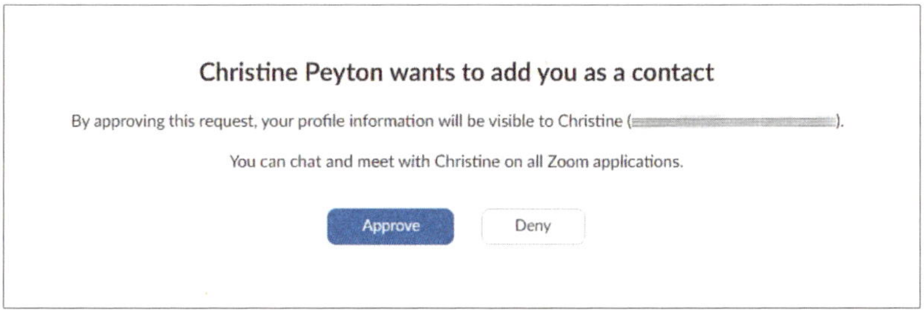

Abbildung 11.12 *Die Einladung annehmen*

Damit der Chataustausch funktioniert, brauchen Sie natürlich noch die Zoom-Software. (Die Installation beschreiben wir in Kapitel 6.)

Chatten mit Pfiff

Das Chatfenster ähnelt auf den ersten – und vermutlich auch auf den zweiten – Blick anderen Diensten zum Chatten, aber wir schauen uns das Ganze dennoch etwas genauer an. In der linken Leiste sehen Sie im Bereich **Letzte** – nicht weiter verwunderlich – jeweils die Kontakte oder auch Gruppen, mit denen Sie zuletzt gechattet haben. Sie können diese Namen markieren, um sie für eine neue Nachricht auszuwählen. Sie chatten also jeweils mit dem Kontakt, der hier markiert ist. Links neben den Namen sind automatisch die zum Namen passenden Namenskürzel (die auch neben den Nachrichten im Chatbereich eingeblendet werden) aufgetaucht.

Wenn Sie mit dem Mauszeiger darüberfahren, wird ein kleines Fenster mit dem Profil des Kontaktes eingeblendet sowie das Symbol **Meeting**. (Dazu und zu den farbigen Punkten, die Sie auch hier an den Namenskürzeln sehen, weiter unten mehr).

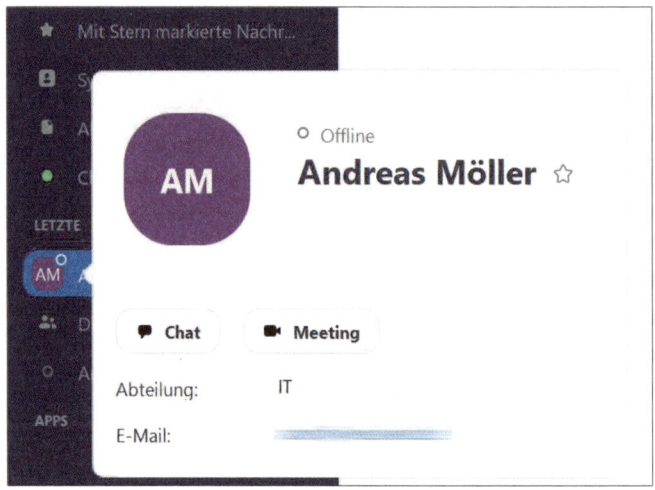

Abbildung 11.13 *Das Profil des Kontaktes*

Um dem Chatpartner eine Datei zukommen zu lassen, klicken Sie unten im Nachrichtenfeld auf das Symbol **Datei**.

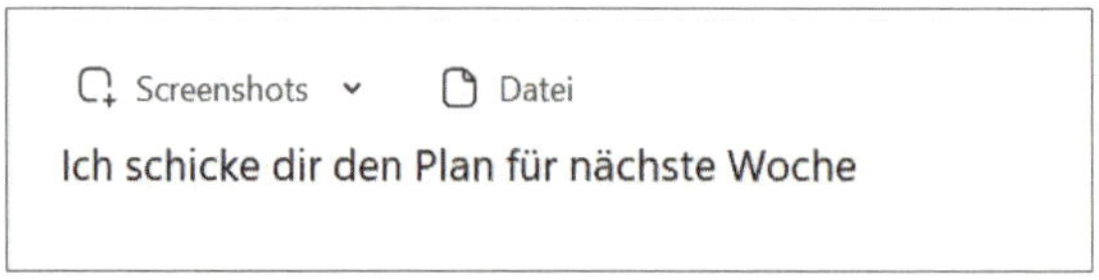

Abbildung 11.14 *Schicken Sie eine Datei.*

Im Menü wählen Sie **Ihr Computer** (sofern die Datei bei Ihnen lokal gespeichert ist), wandern im Dialog **Dateien hochladen** zu dem gewünschten Ordner, markieren die Datei bzw. die Dateien (bis zu 5 auf einmal sind möglich) und klicken auf **Öffnen**. Die Datei ist gleich darauf beim Empfänger gelandet.

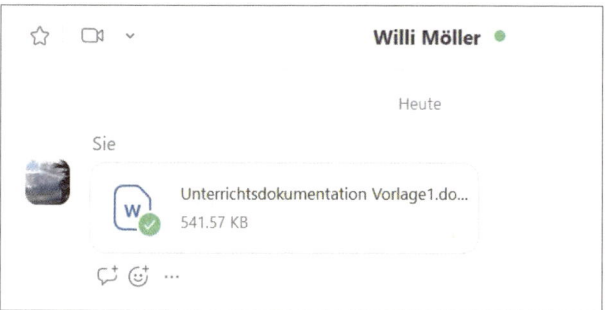

Abbildung 11.15 *Die Datei wurde gesendet.*

Außerdem gibt es im Nachrichtenfeld das Symbol **Screenshots**, eine praktische Funktion, wenn Sie Ihrem Chatpartner auf die Schnelle einen Teil Ihres Bildschirms zeigen möchten. Öffnen Sie die Datei, von der Sie einen Screenshot erstellen möchten, vor dem Klick auf das Symbol. Sobald Sie es angeklickt haben, wird der Mauszeiger zu einer Art Fadenkreuz, und Sie können keine Datei mehr auswählen.

Fahren Sie mit gedrückter Maustaste über den gewünschten Bereich, um einen Ausschnitt Ihres Bildschirms festlegen – mit den Symbolen der kleinen Leiste können Sie sogar Zeichenelemente hinzufügen. Zum Bestätigen klicken Sie auf **Aufzeichnen** (erneut eine etwas unglückliche Lokalisierung, da man unwillkürlich an eine Filmaufnahme denkt). Danach landet der so erstellte Screenshot im Nachrichtenfeld. Mit der ⏎-Taste schicken Sie ihn los (Abbildung 11.16).

Auch im Chatbereich selbst tauchen neben oder unterhalb der Nachrichten drei kleine Symbole auf (Abbildung 11.15), sobald Sie mit der Maus auf eine Nachricht zeigen: **Antwort**, **Reaktion hinzufügen** und **Mehr** (die drei Punkte).

Antwort: Ein Klick auf die kleine Sprechblase blendet ein Textfeld ein, in dem Sie schreiben können. Außerdem gibt es hier wiederum drei Symbole; mit dem ersten erstellen Sie wie beschrieben einen Screenshot, mit dem zweiten schicken Sie dem Chatpartner eine Datei, und mit dem dritten hängen Sie eines der beliebten Emojis an die Antwort.

Reaktion hinzufügen: Sie versenden ein Emoji (mit den drei Punkten können Sie mehr Emojis herunterladen, wenn es Sie dazu drängt!).

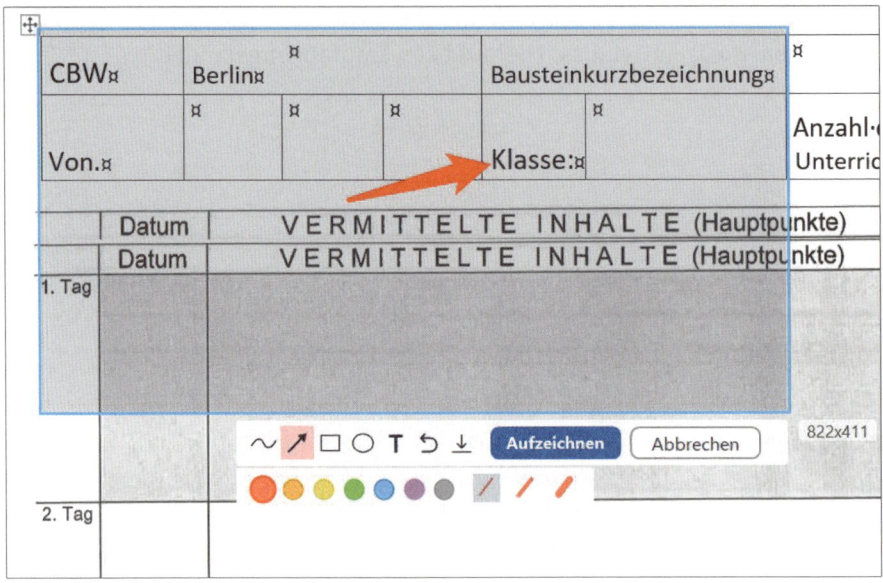

Abbildung 11.16 *Schicken Sie einen Screenshot.*

Mehr: Mit einem Klick darauf erhalten Sie ein kleines Menü mit diversen und je nach geschickter Datei teils unterschiedlichen Optionen.

Abbildung 11.17 *Das Menü »Mehr« an einer hochgeladenen Datei*

Nützlich ist die Option **Nachricht teilen**. Diese blendet den Dialog **Datei freigeben** ein, in dem Ihre Kontakte aufgelistet werden. Hier bestimmen Sie, an wen Sie die Nachricht oder die Datei weiterleiten möchten. Wählen Sie einfach den gewünschten Empfänger, und klicken Sie dann auf **Teilen**.

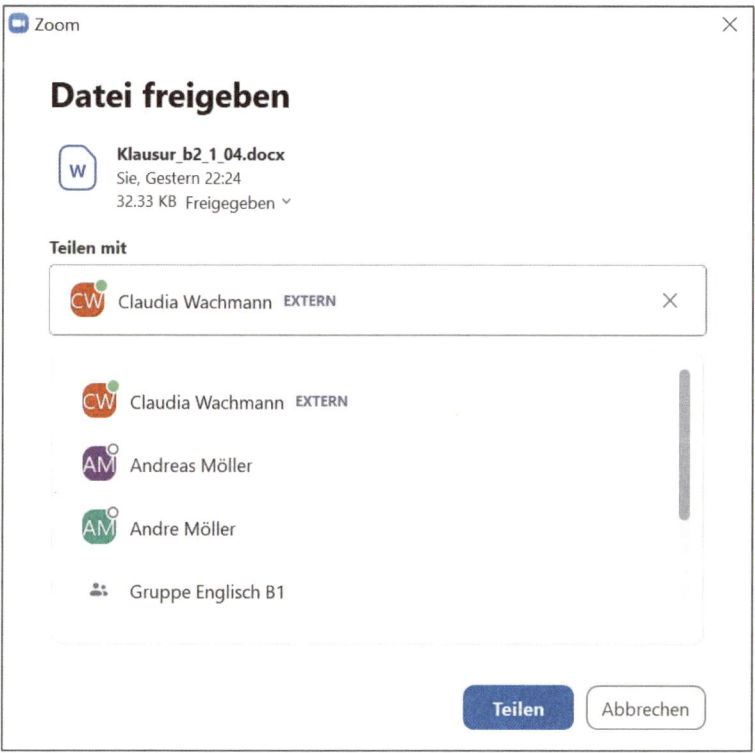

Abbildung 11.18 *Eine Datei freigeben*

Kopieren macht genau das, Sie kopieren den Text der Nachricht und können ihn für eine neue Nachricht aus der Zwischenablage in das Textfeld einfügen – oder in eine andere Anwendung, solange sich der Text in der Zwischenablage befindet. Mit der Option **Als ungelesen markieren** taucht in roter Schrift der Hinweis **Ungelesen** oberhalb der Nachricht auf; dies kann mitunter hilfreich sein, wenn Sie viele Nachrichten bekommen und auf die Schnelle kennzeichnen möchten, welche Sie noch nicht gelesen haben. Bei einem mitgeschickten Screenshot oder einer Bilddatei gibt es in diesem Menü auch die Option **Speichern als**. Sie können Ihren Screenshot also lokal auf Ihrem Rechner – oder gegebenenfalls auch in einer Cloud – sichern (der Dialog **Speichern unter** wird geöffnet).

Freund oder Feind?

Manche Ihrer Kontakte gehören vielleicht zu Ihren Lieblingen, andere sind nichts anderes als nervende Störenfriede. Auf beides können Sie entsprechend reagieren: Ein Kontakt kann einen Stern bekommen, oder er kann blockiert werden. Beide Optionen finden Sie (im Chat) im Kontextmenü des Kontakteintrages oder im damit identischen Menü, das Sie mit dem kleinen Pfeil aufrufen. Auf der Registerkarte **Kontakte** gibt es die Befehle im Menü **Mehr** des Kontakteintrags.

Für Ihren Favoriten klicken Sie auf **Diesen Kontakt mit einem Stern kennzeichnen**. Der Kontakt mit einem Stern rutscht im Chat in den oberen Bereich, wo er dauerhaft bleibt – unabhängig davon, ob Sie kürzlich mit ihm gechattet haben oder nicht. Wenn Sie ihm den Stern nehmen, gehört er wieder zu den normalen Kontakten. Zum Blockieren klicken Sie auf **Kontakt blockieren**. Sie erhalten dann einen Dialog, den Sie bestätigen müssen, sofern Sie Ihre Meinung nicht ändern. Von blockierten Kontakten werden Sie keine Nachrichten erhalten, und Sie können keine an diese Kontakte senden. An dem Kontakteintrag sehen Sie ein kleines Verbotsschildchen. Die Feindschaft muss nicht für immer sein; klicken Sie im Menü **Mehr** einfach auf **Blockierung aufheben**, und die Sache ist erledigt.

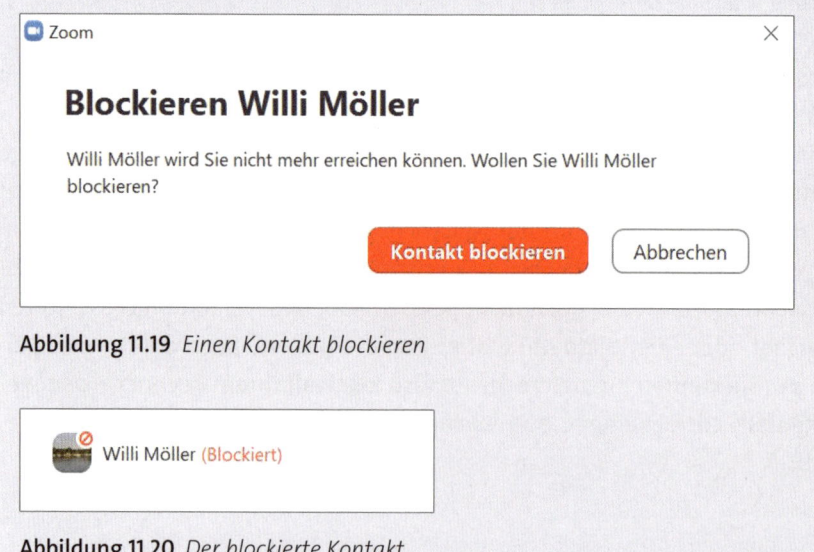

Abbildung 11.19 *Einen Kontakt blockieren*

Abbildung 11.20 *Der blockierte Kontakt*

Die Dateien, die Sie verschickt und erhalten haben, werden gesammelt. Um diese Auflistung zu sehen, aktivieren Sie im Chatfenster die Rubrik **Alle Dateien**. Hier wiederum gibt es zwei Registerkarten **Meine Dateien** (Dateien, die Sie verschickt haben) und **Alle Dateien**. Wenn Sie eine Datei an jemanden weiterleiten möchten, ist diese Übersicht praktischer, als den gesamten Chatbereich zu durchforsten. Sobald Sie mit der Maus auf eine dieser Dateien zeigen, taucht ganz rechts das Symbol **Datei freigeben** auf. Ein Klick hierauf öffnet den gleichnamigen Dialog.

Abbildung 11.21 *Gesammelte Dateien*

Im Menü der drei Punkte können Sie die jeweilige Datei öffnen (was aber auch per Klick auf die Datei geht), den Speicherort anzeigen lassen und sie löschen.

Ihr persönlicher Chat-Bereich

Auf der Registerkarte **Chat** entdecken Sie links auch Ihren persönlichen Bereich, also **Ihr Name (Sie)**. Wenn Sie diesen Eintrag anklicken, haben Sie im Prinzip auch das Chatfenster vor Augen, aber Sie schreiben hier an sich selbst; daher heißt es unten im Textfeld auch **Woran denken Sie**. Sie können diesen Bereich also für Notizen verwenden, aber auch – und dies ist eine sehr praktische Funktion – dazu, hier Dateien hinzupacken, die Sie anderen Kontakten demnächst zukommen lassen möchten. Das erspart Ihnen die Suche nach einer Datei, wenn es im Ernstfall schnell gehen soll. Sie müssen dann nichts weiter machen, als mit der Maus auf den Eintrag der Datei zu fahren und auf die drei Punkte (**Mehr**) zu klicken. Im Menü klicken Sie auf **Nachricht teilen**. Im Dialog **Datei freigeben** wählen Sie den Empfänger aus und klicken auf **Teilen**. Die Dateien, die Sie in Ihren persönlichen Chatbereich senden, finden Sie auch in der Rubrik **Alle Dateien**.

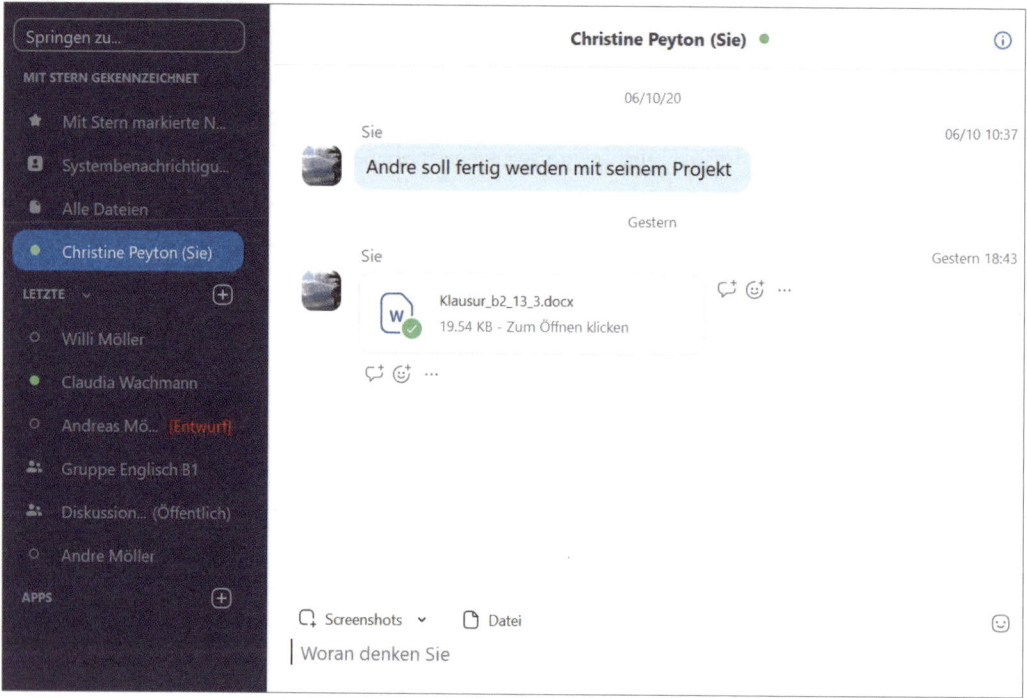

Abbildung 11.22 *Ein Chat mit mir selbst*

Verfügbarkeiten

Wenn Sie mit jemandem chatten möchten – und die Angelegenheit von einer gewissen Dringlichkeit ist – möchten Sie, dass Ihre Chat-Nachricht zügig gelesen wird und nicht unbemerkt »vor sich hin dümpelt«. Daher ist die sogenannte Verfügbarkeit entscheidend. Dafür gibt es vier kleine Farbsignale: Grün steht für **Verfügbar** (der Kontakt hat die Zoom-Software geöffnet), Grau für **Abwesend**, Rot für **Nicht stören** (der Kontakt hat einen Zeitraum festgelegt, in dem er nicht mit Nachrichten belästigt werden möchte) und Weiß zeigt an, dass die Zoom-Software nicht gestartet wurde. Diesen jeweiligen Status sehen Sie auf der Registerkarte **Kontakte** und ebenso auf der Registerkarte **Chat**.

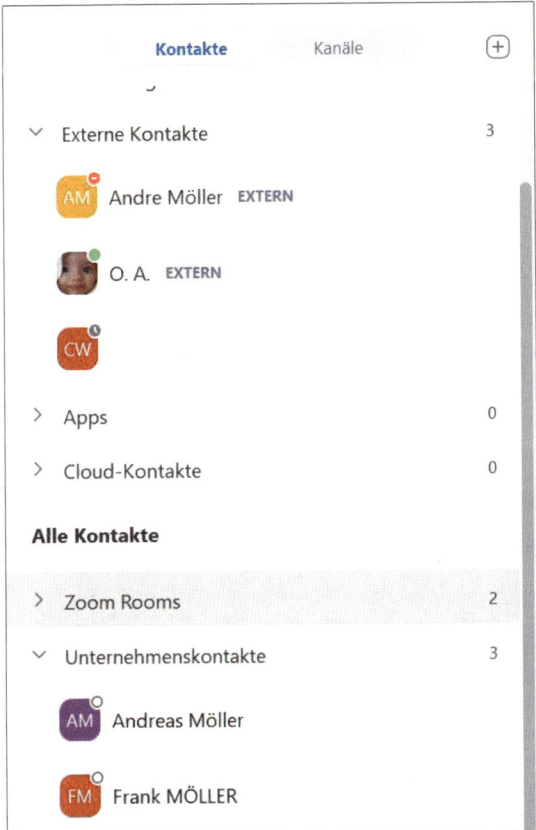

Abbildung 11.23 *Die verschiedenen Verfügbarkeiten*

Zoom läuft im Hintergrund

Die Zoom-Software läuft gerne im Hintergrund, auch wenn Sie das Fenster mit dem Schließkreuz geschlossen haben. Zoom bleibt hartnäckig: Wenn Sie in der Software angemeldet sind, wird das Fenster mit einem Klick auf das Schließkreuz geschlossen, aber Zoom bleibt aktiv und wandert als Icon in die Taskleiste. Von daher werden Sie nicht als **Abwesend** angezeigt, sondern noch mit dem grünen Punkt als **Verfügbar**. Um Zoom ernsthaft zu beenden, wählen Sie im Kontextmenü des Icons auf der Taskleiste den Befehl **Beenden**.

Ihren eigenen Status (und damit das farbliche Kennzeichen) bestimmen Sie, indem Sie oben rechts auf Ihr Profilbild klicken. Im Menü finden Sie unter anderem die drei Optionen der Verfügbarkeit. Wenn Sie z. B. nicht gestört werden möchten, wählen Sie **Nicht stören**, und im Untermenü legen Sie dann fest, wie lange Sie unbehelligt bleiben möchten.

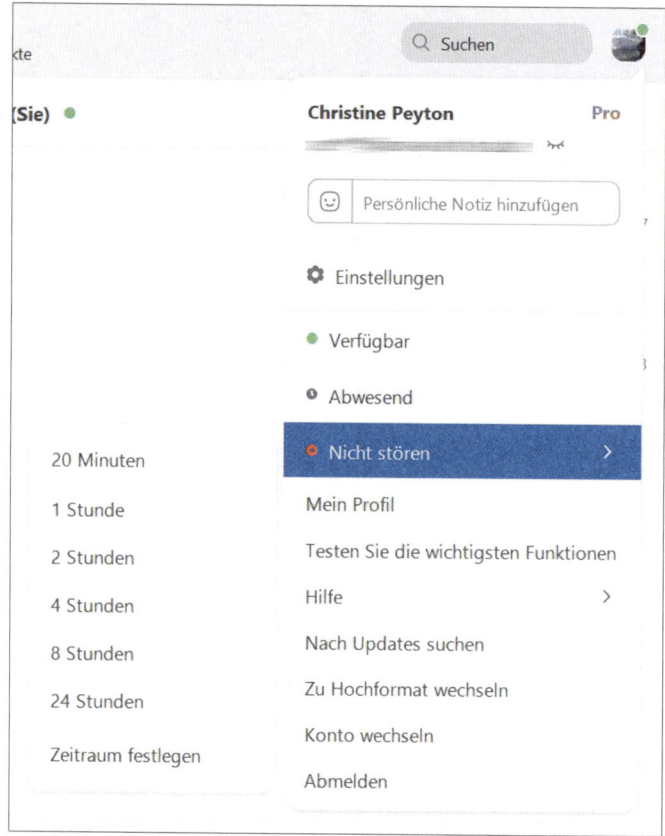

Abbildung 11.24 *Ihre Verfügbarkeit festlegen*

Mit dem Punkt **Zeitraum festlegen** im Untermenü von **Nicht stören** öffnen Sie den Einstellungsdialog mit der Kategorie **Chat**. Hier können Sie Ihre störungsfreie Zeit und weitere Benachrichtigungseinstellungen feintunen, z. B. die Push-Benachrichtigungen komplett deaktivieren (diese kleinen Fenster, die an der Taskleiste auftauchen, wenn eine Nachricht ankommt) und den Ton bei ankommenden Nachrichten ausschalten.

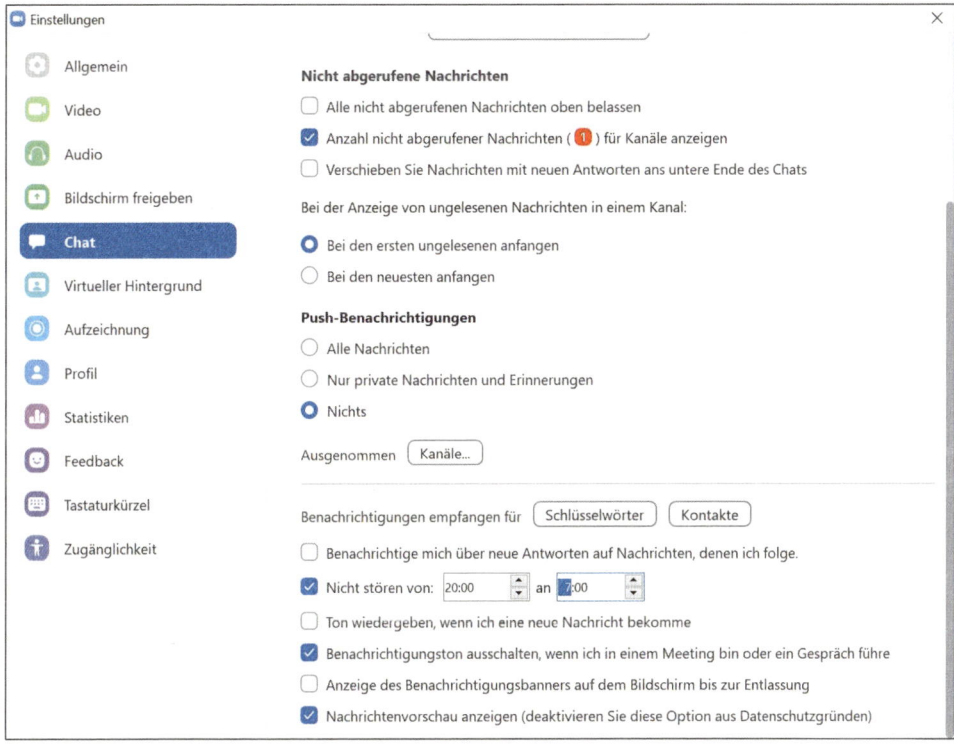

Abbildung 11.25 *Ihre Chat-Einstellungen*

Keine Ingenieurskunst – Kanäle anlegen

Mit *Kanal* sind in Zoom schlicht und ergreifend Gruppen gemeint, die Sie nach Projekten, Themen, Kursen oder Ähnlichem organisieren. Mit diesen Gruppen können Sie dann en bloc kommunizieren, die ganze Gruppe zum Meeting einladen oder einen gemeinsamen Chat halten. Das ist für die internen Abläufe in einem Unternehmen oder z. B. im Bildungsbereich natürlich sehr praktisch.

Auch für einen neuen Kanal klicken Sie auf der Registerkarte **Kontakte** auf das Pluszeichen oben rechts und im Menü auf **Einen Kanal erstellen**. Dies öffnet einen Dialog, in dem Sie dem Kanal einen Namen geben; nehmen Sie einen aussagekräftigen Namen, damit Sie die Gruppen unterscheiden können, falls Sie viele Kanäle erstellen werden. Im unteren Bereich haben Sie drei Optionen; hier entscheiden Sie, wie privat oder wie öffentlich der Kanal sein soll. Standardmäßig ist die Option **Privat – nur eingeladene Mitglieder** voreingestellt.

Abbildung 11.26 *Einen neuen Kanal anlegen*

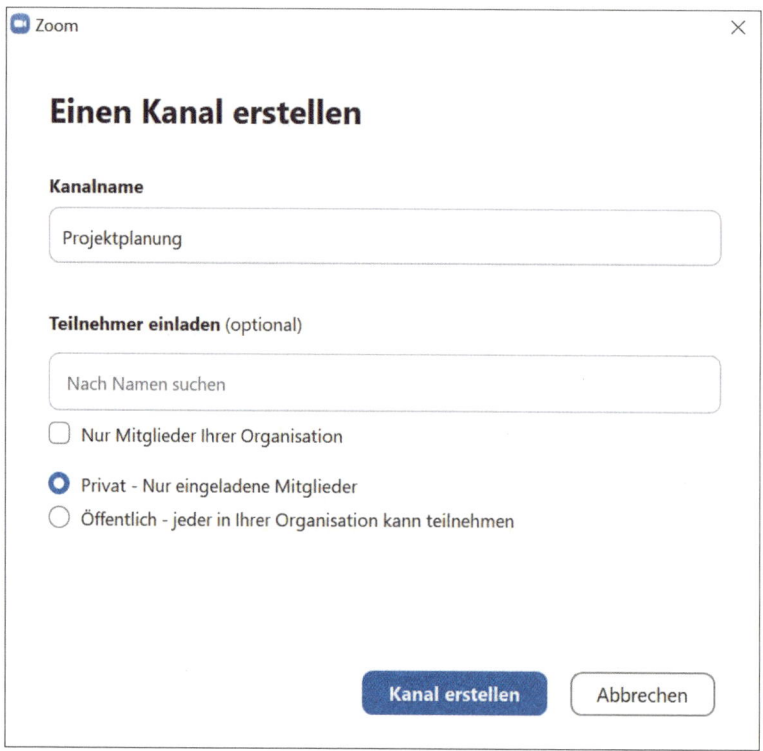

Abbildung 11.27 *Der neue Kanal*

Wenn Sie in das Feld **Teilnehmer einladen** klicken, erscheinen die Kontakte, die Sie bereits haben. Per Klick werden sie nacheinander in die Gruppe aufgenommen.

Abbildung 11.28 *Die ersten Mitglieder des Kanals*

Nachdem Sie auf **Kanal erstellen** geklickt haben, springen Sie automatisch auf die Registerkarte **Chat**. Hier wird im linken Bereich der neu angelegte Kanal angezeigt. Informationen über die Mitglieder und hochgeladenen Dateien in diesem Kanal rufen Sie über das Symbol **Weitere Informationen** (das kleine **i** rechts) oder mit dem Symbol **Mitgliederliste** (die kleine Kopfschablone) auf.

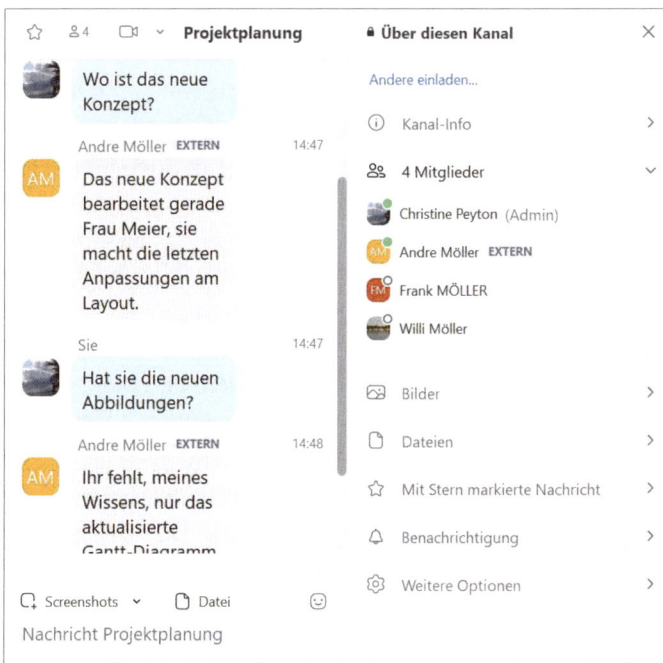

Abbildung 11.29 *Informationen zum Kanal*

Auf der Registerkarte **Kontakte** wechseln Sie zu der Rubrik **Kanäle**, wo Sie eine Auflistung der vorhandenen Kanäle/Gruppen sehen.

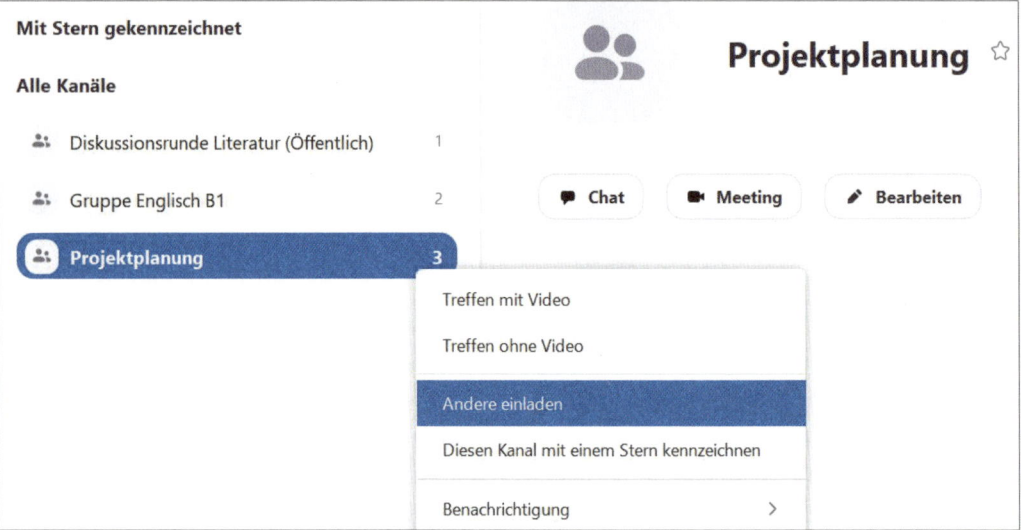

Abbildung 11.30 *Neue Mitglieder für den Kanal*

Um die Gruppe zu erweitern, markieren Sie den Namen der Gruppe und klicken auf die drei Punkte (oder rufen das Kontextmenü auf) und im Menü auf **Andere einladen**. Dies öffnet den Dialog **Teilnehmer zu Gruppe XY einladen**. Sie könnten hier sowohl hinzugekommene Unternehmenskontakte als auch (neue) externe Kontakte einladen, an der Gruppe teilzunehmen.

Meetings mit Kontakten oder Gruppen starten

Sobald auf der Registerkarte **Kontakte** Personen vorhanden sind, können Sie diese Kontakte sehr bequem zu einem spontanen Meeting einladen. Wenn Sie mit der Maus auf einen der Kontakteinträge fahren, taucht das Symbol **Zu Meeting einladen** oder **Treffen mit Video** auf (das Kamerasymbol). Mit einem Klick darauf verschicken Sie eine Einladung zum Meeting. Die Schaltfläche **Meeting** bzw. **Zu Meeting einladen** im großen Bereich macht natürlich genau dasselbe.

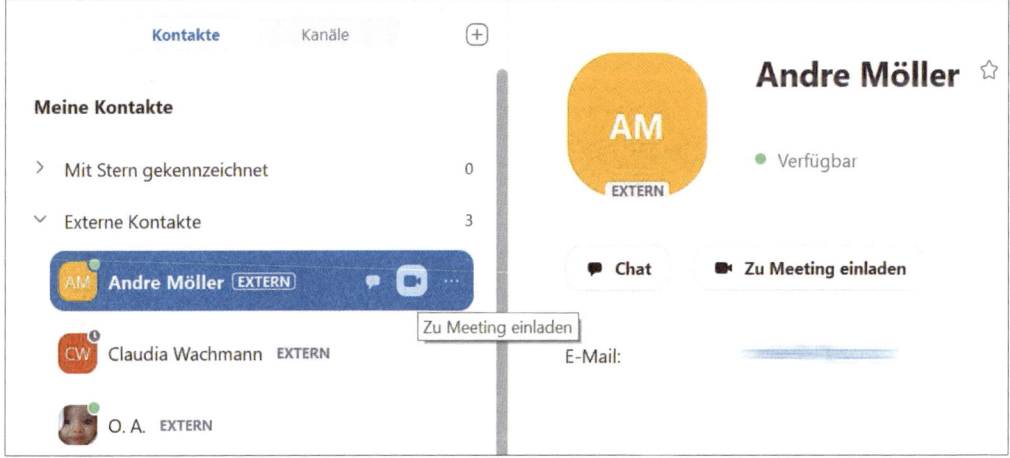

Abbildung 11.31 *Schnell einen Kontakt zum Meeting einladen*

Abbildung 11.32 *Der Anruf beim eingeladenen Kontakt*

Wenn der Angerufene die Zoom-Software gestartet hat und angemeldet ist, erhält er einen Dialog (Abbildung 11.32), der ihm mitteilt, dass er eingeladen wurde. Er kann den Anruf annehmen (**Beitreten**) oder ablehnen. Andernfalls wird nur eine Nachricht im Chat hinterlegt, dass Sie angerufen haben. Sobald er die Einladung annimmt, sind Sie beide in einem Meeting.

Mit den Gruppen (Kanälen) verfahren Sie ähnlich, nur dass Sie auf das Register **Kanäle** wandern. Hier klicken Sie dann auf den Namen der Gruppe, die Sie zu einem Meeting einladen möchten. Das Meeting startet, sowie eines der Mitglieder parat steht und die Einladung annimmt.

In einem gestarteten Meeting können Sie alle Ihre Kontakte ebenfalls einfach und schnell einladen. Sie klicken wie üblich im Teilnehmerbereich auf **Einladen**. Im nächsten Fenster wählen Sie nicht **E-Mail**, sondern die Registerkarte **Kontakte**. Hier werden Ihre Kontakte angezeigt, die Sie nun einfach anklicken können. Damit rutschen die Namen automatisch in das obere Feld. Ein Klick auf **Einladen** schickt die Einladungen raus.

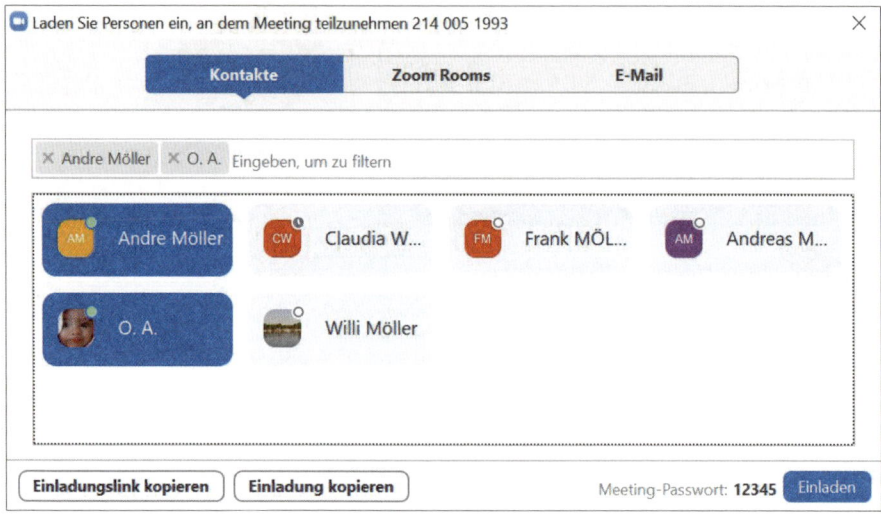

Abbildung 11.33 *Ihre Kontakte im laufenden Meeting einladen*

Kapitel 12
Die Zoom-Einstellungen

Zoom ist auf den ersten Blick sehr intuitiv zu nutzen: Ein Meeting starten, Kamera an, Leute einladen, und los geht's. Dass viel mehr dahintersteckt, haben die bisherigen Kapitel hinlänglich gezeigt – obwohl es in der ganz einfachen Variante ja tatsächlich auch genau so funktioniert.

Aber trotz dieser wenigen Handgriffe, die schon zu einem Meeting führen, bietet Zoom eine fast unüberschaubare Fülle an Einstellungsmöglichkeiten. Manche davon betreffen eher oder nur den Host, andere die Teilnehmer und deren Rechte. Dieses Kapitel führt durch den Dschungel der Einstellungen und gibt einen Überblick über wichtige Optionen – bzw. die Optionen, die wir für wichtig und sinnvoll halten.

Vorab zu Klärung: Einige Zoom-Einstellungen können Sie direkt im Programm oder der App nach dem Start eines Meetings vornehmen. Andere Einstellungen bietet nur das Webportal von Zoom.

Statt die Einstellungen der Reihe nach durchzukauen, folgen wir einer Einteilung, die uns hilfreicher erscheint. Es kann allerdings sein, dass Sie sich dennoch auf die Suche nach den Optionen begeben müssen, da Webseiten in irgendeiner Weise immer unfertige Produkte sind, die geändert werden (wie wir es auch beim Schreiben an diesem Buch erlebt haben.)

Die Einladung zum Meeting

Die Einstellungen, die wir in diesem Abschnitt behandeln, finden Sie – sofern wir nicht explizit einen anderen Weg nennen – auf der Zoom-Webseite unter **Einstellungen • Meeting** und dort in den Rubriken, die wir an Ort und Stelle nennen.

- **Einen Link "Von Ihrem Browser teilnehmen" zeigen**: Den Teilnehmern wird erlaubt, das Herunterladen der Zoom-Anwendung zu umgehen und an einem Meeting direkt in ihrem Browser teilzunehmen. Das ist eine Übergangslösung für Teilnehmer, die keine Anwendungen herunterladen und installieren möchten/können. Beachten Sie, dass nicht alle Funktionen der Software im Browser umgesetzt sind (und der Umfang ohnehin vom verwendeten Browser abhängt). Diese Einstellung finden Sie in der Rubrik **In Meeting (Erweitert)**.

- **Einbetten des Kennworts in den Meeting-Link für die Teilnahme mit einem Klick**: Diese Einstellung ist standardmäßig aktiviert. Das Meeting-Passwort wird verschlüsselt und in den Einladungslink eingefügt, sodass die Teilnehmer einfach per Klick auf den Link am Meeting teilnehmen können, ohne das Passwort eingeben zu müssen. Sie finden diese Einstellung in der Rubrik **Security**.

- **Audiotyp**: Hier legen Sie fest, wie Teilnehmer auf den Audioteil des Meetings zugreifen dürfen. Sie können den Teilnehmern die Wahl zwischen Telefon oder Computeraudio lassen oder nur jeweils eine der beiden Optionen zulassen. Sie finden diese Einstellung in der Rubrik **Besprechung planen**: Mit der Einwahl per Telefon werden die Einwahlnummern automatisch in die Einladungs-E-Mails integriert. Denken Sie daran, dann auch das Land auszuwählen, für das die Einwahlnummern bereitgestellt werden. Dies machen Sie unter **Einstellungen • Telefon • Länder/Regionen zur globalen Einwahl** (klicken Sie hier auf den Stift).

Wie beginnt das Meeting?

Die meisten der Einstellungen, die wir in diesem Abschnitt beschreiben, finden Sie – sofern wir nicht explizit einen anderen Weg nennen – auf der Zoom-Webseite unter **Einstellungen • Meeting** und dort in der Rubrik **Besprechung planen**:

- **Warteraum**: Wenn Sie diese Option – zu finden in der Rubrik **Security** – deaktivieren, können die Konferenzteilnehmer direkt in das Meeting eintreten, ohne dass der Host sie explizit eintreten lassen muss. Bleibt der Warteraum aktiviert, gibt es Unterschiedungen zwischen jedermann und registrierten Benutzern (**Everyone** oder **Users not in your account**).

Den Warteraum anpassen
Klicken Sie auf den Bleistift, um im nachfolgenden Dialog die Texte für den Warteraum anzupassen und eventuell ein Bild hinzuzufügen.

Welche Rechte haben die Teilnehmer im Meeting?

Abbildung 12.1 *Den Warteraum anpassen*

- **Teilnehmer beim Beitritt stumm schalten**: Alle neu eintretenden Teilnehmer sind zunächst stumm geschaltet. Ob die Teilnehmer ihre Stummschaltung aufheben können, bestimmt der Host (direkt im Meeting).

- **Moderatorenvideo**: Diese Einstellung muss aktiviert sein, wenn direkt nach Beginn des Meetings die Kamera des Hosts angeschaltet sein soll. Er kann sie natürlich jederzeit aus- oder wieder anschalten.

- **Teilnehmervideo**: Diese Einstellung steuert, ob ein Meeting mit aktivierten Teilnehmerkameras begonnen wird. Die Teilnehmer können während des Meetings die Kamera jederzeit aus- oder einschalten.

- **Beitritt vor Moderator**: Die Teilnehmer können in das Meeting eintreten, bevor der Moderator im Meeting ist. Diese Einstellung funktioniert natürlich nur in Zusammenhang mit der Deaktivierung des Warteraums.

Welche Rechte haben die Teilnehmer im Meeting?

Die Einstellungen, auf die wir in diesem Abschnitt eingehen, finden Sie – sofern wir nicht explizit einen anderen Weg nennen – auf der Zoom-Webseite unter **Einstellungen • Meeting** und dort in der Rubrik **In Meeting (Grundlagen)**:

- **Chat**: Wenn der Chat aktiviert bleibt, können die Meeting-Teilnehmer eine für alle Teilnehmer sichtbare Nachricht senden.
- **Privater Chat**: Meeting-Teilnehmer können im Chat private Nachricht an einzelne Teilnehmer senden. Auch dies ist standardmäßig aktiviert.
- **Dateiübertragung**: Hosts und Teilnehmer dürfen in einem Chat Dateien senden. Diese Option ist naturgemäß nur sinnvoll, wenn auch der Chat selbst eingeschaltet ist. Zur Zeit der Drucklegung wurde dieser Zusammenhang leider nicht geprüft: Die Option konnte eingeschaltet sein, ohne dass der Chat aktiviert war.
- **Bildschirmübertragung**: Hiermit erlauben Sie die Freigabe des Bildschirms im Meeting. Anschließend legen Sie fest, wer (nur **Host** oder **Alle Teilnehmer**) einen Bildschirm freigeben darf und ob mehrere Freigaben parallel zulässig sind.
- **Annotation**: Bleibt dieser Punkt aktiviert, ist den Teilnehmern die Nutzung von Anmerkungstools erlaubt, um Informationen (Symbole, Textfelder) zu freigegebenen Bildschirmen hinzuzufügen.
- **Fernsteuerung**: Während der Bildschirmfreigabe kann die freigebende Person anderen Teilnehmern die Steuerung der Freigabe und damit die Bearbeitung mit Maus und Tastatur übergeben. Die Aktivierung setzt voraus, dass auch die Bildschirmübertragung eingeschaltet ist.
- **Whiteboard**: Den Teilnehmern wird erlaubt, das Whiteboard während eines Meetings zu teilen. Die Aktivierung setzt voraus, dass auch die Bildschirmübertragung eingeschaltet ist.
- **Feedback ohne Worte**: Teilnehmer an einem Meeting können Feedback abgeben und Meinungen ausdrücken, indem sie auf Symbole (z. B. ein Häkchen für Zustimmung) im Teilnehmerpanel klicken. Diese Option ist standardmäßig nicht aktiviert (zumindest nicht zum Zeitpunkt der Drucklegung), aber für die Teilnehmer ein sehr praktisches Feature. Aktivierung dringend empfohlen!
- **Teilnehmern erlauben, sich umzubenennen**: Bleibt diese Option aktiviert, dürfen die Teilnehmer ihren angezeigten Namen ändern. Diese Einstellung kann der Host während des Meetings jederzeit ändern (im Meeting über: **Sicherheit • Sich umbenennen**).
- **Virtueller Hintergrund**: Wenn Sie als Host die Kollegen in ihrer realen Umgebung sehen möchten, können Sie einen virtuellen Hintergrund untersagen. Dies machen Sie in der Rubrik **Meeting • In Meeting (Erweitert)**.

Wer darf aufzeichnen?

Die Einstellungen, die wir in diesem Abschnitt behandeln, beziehen sich auf die Rechte zum Aufzeichnen eines Meetings. Sie finden sie auf der Zoom-Webseite unter **Einstellungen • Aufzeichnung**:

- **Lokale Aufzeichnung**: Bleibt diese Option aktiviert, kann der Host eine Aufzeichnung starten. Die Teilnehmer sehen zwar auf ihrem Zoom-Bildschirm die Schaltfläche zum Aufzeichnen, aber der Host kann ihnen das Recht nicht zugestehen, da der Befehl gar nicht vorhanden ist. Und ohne Zustimmung des Hosts können Teilnehmer nicht aufzeichnen. Nur wenn auch die Option **Hosts can give participants the permission to record locally** eingeschaltet ist (was standardmäßig der Fall ist), kann er den Teilnehmern die Berechtigung zum Aufzeichnen erteilen.

- **Aufnahmeeinverständnis**: Bleibt diese Option aktiviert, werden die Teilnehmer in einem Dialog aufgefordert, ihre Zustimmung zu geben, wenn eine Aufzeichnung gestartet wird. Die Teilnehmer haben dann nur die Alternative, zuzustimmen oder das Meeting zu verlassen.

Sonstige wichtige Einstellungen

Aus der Fülle der Einstellungen haben wir noch einige herausgepickt, die es wert sind, beachtet zu werden. Je nach Situation und Konstellation im Meeting kann es natürlich sein, dass für Sie andere Optionen von Bedeutung sind:

- **Enable Personal Meeting-ID**: Diese Option muss aktiviert sein, um Ihren persönlichen Meetingraum zu verwenden (siehe den Abschnitt »Die persönliche Meeting-ID und persönliche Meetingräume« in Kapitel 10) (**Einstellungen • Meeting • Besprechung planen**).

- **Sound wiedergeben, wenn Teilnehmer teilnehmen oder verlassen**: Eine Aktivierung ist sinnvoll, wenn Sie in mittelgroßen Besprechungen mitbekommen möchten, dass jemand das Meeting verlässt oder betritt. Sie finden die Option unter **Einstellungen • Meeting • In Meeting (Grundlagen)**.

- **Entfernten Teilnehmern den erneuten Beitritt erlauben**: Einmal entfernte Teilnehmer dürfen wieder zurück in das Meeting, zu finden über **Einstellungen • Meeting • In Meeting (Grundlagen)**.

- **Breakout-Raum**: Eine wichtige Option, die aktiviert bleiben muss, wenn Sie als Host planen, die Meeting-Teilnehmer in separate, kleinere Räume – auf gut Deutsch: Arbeitsgruppen – aufzuteilen. Sie finden diese Option in **Einstellungen • Meeting • In Meeting (Erweitert)**.

Sicherheit

Die Sicherheit Ihrer Meetings können Sie dadurch erhöhen, dass Sie den Zutritt zu Ihren Meetings kontrollieren; auf die Verschlüsselung der Verbindung oder der Server haben Sie keinen Einfluss. Bei allen vertraulichen Besprechungen ist es also wichtig, dafür zu sorgen, dass nur die Eingeladenen in das Meeting gelangen. Zoom gibt Ihnen hierzu insbesondere zwei Hilfsmittel an die Seite: Zugangskontrolle durch Kennwörter und den Warteraum. Wie Sie wissen, reichen die Meeting-ID und das Kennwort für den Beitritt zu einem Meeting aus. Sie erhöhen also den Schutz, wenn Sie diese beiden Informationen getrennt an Ihre Teilnehmer übermitteln. (In der Standardeinstellung sind die Meeting-ID und das Kennwort im Einladungslink enthalten. Das ist bequem, aber Sie verschicken damit die Informationen nicht getrennt.) Dass Sie den Einladungslink mit oder ohne Kennwort nicht einer breiten Öffentlichkeit – via Facebook, Webseite, Twitter etc. – preisgeben sollten, versteht sich von selbst. Der Warteraum schützt Sie davor, dass sich jemand unbemerkt in das Meeting einschleicht.

Je nachdem, wie hoch Ihr Sicherheitsbedürfnis ist, aktivieren oder deaktivieren Sie in **Meeting • Security** die folgenden Einstellungen:

- **Einbetten des Kennworts in den Meeting-Link für die Teilnahme mit einem Klick**: Wenn Sie diese Option deaktivieren, stecken die Meeting-ID und das Kennwort nicht im Link. Die Teilnehmer müssen diese Informationen, die sie für den Beitritt in ein Meeting brauchen, getrennt und auf anderem Weg erhalten. Es liegt auf der Hand, dass dies für mehr Kontrolle sorgt, aber die Einladung ist nicht ganz so bequem.

- **Warteraum**: Wenn Sie diese Option deaktivieren, können die Konferenzteilnehmer direkt in das Meeting eintreten, ohne dass der Host sie explizit eintreten lassen muss. Ist der Warteraum aktiviert, gibt es Unterscheidungen zwischen jedermann und registrierten Benutzern (**Everyone** oder **Users not in your account**).

- **Kennwort für Telefonteilnehmer anfordern**: Diese Option aktiviert für Telefonteilnehmer ein rein numerisches Kennwort.
- **Bei Personal-Meeting-ID (PMI) Kennwort verlangen**
- **Kennwort für Sofort-Meetings verlangen**
- **Beim Anberaumen neuer Meetings Kennwort verlangen**

Wenn Sie im Meeting kontrolliert haben, dass alle Teilnehmer anwesend sind, können Sie es für weitere Teilnehmer sperren (**Meeting sperren**). Diese Funktion rufen Sie im Meeting über das Symbol **Sicherheit** auf der Kontrollleiste auf.

Einstellungen in der Software

Sie rufen die Einstellungen auf, indem Sie auf der Registerkarte **Home** auf das Zahnrad oben rechts klicken. Es gibt diverse Registerkarten mit Einstellungen, die Sie anpassen können. Eine Reihe dieser Einstellungen haben wir in den bisherigen Kapiteln bereits genutzt und beschrieben oder mit einem Hinweis erwähnt. Die jeweiligen Einstellungen in der Software gelten nicht allgemein für alle Teilnehmer eines Meetings, sondern nur für die Features und Funktionen von Zoom bei Ihnen. Wenn Sie z. B. über die entsprechende Option (im Bereich **Video**) Ihr Videobild spiegeln, betrifft dies Ihr Bild, das in der Konferenz angezeigt wird, aber nicht die Bilder der anderen Teilnehmer.

Ein paar interessante Optionen in den Software-Einstellungen möchten wir Ihnen nicht vorenthalten:

- **Allgemeines**: Hier können Sie Einstellungen ändern, die sich auf den Beitritt oder das Starten eines Meetings beziehen. Viele dieser Optionen sind selbsterklärend. Wir greifen lediglich zwei heraus:
- **Doppelmonitore verwenden**: Wählen Sie diese Option aus, wenn mehrere Monitore verwendet und Zoom auf zwei Monitoren angezeigt werden soll.
- **Meine Verbindungszeit anzeigen**: Die Option blendet die Stunden, Minuten und Sekunden Ihrer Teilnahme an der Konferenz oben rechts am Bildschirm ein.
- **Video**: Unter den Videoeinstellungen können Sie unter anderem die Kamera wechseln und Einstellungen zur Bildqualität vornehmen.

- **Namen von Teilnehmern im Video anzeigen**: Wenn diese Option deaktiviert ist, werden die Namen der Teilnehmer in den Videobildchen nur angezeigt, wenn auch die Kontrollleiste eingeblendet wird, ansonsten tauchen keine Namen auf.
- **Mein Video nach Beitreten ausschalten**: Die Option für kamerascheue Gesellen!
- **Teilnehmer ohne Videoübertragung ausblenden**: Mit dieser Option werden für Teilnehmer, die ihre Kamera ausgeschaltet haben, keine Thumbnails angezeigt.
- **Audio**: In den Audio-Einstellungen können Sie unter anderem das Mikrofon und die Lautsprecher einstellen und testen und die Lautstärke manuell anpassen.
- **Lautstärke automatisch anpassen**: Mit dieser Option wird Ihr Mikrofon leiser oder lauter, um die Lautstärke zu normalisieren und anderen Teilnehmern das Hören zu erleichtern. Falls Sie die Rückmeldung erhalten, dass Sie nicht oder schlecht zu verstehen sind, sollten Sie diese Option ausschalten und Ihr Mikrofon manuell einstellen.
- **Mikrofon stummschalten bei Teilnahme an einem Meeting**
- **Chat**: Hier passen Sie die Einstellung des Chat-Dienstes nach Ihren Wünschen an. Achtung: Die Optionen beziehen sich auf den Chat in der Software und nicht auf den Chatbereich in einem Meeting.
- **Aufzeichnung**: Hier können Sie unter anderem den Speicherort für Ihre lokalen Aufzeichnungen bestimmen, sehen, wie viel Speicherplatz Ihnen zur Verfügung steht und wie viel Speicherplatz belegt ist.
- **Wählen Sie einen Speicherort für Aufzeichnungsdateien aus, wenn das Meeting endet**: Diese sperrige Option bedeutet, dass sich am Ende des Meetings ein Dialog öffnet, in dem Sie festlegen, wo die Dateien gespeichert werden sollen.
- **Audiospur einzelner Sprecher aufzeichnen**: Mit dieser Option erzeugen Sie separate Audiodateien für jeden Teilnehmer anstelle einer einzigen Audiodatei. Diese Option ist z. B. sinnvoll, wenn Sie den Sprecher einer Präsentation im nachbearbeiteten Video hervorheben und die störenden, unqualifizierten Kommentare der Teilnehmer in den Hintergrund drängen möchten.

Kapitel 13
Zoom als App

Auch in der Welt der mobilen Geräte – seien es Android-Telefone oder iPhones – ist Zoom ein Partner für Meetings und Chats. Fast alle Funktionen, die wir bisher für die Zoom-Software beschrieben haben, sind auch in der App-Variante zu haben und auf dem Smartphone wiederzufinden. Naturgemäß ist die Bedienung an die Bedingungen des Smartphones angepasst; Sie wischen und tippen, statt zu klicken. Allerdings bietet die App nicht den kompletten Funktionsumfang der Zoom-Software, dafür aber ein oder zwei Features mehr (z. B. einen sicheren Fahrmodus).

Da wir in den vorangegangenen Kapiteln alle Funktionen von Zoom gezeigt und erklärt haben, greifen wir nicht alles erneut auf, sondern gehen vor allem auf die Besonderheiten der App ein.

Bevor Sie loslegen können, müssen Sie natürlich die Zoom-App auf Ihrem Telefon installieren. Im Play Store oder App Store wählen Sie *ZOOM Cloud Meetings*. Nach erfolgreicher Installation öffnen Sie Zoom. Im ersten Bildschirm tippen Sie auf **Anmelden**, um sich mit Ihren vorhandenen Registrierungsdaten (zur Registrierung siehe Kapitel 9) in Ihrem Zoom-Konto einzuloggen.

Nach der Anmeldung haben Sie den Bildschirm **Treffen & Chat** vor Augen, von dem aus Sie wandern und navigieren können. Eventuell bereits vorhandene Kontakte/Kanäle, Chats oder Anfragen wurden an die App übergeben und sind auf dieser Seite nun auch aufgelistet. Haben Sie noch keine Kontakte oder starten Sie Zoom jungfräulich, sehen Sie hier statt dieser Einträge die Schaltfläche **Kontakte hinzufügen**.

Die vier Bereiche der Zoom-Software – Home, Chat, Meeting und Kontakte – finden Sie in der App nicht als Registerkarten, sondern im unteren Bildschirmbereich, betitelt mit **Treffen & Chatten**, **Meetings** (hier werden Ihre geplanten Meetings aufgelistet) und **Kontakte**. Außerdem entdecken Sie hier das Symbol für die **Einstellungen** (das Zahnrad). Um zu den jeweiligen Seiten zu wandern, tippen Sie die Symbole an oder wischen nach links oder rechts.

Kapitel 13 Zoom als App

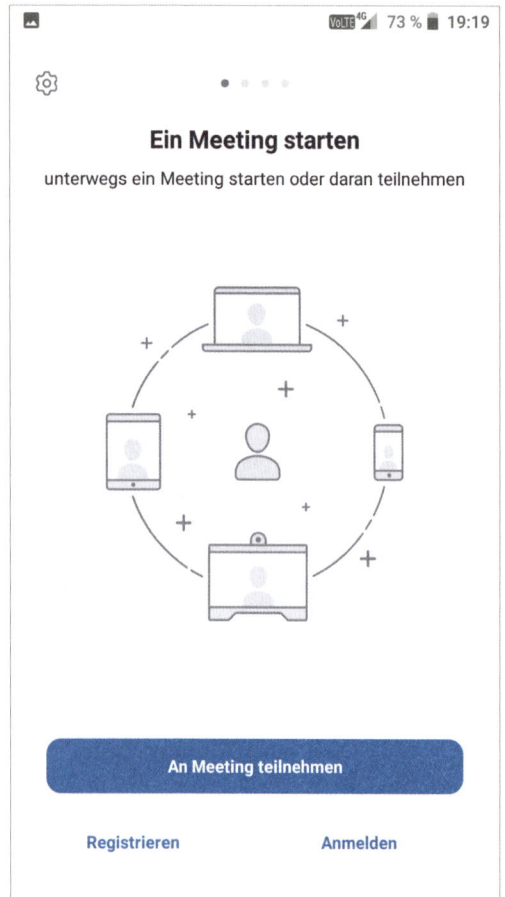

Abbildung 13.1 *Melden Sie sich an.* **Abbildung 13.2** *Geben Sie Ihre Daten ein.*

Einstellungen

Nachdem Sie auf **Einstellungen** getippt haben, gelangen Sie mit den Pfeilen zu den generellen Einstellungen in puncto **Kontakte**, **Meeting** und **Chat**. Naturgemäß – da in der App nicht angeboten – fehlen hier im Vergleich mit der Software einige Kategorien und Einstellungsmöglichkeiten, so z. B. der virtuelle Hintergrund.

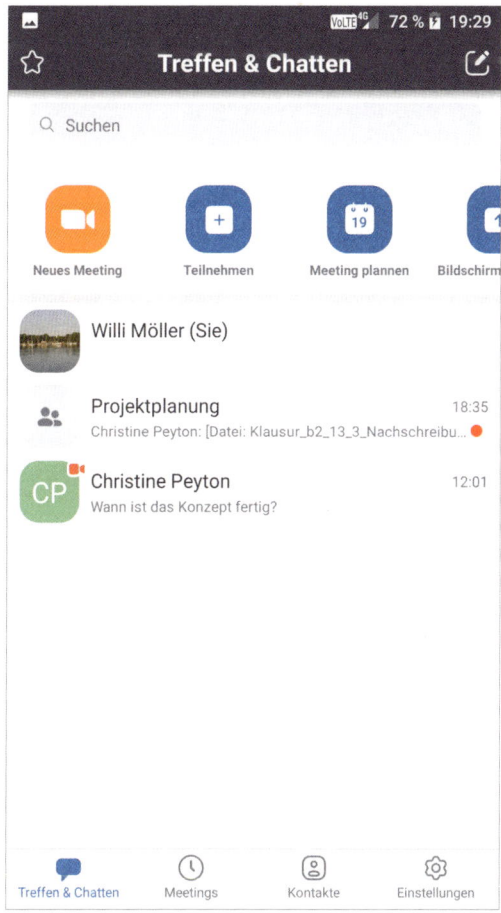

Abbildung 13.3 *Sie sind angemeldet.*

Die Seite **Treffen & Chatten** fasst die Registerkarten **Home** und **Chat** (der Software) zusammen. Im oberen Bereich befinden sich die Symbole **Neues Meeting**, **Teilnehmen**, **Meeting planen** (also die Symbole, die in der Software auf der Registerkarte **Home** versammelt sind) und darunter – sofern vorhanden – die Chatverläufe.

Prinzipiell sind die wichtigsten Elemente und Funktionen der Software vorhanden, aber da der Smartphone-Bildschirm schmaler ist, sind die Informationen auf viele Seiten aufgeteilt, sodass Sie oft hin und her wischen müssen, um das Gewünschte zu finden.

Zum Beispiel rufen Sie einen Chatverlauf durch Antippen eines Kontakts/Kanals auf der Seite **Treffen & Chatten** auf (siehe Abbildung 13.3). In der Software wird ein Chatverlauf im mittleren Bereich angezeigt, hier rufen Sie durch Antippen eine neue Seite auf.

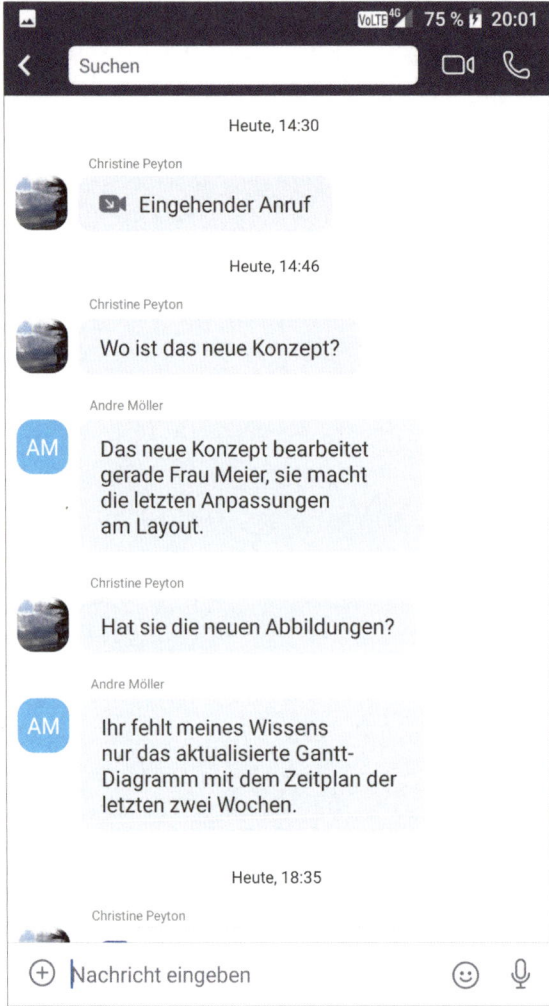

Abbildung 13.4 *Der Chatverlauf*

Zur Hauptseite gelangen Sie zurück, indem Sie nach rechts wischen oder die **Zurück**-Taste betätigen.

Sie sind eingeladen

Sie haben auf Ihrem Smartphone per E-Mail einen Einladungslink zu einem Meeting erhalten. Wenn der Zeitpunkt des Meetings gekommen ist, tippen Sie auf diesen Link.

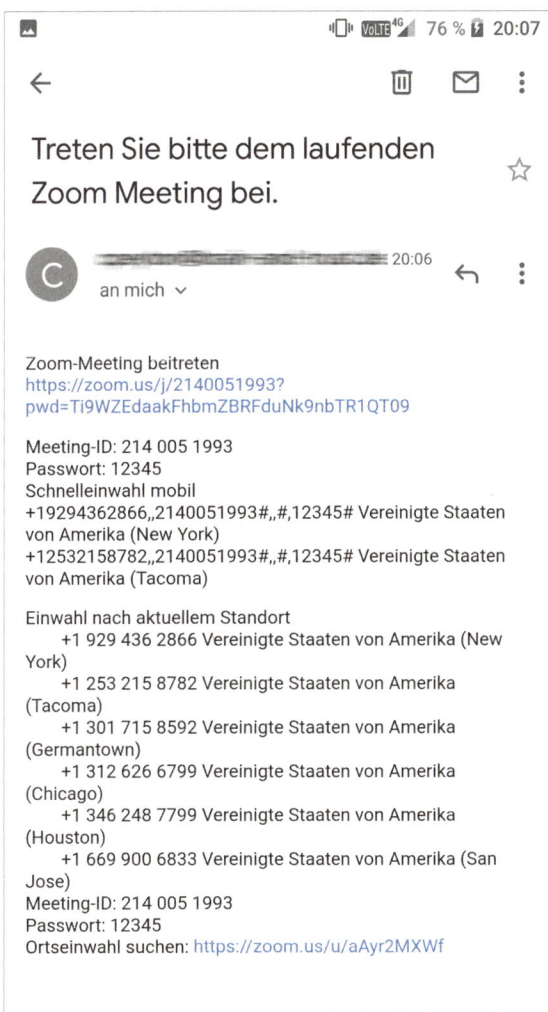

Abbildung 13.5 *Ihre Einladungs-E-Mail mit dem Link zum Meeting*

Anschließend wählen Sie die Software, mit der Sie fortfahren möchten, also **Zoom**.

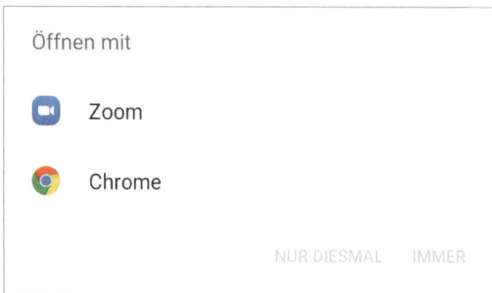

Abbildung 13.6 *Zoom zum Öffnen aussuchen*

Zoom wird gestartet, und die Verbindung zum Meeting wird aufgebaut. Kurz darauf sind Sie im Warteraum und müssen warten, bis Sie eintreten dürfen.

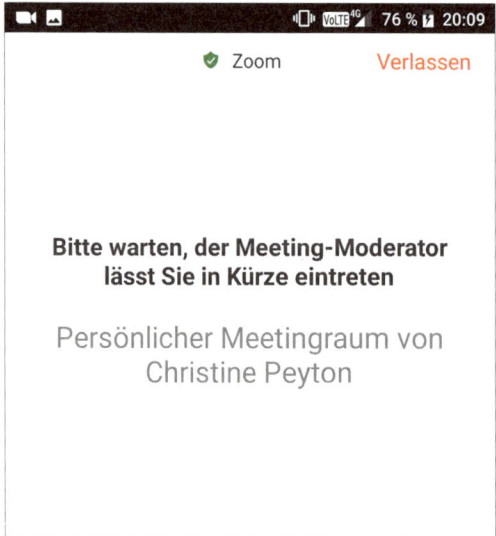

Abbildung 13.7 *Sie sind im Warteraum.*

Nachdem der Moderator Sie eingelassen hat, sind Sie Teilnehmer des Meetings. Sie müssen nun Ihre Tonquelle auswählen. Tippen Sie dazu auf **Via Geräte-Audio anrufen**, um mit dem Handy direkt an der Konferenz teilzunehmen. Mit der Option **Einwählen** können Sie anschließend eine Telefonnummer aussuchen, mit der Ihr Handy bei Zoom anruft, sodass der Ton über das Handynetz geht und das Bild über die Internet-Verbindung.

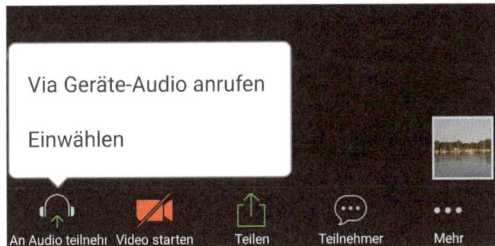

Abbildung 13.8 *Die Tonquelle wählen*

Nur beim erstmaligen Tippen auf die Option **Via Geräte-Audio anrufen** müssen Sie Zoom dann den Zugriff auf Ihr Mikrofon/Audio gewähren. Sie erhalten eine entsprechende Anfrage.

Abbildung 13.9 *Zoom darf Ihr Mikrofon/Audio benutzen.*

Zunächst sind Sie mit Ton in der Konferenz vertreten (es sei denn, der Moderator hat die Funktion **Stummschaltung bei Eingang** eingesetzt, zu finden in den **Einstellungen • Meeting**). Um den Ton auszuschalten und für weitere Aktionen brauchen Sie die Kontrollleiste.

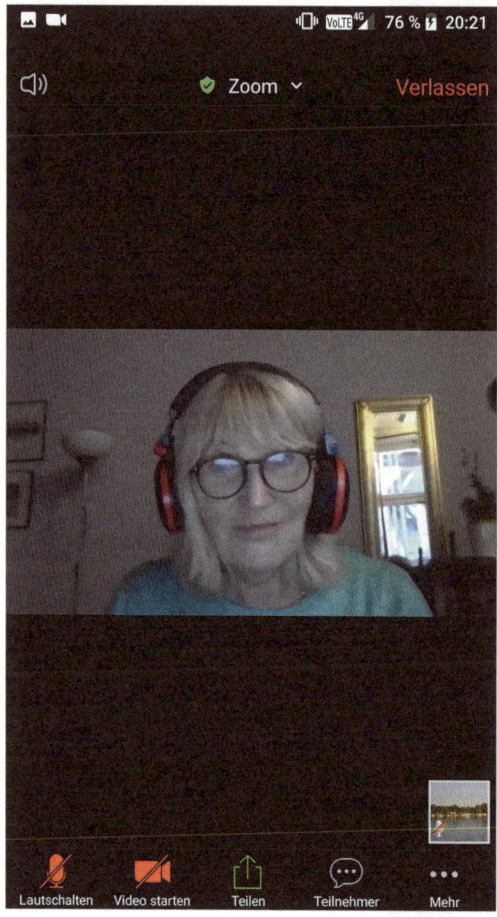

Abbildung 13.10 *Die Sprecheransicht mit der eingeblendeten Kontrollleiste*

Diese Leiste sowie andere Steuerelemente blenden Sie ein, indem Sie kurz auf den Bildschirm tippen. In der Kontrollleiste finden Sie **Lautschalten** bzw. **Stummschalten**, **Video starten** bzw. **Beenden**, **Teilen** (zum Teilen von Dateien, einer URL, des Bildschirms oder des Whiteboards), **Teilnehmer** (durch Antippen öffnet sich eine neue Seite mit den Teilnehmern des Meetings, wo Sie auch den Link zum Einladen finden), **Mehr** (im Menü gibt es **Audio abschalten**, **Chat** zum

Aufrufen des Chatbereichs und den Punkt **Meeting**, der zu den Meeting-Einstellungen führt). Außerdem entdecken Sie hier die Symbole zum Applaudieren (die klatschende Hand und das Daumen-hoch-Zeichen, siehe Abbildung 13.13).

Mit Wischen (nach rechts oder links) wechseln Sie zwischen den drei Ansichten: *Sprecheransicht* (Mitte), *Galerieansicht* (rechts), **Sicherer Fahrmodus** (links). Diese Seite ist dafür gedacht, dass Sie beim Autofahren an einer Konferenz teilnehmen können, wobei Sie nicht durch Videos abgelenkt werden dürfen. Hier können Sie irgendwo auf den Bildschirm tippen, um Ihr Mikrofon an- bzw. auszuschalten. (Damit diese Seite vorhanden ist, muss die Option **Einstellungen • Meeting • Sicherer Fahrmodus** eingeschaltet sein.)

Abbildung 13.11 *Der Fahrmodus*

Abbildung 13.12 *Die Galerieansicht*

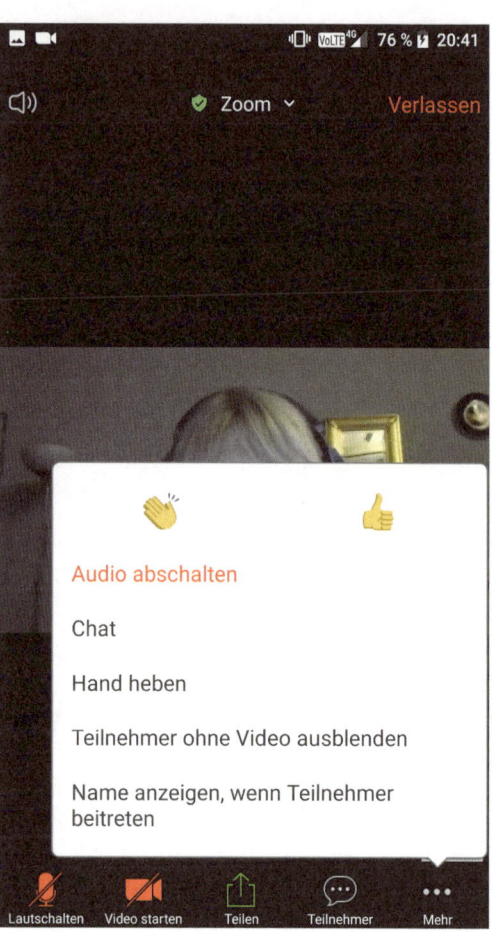

Abbildung 13.13 *Die Symbole für »Applaus« und »Daumen hoch« im Menü »Mehr«*

Sofern Sie das Meeting vorzeitig verlassen möchten, tippen Sie auf den Bildschirm, um die Kontrollleiste einzublenden. Oben rechts sehen Sie dann in roter Schrift die Schaltfläche **Verlassen**.

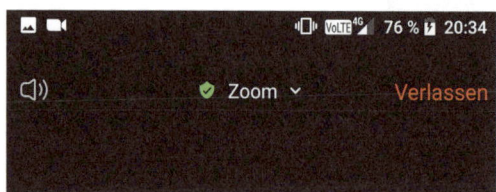

Abbildung 13.14 *Das Meeting verlassen*

Eine Sonderrolle spielt der Bildschirm für den sicheren Fahrmodus. Hier wird die Schaltfläche **Verlassen** dauerhaft eingeblendet, da Sie die Kontrollleiste per Tippen nicht einblenden können; dies schaltet das Mikrofon an und aus.

Wenn einer Ihrer Kontakte Sie über die Zoom-Software zu einem Sofortmeeting auffordert und Sie die Zoom-App geöffnet haben, klingelt Ihr Telefon, und auf dem Bildschirm können Sie entscheiden, ob Sie der Bitte nachkommen oder nicht.

Abbildung 13.15 *Eine Aufforderung zum Meeting*

Als Host starten Sie ein Sofortmeeting – genau wie mit der Software – mit dem Symbol **Neues Meeting** auf der Seite **Treffen & Chatten**. Auf der nächsten Seite können Sie noch einstellen, ob Sie mit eingeschaltetem Video in das Treffen gehen oder nicht und ob Sie Ihre persönliche Meeting-ID für das anstehende Meeting verwenden möchte.

Zum Planen eines Meetings tippen Sie auf **Meeting planen**. In dem nächsten Formular tragen Sie die Daten für das Meeting ein und aktivieren die gewünschten Einstellungen. Achten Sie auch auf die Überschrift **Erweiterte Optionen**. Hier finden Sie unter anderem die **Warteraumfreigabe** und den Punkt **Meeting automatisch aufzeichnen**. Auch wenn Sie es nett fänden, eine Aufzeichnung erstellen zu lassen, sollten Sie diese Option deaktiviert lassen, weil eine lokale Aufzeichnung erheblich Speicherplatz verbraucht, der auf den meisten Handys knapp bemessen ist. Auch die Konvertierung des Videos wird mit dem Handy lange dauern und Ihren Akku erheblich belasten. Wenn Sie eine Aufzeichnung wollen, empfehlen wir Ihnen die Cloud-Aufzeichnung. Hiermit verlagern Sie die Speicherung und Berechnung an den Zoom-Server (Pro-Account notwendig).

Ein Chat in der App

Zum Chatten starten Sie die Zoom-App. Tippen Sie dazu auf das Zoom-Symbol in der Liste Ihrer Apps.

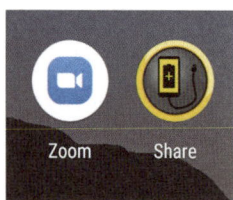

Abbildung 13.16 *Starten Sie Zoom.*

Wechseln Sie dann in den Bereich **Kontakte** unten auf der Seite.

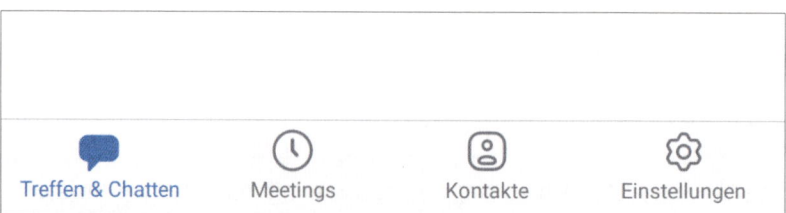

Abbildung 13.17 *Zu den Kontakten wechseln*

Wählen Sie den Kontakt bzw. den Kanal, mit dem Sie chatten möchten.

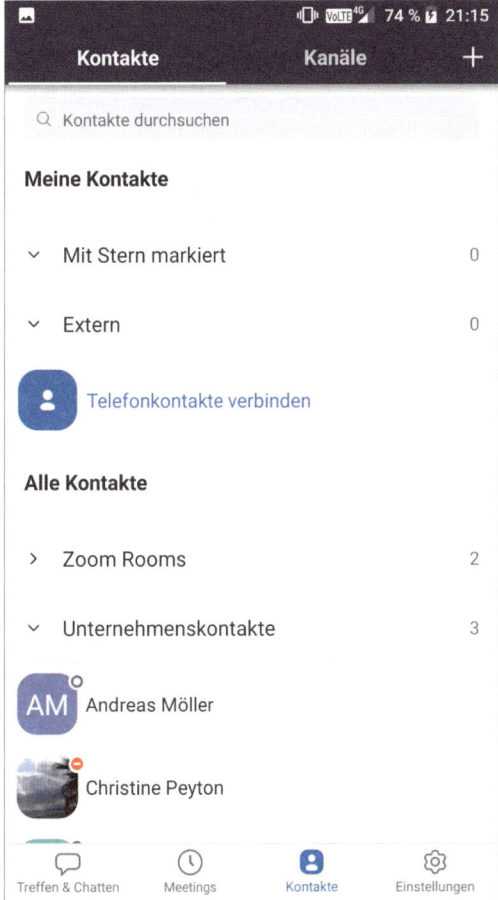

Abbildung 13.18 *Wählen Sie den Chat-Partner.*

Die Detailseite des Kontaktes wird nun angezeigt, hier tippen Sie auf **Chat**. Danach gibt es das Textfeld, in das Sie Ihre Nachricht schreiben. Sofern Sie einen Kanal zum Chatten ausgewählt haben, gelangen Sie direkt zum Chatten (Abbildung 13.20), ohne zuvor eine Detailseite zu sehen (Abbildung 13.19).

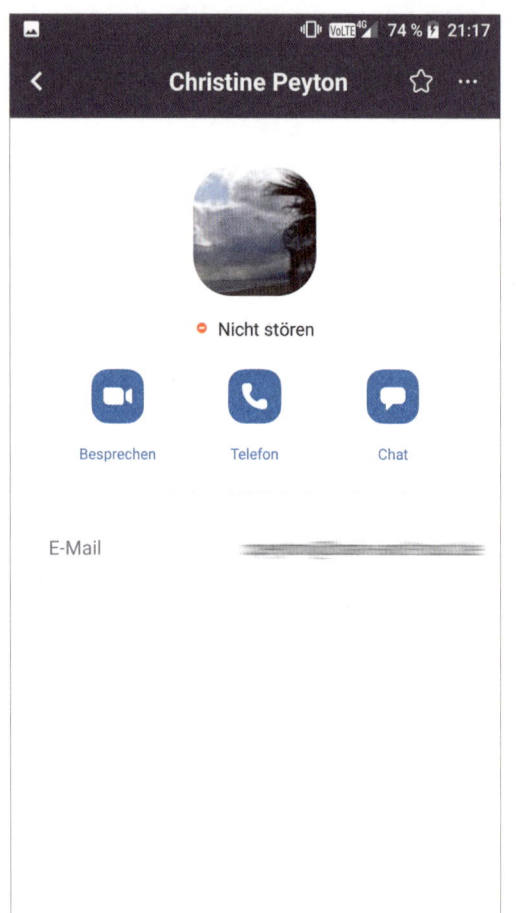

Abbildung 13.19 *Die Details des Kontaktes*

Abbildung 13.20 *Der Chatverlauf*

Sofern die Zoom-App im Hintergrund läuft und Zoom eine Meldung über einen neuen Chat-Eintrag für Sie hat, taucht dies bei Ihnen im Bereich für neue Nachrichten auf. Um darauf zu reagieren, tippen Sie die Nachricht an; Zoom wird direkt im Chatverlauf geöffnet.

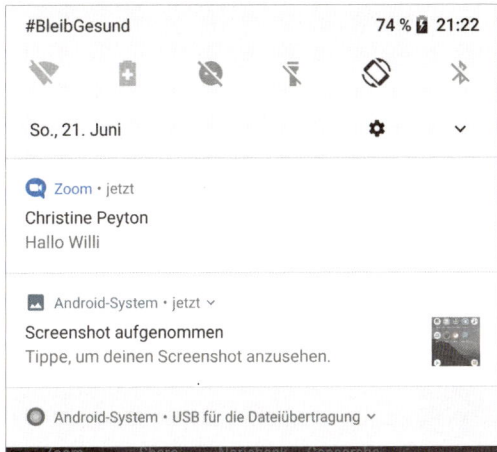

Abbildung 13.21 *Eine neue Nachricht*

Um neue Kontakte hinzuzufügen, tippen Sie auf der Seite **Kontakte** auf das Pluszeichen oben rechts und im Menü auf **Einen Kontakt hinzufügen**. Danach müssen Sie die E-Mail-Adresse des Kontaktes parat haben und sie eingeben. Bis zur Annahme der Einladung taucht der Kontakt mit dem Vermerk **Ausstehend** in der Kontaktliste auf.

Stichwortverzeichnis

A

Abo kündigen 212
Aboversionen 15
Abstimmungssymbol 182
Alle stummschalten 177
Anmeldung 207
Annotationen speichern 116
Annotierung
   deaktivieren 136
   Namen anzeigen 137
Arbeitsgruppe 90
Audioqualität 34
Aufzeichnung 152
   Audiodatei 155
   Bildschirmfreigabe 156
   Dateiformate 155
   erlauben 178
   in der Cloud 227
   Speicherort 155
   Speicherort wählen 282
   Zoom-App 294

B

Basic-Abo 16
Benutzer 214
   deaktivieren 219
   freischalten 221
   hinzufügen 216
   löschen 220
   von Konto trennen 219
Benutzerverwaltung 215
Bestätigungs-E-Mail 250
Bildschirm teilen 127
Bildschirmfreigabe 104, 116, 126, 180
   abgeben 139

Bildschirmfreigabe (Forts.)
   Annotationen sichern 116
   aufzeichnen 156
   beantragen 140
   beenden 128
   Computerton freigeben 127
   Einstellung 180
   Fenster anpassen 118
   Fenster wählen 127
   gesamter Bildschirm 127
   Kommentarleiste einblenden 133
   Kontrollleiste ausblenden 130
   Kontrollleiste einblenden 128
   löschen 134
   Mauszeiger folgen 119
   mehrere gleichzeitig 140
   Spotlight 134
   starten 127
   Steuerung freigeben 119
   Steuerung übergeben 119
   Teilbereich 158
   Tonfreigabe ausschalten 131
   unterbrechen 138
   Videopanel 111
   Zoomfaktor 118
   zwei Monitore 149
Bildschirmpräsentation 136
Bildschirmsteuerung 120
Bluetooth aktivieren 41
Bluetooth-Kopfhörer 34
Breakout Session
   beenden 188
   beginnen 183
Breakout-Room 90, 183
   Countdown-Timer 185
   erstellen 183
Business-Version 18

Stichwortverzeichnis

C

Chat 179
   Datei hochladen 260
   Einstellungen 268, 282
   Emoji 261
   Empfänger auswählen 86
   Favorit 264
   in Zoom 253
   Kanal 269
   Kontakt blockieren 264
   Meeting starten 272
   mit Zeilenumbruch 85
   Nachricht teilen 262
   schreiben 85
   Screenshot senden 261
   speichern 87
   Status 266
Chatbereich 85
   als Fenster 85
   einblenden 67
Cloud-Aufzeichnung 227
   abspielen 233
   Freigabeeinstellung 231
   herunterladen 230
   im Zoom-Web-Konto 228
   Link weitergben 228
   Link zum Video 228
   löschen 230
   Wiedergabereich festlegen 233
Computerton
   ausschalten 131
   freigeben 127

D

Datei
   herunterladen 88
   hochladen 88

Dateigröße 89
Daumen-hoch-Symbol 82
Dokument freigeben 126
Doppelmonitore 141, 281

E

Eingangs-/Ausgangston abspielen 174
Einladung
   in Outlook 191
   Link 51
   zum geplanten Meeting 199
   zum Meeting 51
Einladungslink 170
   persönlicher Meetingraum 235
Einstellung 275
   Annotation 278
   Audiotyp 276
   Beitritt vor Moderator 277
   Bildschirmübertragung 278
   Breakout-Room 280
   Chat 278, 282
   Dateiübertragung 278
   Einladungslink mit Kennwort und Meeting-ID 276
   Enable personal Meeting-ID 279
   entfernte Teilnehmer 279
   Feedback ohne Worte 278
   Fernsteuerung 278
   für Chat 268
   für persönlichen Meetingraum 236
   lokale Aufzeichnung 279
   Mikrofon stummschalten 282
   Moderatorenvideo 277
   Personal Meeting-ID verlangen 281
   seperate Audiodatei 282
   Sicherheit und Kontrolle 280
   Sound bei Eintritt oder Verlassen 279
   Stummschaltung 277

Einstellung (Forts.)
  Teilnahme im Browser erlauben 275
  Teilnehmervideo 277
  umbenennen 278
  virtuellen Hintergrund erlauben 278
  Warteraum 276, 280
  Whiteboard 278
  Zustimmung zur Aufzeichnung 279
Einstellungen
  aufrufen 73
  in Software 281
Einwahlnummern 190
Enterprise-Version 19
Externe Kontakte 253
Externe Webcam 35

F

Feedback geben 82
Fenstersteuerung 68
Fernbedienung beantragen 140
Fernbedienung übergeben 139
Fernbedienungsrechte aufgeben 121
Fernsteuerung 119
  abgeben 121
  beantragen 122
Freigabe 116

G

Galerieansicht 71
Genehmigung (Registrierung) 244
Geplantes Meeting
  bearbeiten 193
  kopieren 193
  starten 193
Greenscreen-Technik 97
Gruppenchat 269

H

Hand heben 75, 177
Hardware 33
  für Videokonferenz 46
  Headset 34
  Kamera 35
HD-Bildqualität 35
Headset 34, 47
Hintergrund, eigenes Video 96
Host 168
  an anderen übergeben 178
  Breakout-Rooms 187
  im Spotlight 179
  Rechte über Teilnehmer 178
Hostrecht übergeben 123

I

ICS-Datei 199
Installation
  Zoom 53
  Zoom-App 283
Instant Meeting 200

K

Kamera 35, 80
  Windows 43
  Windows 10 48
Kameraposition 48
Kamerawechsel 160
Kanal 269
  erstellen 269
  Mitglieder hinzufügen 272
Klinkenanschluss 35
Kommentarleiste
  aufrufen 104
  einblenden 133

Stichwortverzeichnis

Kommentarleiste (Forts.)
 Schriftattribute ändern 105
 Tools 105
Konferenz verlassen 82
Kontakt
 blockieren 264
 extern 254
 hinzufügen 254
 hinzufügen (App) 297
Kontaktanfrage 256, 258
Konto upgraden 210
Kontoanfrage 223
Kontoverwaltung 210
Kontrollleiste 67
 ausblenden 130
 einblenden 67
 Zoom-App 290
Kündigung des Pro-Abos 212

L

Lautsprecher 36
Lautstärke anpassen 282

M

Meeting
 alle stummschalten 174
 Aufzeichnung 152
 beitreten 54
 im Web-Portal planen 195, 197
 in Gruppen teilen 183
 in Outlook planen 194, 202
 mit Bildschirmfreigabe 200
 mit Gruppe 273
 mit Kontakt starten 272
 mit PMI planen 241
 mit PMI starten 239
 mit Registrierung 242
 mit Vorlage planen 198

Meeting (Forts.)
 planen 188
 separater Raum 90
 sperren 173, 281
 starten 169, 193
Meeting-ID 62
Meeting-Kontrollleiste 67
Meetingvorlage erstellen 198
Mikrofon
 deaktivieren 74
 Leertaste 77
 Zoom-Einstellungen 36
MP4-Datei 152

N

Nachricht teilen 262
Nebeneinander-Modus 115
Neues Meeting 169
Noise-Cancelling 34
Noise-Cancelling-Mikrofon 47

O

Outlook
 Meeting planen 194, 202
 Plug-in 201
Outlook-Besprechung 191

P

Persönliche Meeting-ID 235, 294
Persönlicher Chatbereich 265
Persönlicher Meetingraum 236
 Einladungslink 235, 239
Pfeil, Whiteboard 107
Planen
 im Web-Portal 195, 197
 Meeting 188

Planen (Forts.)
 Optionen für Meeting 191
PMI 235
 Einstellungen 236
 Einstellungen in Software 239
 für Sofortmeeting 241
PowerPoint 142
 Referentenansicht 146
 Untertitel 150
Pro-Abo 17
 kündigen 212
Profil aufrufen 204
Profilbild 67, 205–206
Profildaten 204
Pro-Version 207
Push-Benachrichtigung ausschalten 268

R

Radiergummi für Whiteboard 107
Referentenansicht (PowerPoint) 146
Registrierung 162, 242
 Bestätigungs-E-Mail 246
 Branding 247
 Genehmigung erteilen 244
 stornieren 250
 URL 247
Registrierungsoptionen 243

S

Schule 13
Screenshot senden 261
Selbstansicht ausblenden 81
Separate Audiodatei 282
Session erstellen 183
Sicherer Fahrmodus 291
Sicherheit 11
Sofortmeeting
 im Web-Portal 200

Sofortmeeting (Forts.)
 in Zoom-App 293
 mit PMI 241
Software-Einstellungen 281
Speichern
 Chat 87
 Whiteboard 110
Sperren, Meeting 173
Spotlight 134–135, 179
Spotlight-Video 80
Sprecheransicht 66
Stummschalt-Funktion 75
Stummschaltung 174, 282
Systembenachrichtigung 258

T

Tastaturlayout ändern 121
Teilnehmer
 Abstimmung 182
 Aufzeichnung erlauben 178
 Bildschirm freigeben 180
 Breakout-Rooms zuordnen 184
 Chat 179
 einladen 170
 eintreten lassen 172
 entfernen 179
 Hand heben 177
 in Warteraum stellen 178
 mit Spotlight 179
 stummschalten 174
 umbenennen 174, 178
 Video ausschalten 178
Teilnehmer einladen 170
Teilnehmerliste einblenden 67
Telefoneinwahl 190
Textwerkzeug 108
Tools
 Kommentarleiste 105

U

Unternehmenskontakt 218, 253
Untertitel 150
Upgrade auf Pro 207

V

Verfügbarkeit 266
Videokonferenz 46
  Beleuchtung 47
  Hardware 46
  Kameraposition 48
  Stummschaltung 48
  Umgebung 47
  Verhalten 46
Videopanel 104, 111
  Layout ändern 112
  verkleinern 132
Videovorschau 65
Virtueller Hintergrund 93–94
Vollbildmodus 69, 71
Vorlage für Meeting 198

W

Warteraum 55, 172, 276
Warteraumfreigabe 172, 174
Webinar 19, 251
Web-Portal
  Meeting planen 195
  Profil aufrufen 204
  Sofortmeeting starten 200
Whiteboard 103–104
  Berechtigung 109
  Fenstersteuerung 111
  kommentieren 105
  löschen 108
  Nebeneinander-Modus 115
  png-Datei 110
  Schriftattribute ändern 105
  speichern 110
  Stempel 106
  Text einfügen 109
  Vollbildmodus verlassen 112
  Zeichentools 105–106
Wiedergabebereich festlegen
  Cloud-Aufzeichnung 233
Windows
  Bluetooth 41
  Kamera 43
Wireless-Kopfhörer 34

Z

Zoom
  Aboversionen 15
  Anmeldung 207
  Audioeinstellungen 36
  Chat 253
  Download 52
  im Browser 56
  im Web 197
  Registrierung 162
  Videoeinstellungen 36
Zoom-Abo
  Bezahlung 212
  kündigen 15
Zoom-App 283
  Applaudieren 291
  Aufzeichnung 294
  Bildschirm 283
  Chat 294
  Einladen 290
  Einladung zum Meeting 287
  Kontrollleiste 290
  Meeting planen 285, 294
  Meeting starten 285
  Meeting verlassen 292
  Sicherer Fahrmodus 291
  Sofort-Meeting 293